LA PERSE EN AUTOMOBILE

A TRAVERS LA RUSSIE ET LE CAUCASE

Tous droits de reproduction et de traduction réservés pour tous pays.

Published 1ᵉʳ december 1906. Privilege of copyright in the U. S. A. reserved under the act approved March 3 1905, by Société d'Edition et de Publications, *Paris.*

Claude ANET

LES ROSES D'ISPAHAN

LA PERSE

EN

AUTOMOBILE

A TRAVERS LA RUSSIE ET LE CAUCASE

OUVRAGE ILLUSTRÉ DE NOMBREUX HORS TEXTE

PARIS
Société d'Édition et de Publications
Librairie FÉLIX JUVEN
122, RUE RÉAUMUR, 122

A la princesse GEORGES VALENTIN BIBESCO

ET

à Madame MICHEL CHARLES PHÉRÉKYDE

je dédie respectueusement le récit d'un voyage
dont elles ont partagé avec moi, et ennobli, les émotions.

C. A.

PRÉFACE

Un voyage ! il ne faudrait l'écrire que pour soi.

Le voyage donne à l'homme une des plus belles ivresses qu'il puisse éprouver. Découvrir des paysages nouveaux dans une succession rapide, traverser des villes jadis prospères aujourd'hui mortes, courir aux temples dont en pensée on habita les portiques et ne voir que des pierres éparses, trouver le désert et la solitude là où vécurent des peuples puissants, aller plus loin, toujours plus loin, être celui qui ne s'arrête pas, qui passe parmi les vivants et au milieu des ruines, sentir qu'à peine vous les avez possédés ces paysages meurent pour vous, que vous ne les reverrez jamais, — quelle joie et quelle angoisse passionnée !

Je ne sens tout le prix que des choses qui m'échappent. Je cours à elles avec fièvre, mais c'est au moment où je les perds que je les aime le plus fortement.

Peut-être est-ce là le secret de l'ivresse du voyage ?

Mais comment la communiquer à l'aide de mots à qui reste dans son fauteuil ?

*
* *

Nous avons été jusqu'au centre de la Perse cueillir dans leur gloire les roses d'Ispahan.

Nous avions choisi des moyens de transport difficiles. Au lieu de gagner Bakou par train, nous avions décidé de faire une partie du trajet, la plus longue possible, en automobile.

Ainsi avons-nous traversé une contrée qui sera longtemps encore une *terra incognita* pour les automobiles, la Bessarabie ; nous avons visité la Crimée à la belle corniche ; au Caucase, la pluie et la neige, plus que les récoltes, nous arrêtèrent ; après quelques excursions autour de Batoum et de Koutaïs, nous avons pris le train, et les autos aussi ; en Perse, tandis que l'un de nous s'efforçait en vain de passer en machine les infranchissables montagnes qui défendent près de Tabriz le haut plateau de l'Iran, nous atteignions en automobile la seconde ville sainte de l'empire des Chahs, Koum, où repose sous la coupole dorée d'une mosquée hautaine sainte Fatmeh, sœur de l'imam Réza dont le corps rend Mesched sacrée. A Koum, la benzine nous fit défaut. Nous connûmes les horreurs de la traversée du désert en diligence persane avant d'atteindre le paradis d'Ispahan.

Et étant arrivés là-bas dans la sixième semaine du voyage, après avoir vaincu de grandes difficultés et enduré des souffrances variées, nous nous sommes sentis très loin de Paris et des nôtres, « tant à cause de l'énorme distance des lieux que de l'interposition des grands fleuves, empêchement des déserts et objection des montagnes. »

Nous avons vécu à Ispahan une semaine inoubliable.

⁂

Nous emmenions deux jeunes femmes avec nous, ou plutôt nous emmenaient-elles, tant étaient vifs leur enthousiasme, leur gaîté, leur courage, leur volonté d'arriver quand même.

Ces jeunes femmes étaient habituées à la paresse, au confort, au luxe. Elles ont connu les nuits sans sommeil, les nourritures insuffisantes, les gîtes malpropres, le froid de l'aube, le vent glacé dans les montagnes et la chaleur qui monte du désert à midi si forte qu'on reste engourdi et qu'on voudrait mourir...

Elles ont été à Ispahan.

Et nous en sommes tous revenus.

*
* *

Au retour, je montrais des photographies de notre voyage à une jeune femme qui a dans les lettres le nom le plus glorieux d'aujourd'hui.

Comme elle les regardait, elle s'écria :

— Mais vous êtes, vous et vos compagnons, dans chacune de ces photographies. Parmi ces ruines, ces paysages et ces Persans, je vous retrouve partout.

C'est vrai. Et dans ce livre il en sera de même. Je voudrais animer les ruines, les paysages, les hommes, et montrer, au milieu d'eux, les voyageurs que nous avons été.

*
* *

Rentré à Paris, on m'a demandé :

— Vaut-il la peine d'aller à Ispahan ?

J'ai répondu de la façon suivante :

— John W. Robinson, de Birmingham, ayant gagné beaucoup d'argent décida de se retirer des affaires. Et comme il s'ennuyait, il voyagea. Il ne s'intéressait qu'à ce qui avait été l'occupation de toute sa vie. Aussi visita-t-il les villes étrangères seulement pour voir comment s'y pratiquait le commerce des fers et aciers qui avait été le sien. Il arriva en Perse et, après beaucoup de fatigues, gagna Ispahan. Il se fit conduire au bazar et, l'ayant parcouru, ne prit qu'une note sur son carnet, celle-ci :

« Le marché des fers et aciers à Ispahan ne vaut pas la peine qu'on a de s'y rendre. »

Cette brève histoire renferme une moralité.

*
* *

Comment sept personnes raisonnables prirent-elles la résolution d'aller à Ispahan en automobile ?

Le désir de voyager en auto ailleurs que sur la route qui mène de Toulon à Nice, incita un de mes amis, le prince Emmanuel Bibesco, à parcourir la corniche de la Crimée. Il la visita d'abord sans quitter son domicile, en lisant son Bædeker et en regardant les cartes. Le Bædeker lui apprit, entre autres choses, qu'il y a un service de bateaux de Sébastopol à Batoum au Caucase. C'est à ce moment, vers le 1er janvier 1905, qu'il m'en parla.

Il faudrait ne rien savoir de la géographie pour ignorer que le Caucase est un pays de montagnes admirables et que les Russes y ont construit des routes. Nous voici donc voyageant au Caucase (toujours de la même paresseuse manière), remontant les vallées, franchissant les cols, nous reposant dans les villes. Et nous arrivons sur la carte à Bakou. La mer Caspienne nous arrête. Nous passons quelques jours dans la ville du pétrole.

Puis Emmanuel Bibesco revient me voir.

— Savez-vous où est Resht ? me dit-il.

— Resht en Perse ?

— Resht en Perse.

— Pas très loin de la mer Caspienne, au sud.

— Souvenez-vous que nous sommes à Bakou.

— Je vois les patrouilles de cosaques dans les rues.

— Des bateaux à vapeur vont deux fois par semaine de Bakou à Enzeli, port de Resht...

Mon cœur commence à s'agiter.

— Et de Resht à Téhéran, continue-t-il, les Russes ont construit une route excellente de trois cent vingt-cinq kilomètres, où les automobiles...

— N'en dites pas davantage. Quand partons-nous ?

Il fallut trois mois pour préparer ce départ.

*
* *

Entre temps la révolution commençait en Russie. Les journaux étaient pleins des pires nouvelles. Celles qui venaient du sud nous intéressaient particulièrement. On annonçait à Odessa la grève générale ; Odessa était une de nos étapes. A Sébastopol, des émeutes éclataient dans les arsenaux ; nous devions toucher à Sébastopol. Au Caucase, ce n'étaient que brigandages sur les routes, massacres dans les villes, pillage et assassinat partout, l'état de siège dans chaque gouvernement, l'anarchie régnant à Batoum, et les paysans de Gori révoltés proclamaient la République. Nous ne pouvions éviter de traverser le Caucase pour nous rendre en Perse.

Chaque jour les journaux donnaient deux colonnes de dépêches lugubres sur les choses russes. Il suffisait que nous missions une ville sur notre itinéraire pour qu'il lui arrivât malheur. Ainsi de Yalta. A peine avions-nous décidé de visiter Yalta, qu'elle était pillée...

Aussi les gens sages hochaient la tête, et lorsqu'ils apprenaient que nous emmenions deux jeunes femmes avec nous, ils nous traitaient de fous.

*
* *

Pourtant rien ne nous retint. Aux premiers jours d'avril, nous étions tous à Bucarest. Et c'est là que je vais vous présenter nos compagnons de route : le prince Georges V. Bibesco, sportsman émérite et fils d'un Bibesco doublement français, par les deux guerres auxquelles il prit part, celle du Mexique, celle de 1870 ; sa très jeune femme qui eut toujours avec elle, — où les trouvait-elle dans le désert ? — des fleurs, et qui autant que les fleurs aime les vers, jusqu'à en faire de fort beaux ; sa cousine Mme Michel C. Phérékyde et le mari de la dite cousine, ancien élève de Louis-le-Grand ; le prince Emmanuel Bibesco, le fauteur de ce voyage qui, en Russie et au Caucase, porta le poids et la responsabilité de notre expédition ; M. Léonida, sportsman roumain, plus tenace, on le verra, qu'un boule-dogue ; moi.

En outre trois mécaniciens, Keller, suisse, Eugène, français, qui n'aime pas la mer, et le mélancolique Giorgi, roumain. Plus d'une fois, ils s'étonneront et ne comprendront pas que ce soit pour notre plaisir que nous voyagions ainsi.

N'oublions pas enfin les trois vaillants automobiles qui nous ont portés : une Mercédès 40-chevaux 1904, châssis court, découverte ; une Mercédès 20-chevaux, une Fiat, 16-chevaux, même année, mêmes caractéristiques.

*
* *

Et maintenant partons sur les routes vers ces pays de nous inconnus et vers les aventures.

LA PERSE EN AUTOMOBILE

CHAPITRE PREMIER

LE DÉPART. — LA BESSARABIE

Bucarest, *mardi 11 avril.* — Après avoir parlé pendant trois mois de ce voyage en Perse, il faut se décider à se mettre en route. Voilà deux jours et deux nuits que je roule dans des express marchant vers l'Orient; j'ai traversé Munich, Vienne, Buda-Pesth. Maintenant c'est le départ pour Ispahan, et nous sommes réunis vers neuf heures du matin à l'hôtel du Boulevard à Bucarest. Nos accoutrements sont pittoresques : cache-poussière, manteaux de pluie, fourrures, casquettes diverses, gants fourrés, bottes, leggins, bandes de laine; il est visible que nous ne partons pas pour la journée seulement. Des parents, des amis nous entourent.

Au dehors des automobiles pétaradent dans l'air froid. Ces voitures appartiennent à des membres de l'Automobile-Club roumain qui vont nous emmener jusqu'à Giurgevo sur le Danube où nous nous embarquerons à bord d'un vapeur autrichien, car ce voyage en automobile commence en bateau.

Nous retrouverons les machines à Galatz pour la traversée de la Bessarabie.

Le ciel est clair, le baromètre bon. Le beau temps nous est nécessaire demain et après-demain, car les routes bessarabiennes ne sont que des pistes à travers les terres molles.

Embrassades, serrements de mains, premiers déclics des appareils de photographie, nous disons adieu à Bucarest. Quand reverrons-nous cette ville, riches de quelles expériences, épuisés de quelles fatigues ?

De Bucarest à Giurgevo, il y a une soixantaine de kilomètres de très bonne route roumaine, ce qui équivaut à une médiocre route française. Le pays est plat avec quelques rangées de collines peu élevées. Je cherche le Danube à l'horizon, je ne le vois pas.

A Giurgevo, déjeuner fort gai ; des musiciens de l'endroit quittent leurs boutiques de cordonnier ou de tailleur, mettent une redingote, et nous déjeunons en musique, puis valsons dans la grande salle du cercle. Danserons-nous à Téhéran ? Partons d'abord pour le Danube qui est à quelques kilomètres de la ville.

Le voici enfin, roulant des eaux jaunies par les pluies du printemps ; en face de nous, très loin, c'est la rive bulgare aussi déserte que la roumaine.

A l'embarcadère des bateaux, nous trouvons nos bagages arrivés par le train. Chacun de nous se précipite pour voir s'il a son compte de colis, valises, malles, châles, etc.

J'admire les voyageurs qui, partant pour des pays lointains et des contrées désertes, ne nous parlent jamais de leurs bagages. Il semble qu'ils soient des êtres immatériels, corps célestes ou purs esprits, insensibles au froid, à la pluie, à la soif, au manque de nourriture. Nous ne sommes pas ces voyageurs. Il nous faut du linge, des vêtements de rechange, et la « réparation de dessous le nez ». Le souci de transporter avec soi tout le nécessaire est le souci le plus quotidien du voyage, quand on prend les modes de locomotion que nous avons choisis. Chaque jour, il faut défaire et refaire ses valises, déplier et replier les châles, alors qu'on est abîmé de fatigue. Je supplie le lecteur de compatir à nos peines et d'abord de faire connaissance avec nos bagages.

Dénombrement des Bagages. — Nous sommes sept voyageurs, plus trois mécaniciens. Nous avons droit, chacun de nous, à deux valises, improprement dénommées à main. Nous y ajoutons sournoisement un nombre considérable de petits colis qui, soi-disant, ne comptent pas, et que nous passons le plus clair de notre temps à compter. La chasse et la réunion de ces multiples colis suffiraient à lasser une activité moins dévorante que la nôtre. Les seuls appareils de photographie forment un bataillon important : il y a trois kodaks pliants avec objectifs Gœrz ou Zeiss, un petit panoramique qui ne se laisse pas réduire, et un grand panoramique qui est hors toute mesure. Il emplit à lui seul la caisse de l'auto; ses angles sont incisifs et, à chaque cahot, il nous entame les tibias. A la halte, il sert de tabouret ou de table ; c'est du reste l'unique service qu'il rend pendant longtemps, car il se refuse obstinément à photographier les paysages devant lesquels nous le faisons fonctionner. Nous emportons deux fusils inutiles, mais qui tiennent leur place et la nôtre; comptez enfin les fourrures, peaux de bique, caoutchoucs, manteaux, cache-poussière, couvertures et châles, les jeux de casquettes pour neige et pour soleil, les sacs à main insidieux qui ne sont pas des valises, et les nécessaires de toilette. Voyez l'amoncellement de ces colis qui doivent être transportés avec nous dix dans les trois autos ! Regardez les valises ouvertes, les châles défaits, le désordre de nos chambres d'hôtel ! Imaginez l'affairement de chacun de nous à retrouver ce qui lui appartient ! Supputez les retards inévitables !

En outre, il y a des malles qui, elles, prennent des trains, des bateaux, la poste. Ce sont des malles indépendantes ; elles font un voyage d'agrément, de leur côté ; il est fort rare qu'elles consentent à se rencontrer avec nous à l'étape. Nous les retrouvons dans des endroits inattendus, et toujours avec le même plaisir étonné.

Enfin tous ces bagages sont à Giurgevo, tous, sauf un carton à chapeaux qui, en objet très malin, a préféré se perdre à la première étape.

Et nous nous embarquons à bord du bateau autrichien.

Sur le Danube. — Les rives du fleuve sont sauvages, du côté bulgare accidentées, du côté roumain plates. A droite, des troupeaux de moutons sur les montagnes; à gauche, des saulaies immenses, troncs énormes et mutilés sur lesquels poussent de jeunes branches aux feuillages fins. Des canards s'envolent ; un héron argenté se lève, les ailes claires battent l'air gris. Le ciel est voilé, uniforme ; le Danube s'en va sans fin, couleur de boue, si large qu'on a soudain la surprise de découvrir qu'une de ses rives boisées est celle d'une île.

Sur le pont, nous sommes comme étonnés d'être partis. Déjà des groupes se forment ; les uns prennent un fusil et guettent le héron cendré qui se laissera surprendre. Les autres, réunis autour de tasses de thé (les premières du voyage !), écoutent la lecture de quelques belles pages de Gobineau sur l'esprit asiatique et sur les taziehs persans.

Turtu-Kaya, une ville turque où nous abordons, minarets et mosquées, foule enturbannée, déguenillée, femmes voilées, les premières aussi, le chant du muezzin, c'est déjà un peu de l'Orient.

La nuit vient et un frisson de froid après la chaleur du jour. Les rives se glacent dans le gris du soir, les collines s'endorment, une lune incertaine passe à travers une déchirure des nuages et regarde le monde désert où nous glissons sans bruit entre les bords du fleuve sur lesquels on ne distingue plus que les silhouettes trapues des saules comme d'hommes très vieux qui nous épieraient.

12 avril. — Le même paysage d'une grandeur désolée, le fleuve coule entre des rives toutes deux roumaines ; des marais, des lacs en doublent et triplent la largeur. Près des gris argentés des eaux, des troupeaux de moutons sur des pâturages font des taches brunes et chaudes.

Nous passons une demi-heure à Braila, grand port roumain d'exportation pour les blés, ville de soixante mille habitants, laide et moderne.

GALATZ. — Une demi-heure plus tard nous sommes à Galatz, dernier port roumain. Ici nous embarquons sur un vapeur russe qui part pour Odessa. Nous retrouvons les autos à quai. Il faut les mettre à bord, cela n'est pas facile. Un chaland flanque le bateau à vapeur qui ne possède pas de grue assez forte pour nos machines ; un ponton mène du quai au chaland. Les difficultés commencent ; la grande Mercédès est amenée, non sans peine, jusqu'au chaland. Du chaland on jette des madriers pour atteindre, par une pente de quarante pour cent, le pont du bateau. Georges Bibesco met le moteur en marche ; les roues patinent. Trente débardeurs et marins russes soulèvent la lourde machine qui arrive enfin au niveau du pont ; là, il faut la retenir de peur qu'elle n'exécute un naturel mouvement de bascule et n'aille défoncer le bastingage du côté opposé. Les deux autres machines sont hissées de la même manière. L'embarquement a pris deux heures, non sans force jurons russes, roumains, turcs, voire français. Nos oreilles commencent à s'habituer au *niet* et au *da* slaves. Emmanuel Bibesco déplore la facilité avec laquelle il s'assimile les langues étrangères et l'imprudence qu'il a commise en apprenant le russe, car déjà nous le harcelons de questions qui ne sont pas oiseuses.

Nous quittons Galatz avec un grand retard, ce dont le capitaine ne se soucie. Sur le quai, un groupe de femmes du peuple, le visage entouré d'un foulard blanc, font des gestes d'adieu à un pauvre conscrit qui part pour la guerre, pour la lointaine et sanglante Mandchourie. Les femmes douloureuses restent à voir le bateau glisser lentement sur les eaux jaunes du fleuve; elles pleurent et cachent leur figure dans leurs mains.

Une heure plus tard, nous arrivons à Reni, douane russe. Mais nos recommandations sont adressées aux autorités d'Ismaïlia, où nous débarquerons. Les douaniers de Reni sont lents à persuader. Il faut deux heures pour les convaincre. Emmanuel Bibesco continue à être notre interprète.

Cependant nous déjeunons sur le pont; nous sommes cuits par un soleil d'orage. Pourquoi ne partons-nous pas? Des officiers arrivent sur la colline où sont les bâtiments de la douane. Et nous apprenons qu'on attend le gouverneur général de la Bessarabie. Est-ce pour nous qu'il s'est dérangé? A l'avance, nous sommes très mal prévenus en faveur des fonctionnaires russes. Le gouverneur arrive avec une escorte d'officiers magnifiques. Il se dirige vers le parc des autos sur le pont, les examine, discute longuement avec le capitaine. Déjà nous nous voyons le passage refusé, des difficultés douanières à n'en plus finir.

Il part enfin, et nous apprenons alors que cet homme aimable a donné ordre de faciliter de toutes manières notre voyage dans son gouvernement...

Descente du Danube sur Ismaïlia; les premiers cosaques se montrent à gauche; un cavalier sur un petit cheval se promène le long du fleuve.

A droite c'est la Dobroudja roumaine, une plaine arrêtée par des montagnes peu élevées, de lignes accidentées. A gauche la Bessarabie, des prés pelés où paissent des troupeaux de moutons, des saules antiques, des rives de sable et d'argile, des herbes rares, le tout d'un ton roussi, qui passe du gris argenté à l'écru dans une gamme chère à Corot.

IsmaÏlia, *4 heures.* — Quel est celui qui a dit du mal des douanes et de la police russes ? Qu'on me l'envoie. Douane et police pavoisent en notre honneur ; on n'ouvre pas une seule de nos vingt-huit valises et de nos six malles, et le chef de la police prend la peine de descendre lui-même les armes que nous introduisons malgré les défenses formelles de l'administration.

Une lettre personnelle du très puissant Bouliguine, ministre de l'Intérieur, nous vaut cette entrée facile sur le sol de la SainteRussie.

Les autos sont amenés sans difficulté à quai où plusieurs centaines de personnes nous attendent. Malgré le service d'ordre, ouvriers et journaliers sont là presque à nous toucher ; des yeux clairs de paysans dans des figures brûlées par le plein air et le vent nous dévisagent. La puanteur qui se dégage de cette foule nous asphyxie à moitié. Plus d'une heure, il faut la supporter pendant qu'on expédie une partie des bagages à Odessa et qu'on charge l'autre sur les voitures !

L'homme est l'animal le plus sale de la création. C'est même ce qu'il y a de plus sale au monde, car sur les pierres des chemins il pleut. Mais lorsqu'il pleut, le paysan de Bessarabie se met à l'abri. Aussi ignore-t-il l'usage de notre sœur l'eau.

Guenilles, haillons et peaux humaines, quelle odeur !

Enfin nous partons. Pour la première fois, nous entendons le bruit régulier des moteurs. C'est le soir déjà. La foule qui nous entoure recule épouvantée, lève les bras au ciel, crie au miracle, et nous passons.

Nous franchissons des caniveaux qui sont des fossés et nous voici sur route. L'ordre de marche est le suivant : la grande Mercédès 40-chevaux en éclaireur ; puis la Mercédès 20-chevaux de Léonida, puis la Fiat 16-chevaux qui porte les mécaniciens et les bagages. Ainsi sommes-nous sûrs, si nous avons une panne, de voir les mécaniciens arriver à notre secours.

Nous sommes sur route russe. C'est dur. La chaussée entre les arbres maigres est rudement empierrée, avec, par places, des bosses inattendues.

Mais voilà qu'à ma grande surprise, à dix kilomètres d'Ismaïlia, la route s'arrête net! Mes amis sont moins étonnés que moi et sans hésiter lancent les machines à travers champs en suivant les ornières tracées devant nous. Ici le sol est beaucoup plus doux, mais on ne peut avancer vite. En temps de pluie, ces pistes détrempées seraient impraticables.

Nous allons ainsi mollement à travers le pays bessarabien ; la terre est noire ; des paysans travaillent dans les champs ; de longs attelages de bœufs très loin se découpent sur l'horizon où s'avivent encore quelques lueurs du couchant.

Et nous voilà cherchant notre chemin le long des ornières, à la clarté mouvante des phares qui jettent de grandes traînées lumineuses dans le paysage désert.

Nous découvrons enfin un amas de maisons espacées et pauvres ; c'est la petite ville de Bolgrade où nous passerons notre première nuit en pays russe.

Bolgrade. — Tous les chiens de Bolgrade hurlent aux roues de nos autos. Nous arrivons à l'auberge, entrons dans la cour intérieure où les paysans laissent leurs attelages pendant qu'ils vont à leurs affaires. Nous sommes attendus ; des *gorodovoïs*, ou agents de police, sont placés à l'entrée de la cour et ferment la lourde porte pour empêcher que nous ne soyons envahis.

La cour est vide ; sur la place une foule de paysans est réunie. Par un curieux phénomène d'endosmose, les paysans, un à un, filtrent à travers la porte que tiennent fermée les *gorodovoïs*.

Bolgrade ! — Nous nous attendions au pire ; nous étions prêts à tout supporter, la saleté, la vermine, la nourriture médiocre, dans cette petite ville perdue de la campagne bessarabienne. C'était le « trou » le plus trou de notre itinéraire. O surprise charmante ! nous découvrons dans un bâtiment au fond de la cour, quatre petites chambres blanchies à la chaux, proprement carrelées, et, chose extraordinaire, des draps et des lits de fer. La chambre Touring-Club au fond de la Bessarabie ! Au mur d'attendrissantes lithographies d'un touchant second Empire, « Tristesse-Richesse ». On nous sert un dîner très convenable qu'arrose un vin de Bessarabie délicieux.

L'état moral de notre troupe est excellent. Comme nous avons bien fait de partir, de ne pas écouter les prophètes de malheur qui nous prédisaient dès le début les pires calamités !

13 avril. — Nous nous levons à sept heures pour une grande journée en automobile. Nous avons deux cent cinquante kilomètres à faire pour aller coucher à Ackermann, grande ville à l'embouchure du Dniester, comme chacun le sait et comme je viens de l'apprendre. Emmanuel Bibesco a étudié les cartes et tracé la première étape.

L'expérience d'hier nous a enseigné qu'il ne faut pas songer à faire de la vitesse à travers champs, et, qu'en cas de pluie, on ne peut rouler.

Dès le lever, nous consultons mon petit baromètre de voyage. Hélas ! il est en baisse, à 750 millimètres. Des gens sages auraient pris le train à Bolgrade pour Odessa. Mais nous n'avons pas quitté Paris et nos affaires pour être sages ; il ne pleut pas encore, nous traverserons ce pays en automobile !

Nous partons à neuf heures, en retard, car nous ne savons pas encore le temps qui est nécessaire pour faire et arrimer nos vingt-huit colis à main à bord des autos. Lorsque nous le saurons, cela sera du reste la même chose, et nous continuerons à partir en retard parce que nous en aurons pris l'habitude.

Nous gravissons une haute colline qui surmonte Bolgrade, et bientôt la Bessarabie ondule devant nous, déserte et sans arbres ; les lignes arrondies des collines sont brisées ici et là par un tertre, tombeau où les chefs scythes se faisaient enterrer debout, chevauchant leur cheval de guerre, ou par un ancien poste d'observation des phalanges de Trajan. La grande paix romaine s'est étendue jusqu'ici ; deux vallonnements qui courent de l'est à l'ouest marquent encore l'ancienne frontière de l'Empire ; au delà c'étaient les barbares Sarmates.

Les champs d'une terre noire, les prés pelés s'en vont sans fin, sans un arbre, sous le ciel d'un gris perlé délicat. Les grands paysages ras s'étendent à l'infini. On voit à une lieue la silhouette d'un berger qui s'enfuit à notre approche ; puis c'est une nouvelle ondu-

Les trois automobiles prennent le train à Bucarest pour aller nous attendre à Galatz.

Nous sommes passés maîtres dans l'art d'embarquer et de débarquer nous-mêmes les autos.

lation de terrain, si longue, si lente, qu'elle semble la houle arrêtée d'un monde mille fois grand comme le nôtre.

Où vont mourir ces molles vagues de terre ?

Parfois la vague se brise. C'est alors un ravin au fond duquel on découvre un misérable village. Puis de nouveau le silence et la solitude de la campagne nue.

Un faucon rose traverse les prés devant nous ; à quelques centaines de mètres une bande d'outardes se promène à travers champs. Un aigle est là, posé sur une pierre ; il regarde venir la lourde machine et comme nous arrivons sur lui, s'envole péniblement.

Nous n'avançons que lentement, car la route est exécrable.

Il faut nous mettre d'accord tout de suite sur le sens du mot route en Bessarabie. Une route, c'est une piste à travers champs; jamais ingénieur ne s'y risqua : elle a indifféremment, suivant la configuration du terrain, trois cents mètres de large ou trois ; parfois on s'y perd, parfois on la perd ; elle est semée d'ornières, de trous et de bosses ; ici, un talus la traverse, là, un fossé ; elle ne connaît pas les ménagements ; si elle voit un ravin, elle s'y précipite comme une folle ; lorsqu'elle est tombée au fond du ravin, elle s'en sort comme elle peut, à l'aide de sauts successifs sur des gradins étagés ; lorsqu'il s'agit de franchir une rivière et de passer un pont, invoquez fervemment le fabricant qui construisit votre auto. Fuyez, si vous m'en croyez, fuyez les travaux d'art en Bessarabie et les ponts. Lorsqu'il n'y a pas de route, vous avez une chance de vous en tirer ; quand on a empierré une tête de pont, elle est impraticable. Des trous se creusent entre les pierres où on laisserait une roue ; deux ravins flanquent la chaussée boueuse et rendent le moindre dérapage mortel.

En outre nous perdons, comme on peut croire, notre route à tout bout de champ, c'est le cas de le dire, et lorsque nous rencontrons un bouvier, nous sommes obligés de nous emparer de lui pour le forcer de répondre à cette simple question : « Tatar-Bounar ? » dite en montrant deux pistes allant l'une à gauche, l'autre à droite. Mais il ne comprend pas.

Aussi faisons-nous peu de chemin, du vingt kilomètres à l'heure, et secoués comme si nous marchions à cent sur route royale et pavée de l'Ile-de-France.

« Mais quelqu'un troubla la fête... » Voilà que, soudain, la pluie, une pluie drue se met à tomber ; elle a bientôt fait de détremper le sol mou sur lequel nous roulons ; une odeur forte monte à nos narines ; il semble qu'on respire le parfum même de la terre.

La 40-chevaux travaille puissamment ; les pneumatiques arrachent d'énormes mottes humides et noires, qu'ils envoient en l'air. Nous dérapons, par moments, de façon inquiétante ; avec une voiture moins stable, nous aurions versé déjà. Maintenant nous sommes pris dans deux ornières si profondes que le carter touche.

Georges Bibesco jette la voiture sur la droite ; elle enfonce jusqu'aux essieux ; les roues patinent, s'arrêtent dans un pied de boue ; la grande Mercédès reste immobile sous l'averse qui cingle.

Il est près de midi, nous avons fait cinquante kilomètres et sommes loin de notre déjeuner à Tatar-Bounar. Comment sortirons-nous du champ où nous sommes enlisés ?

Les deux voitures de nos compagnons ne sont pas en vue. Que leur est-il arrivé ? Comment auront-ils passé sous la pluie par les chemins, déjà abominables en temps sec, que nous avons suivis ?

Une heure s'écoule. L'averse cesse. Nous travaillons à sortir la voiture de l'ornière qu'elle a creusée ; nous la soulevons à l'aide d'un cric, puis tassons de la terre sous les roues, et recommençons. Enfin on met le moteur en marche, nous nous arcboutons derrière l'automobile ; lentement la Mercédès sort de l'ornière et repose maintenant en plein champ.

Les jeunes femmes sont descendues. Dans le fossé elles trouvent une touffe de violettes courbées par l'averse. Ces fleurs délicates et familières nous sont plus chères encore au milieu du désert où nous sommes perdus.

Nous repartons en auto à la recherche de nos compagnons, silencieux assez et plus inquiets sur leur sort que nous ne voulons en convenir, passons le plus dangereux des ponts, traversons un village qui n'est qu'un lac de boue, et remontons une côte abrupte, lorsque nous apercevons enfin la voiture de Léonida dégringolant la colline.

De quelle façon, grands dieux ! Elle n'a pas d'antidérapants, et va de gauche, de droite, marche de flanc, voire d'arrière, s'incline, se redresse, s'arrête et recommence sur une pente raide, glissante, ravinée et bosselée. Elle gagne enfin le village. Elle a quatre ressorts de cassés. Il faut réparer.

Puis arrive à cinq kilomètres à l'heure l'auto des mécaniciens. Ils ont l'air de comprendre difficilement que ce soit pour notre plaisir que nous traversions la Bessarabie.

La Halte. — Nous voici dans le village misérable. On nous indique l'auberge; c'est une pauvre maison en terre; dans la première pièce, on vend quelques épiceries; une petite salle nous offre une table et un banc; sur le derrière, donnant sur la cour, un fourneau sans feu. C'est là que couchent, sur des planches, sans se dévêtir, les habitants de cette triste demeure. L'hôte et l'hôtesse nous regardent entrer avec indifférence et ne s'occupent pas de nous; lui continue à réparer le mur qui est lézardé, elle disparaît bientôt, et nous voilà à chercher du bois, dont nous trouvons quelques morceaux, et des œufs que nous faisons cuire très durs; l'un de nous prépare du riz. A boire, il n'y a que du vodka et nous n'en voulons pas. Nous sommes partis sans vivres, supposant que nous arriverions facilement pour déjeuner à Tatar-Bounar et comme si le pays que nous devions traverser allait nous fournir le nécessaire. Il faut déchanter.

Le riz a un goût de souris si accentué que nous renonçons à le manger; le pain qu'on nous donne est moisi; nous déjeunons d'un œuf dur. C'est maigre.

Et nous regardons village et paysage. Le village porte le nom de Fontaine-aux-Fées. La fontaine, c'est un marais fangeux au fond de la vallée. La boue est si épaisse qu'on ne peut circuler. Les paysans viennent nous voir. Ils sont d'une étonnante saleté. Après de lentes discussions, ils s'approchent; une conversation s'engage entre le plus hardi d'entre eux et Emmanuel Bibesco. Il montre la grande Mercédès et demande :

— Cela coûte-t-il beaucoup d'argent?
— Plus de dix mille roubles.

Il reste étonné, réfléchit encore et dit:

— Est-ce que cela peut transporter du blé ?

Et il s'en va rejoindre le cercle de ses compagnons de misère, qui restent à quelques pas de nous, immobiles, à nous regarder. On parlera de nous longtemps à Fontaine-aux-Fées.

Cependant chez le maréchal-ferrant, Léonida, aidé du jeune et mélancolique Giorgi, qui déjà regrette la Roumanie, fabrique lui-même des ressorts supplémentaires.

Nous tenons le premier conseil de voyage. Que faire ? Chaque jour, cette question se posera devant nous. Nous sommes à quarante kilomètres, pensons-nous, de Tatar-Bounar, petite ville de cinq mille habitants, affirme Emmanuel Bibesco qui a travaillé les cartes ; à Tatar-Bounar, pas de chemin de fer. Aurons-nous la chance de gagner Tatar-Bounar et d'y coucher, pour arriver à Ackermann demain ? Pour cela le beau temps est indispensable, comme l'expérience du matin l'a prouvé. Déjà les deux heures de pluie ont amolli les terres jusqu'au point dangereux où l'on s'enlise.

Rentrerons-nous à Bolgrade d'où le train peut nous emmener à Odessa ?

Il y a quelque chose de honteux à prendre ce dernier parti, à se laisser vaincre par les difficultés de la route dès le premier jour ! Non, le ciel s'est éclairci, le baromètre a une tendance à monter, les terres depuis trois heures qu'il ne pleut plus doivent avoir séché, partons pour l'inaccessible Tatar-Bounar.

Nous laissons à Fontaine-aux-Fées, Léonida, son mécanicien et sa voiture ; il nous rejoindra dans la nuit ; et, vers cinq heures et demie, nous voici de nouveau, avec deux voitures seulement, à travers champs. Les terres sont gluantes et collent aux roues ; il y a des coups de dérapage terribles ; la descente des ravins et le passage des ponts sont périlleux. Mais nous avançons tout de même.

Nous avançons si bien que nous nous trompons de route et ajoutons vingt kilomètres aux quarante que nous avions à faire. La nuit nous surprend ; il faut allumer les phares. Ce voyage commence bien ; nous ne voyagerons que de nuit. Après deux heures de vagabondage à travers des champs déserts coupés de ruisseaux perfides, nous entrons enfin dans les faubourgs de ce Tatar-Bounar que nous espérions voir à midi. Il est près de dix heures du soir et nous sommes pâles de faim.

Nous manquons disparaître dans les rues qui ne sont que marécages. Les habitants, réveillés, nous entourent. L'ouradnik, ou commissaire de police, nous prend, à juste titre, pour des gens suspects ou, à tout le moins, déséquilibrés. Nous nous obstinons en vain à réclamer l'hôtel promis à nos fatigues. Il n'y a pas d'hôtel, et, en y réfléchissant, je me demande pour qui il y aurait un hôtel à Tatar-Bounar. Depuis que Tatar-Bounar existe (j'ignore la date de la fondation de cette détestable ville), il est certain que nous sommes les premiers Européens qui l'aient traversée et qu'après nous, si on a la sagesse de me croire, personne ne se risquera dans ce trou calamiteux.

On nous pousse, presque de force, dans une misérable auberge. Traverser la cour à pied, c'est risquer sa vie, tant le sol est boueux et plein de trous saugrenus.

En entrant dans l'auberge par la porte de derrière, nous manquons nous rompre le cou. Des femmes graisseuses nous reçoivent.

Une fille, qui n'est pas la plus belle du monde, mais une des plus laides, nous offre ce qu'elle a : une chambre sale où trois lits sont serrés l'un contre l'autre. Il règne dans cette pièce une odeur qu'on ne veut pas définir, mais qui est atroce. Impossible de songer à dormir dans cette maison malpropre et louche. Où est la charmante auberge de Bolgrade?

Alors Emmanuel Bibesco, voyant notre découragement, fait entendre sa voix persuasive. Il nous dit Ackermann, ses quatre-vingt mille habitants, ses hôtels somptueux, des lits propres, des bains, des nourritures succulentes. Il affirme que soixante kilomètres à peine nous en séparent. « Reposons-nous ici une heure, dit-il, soupons, puisque nous n'avons ni déjeuné, ni dîné ; repartons à onze heures et, à une heure du matin, nous serons dans cet Ackermann béni. »

J'essaie de faire entendre quelques arguments raisonnables, je montre devant nous une étape aussi longue que celle du matin, à travers un pays inconnu, difficile, désert, dans la nuit, sous la pluie peut-être. Mais je n'insiste pas. Tatar-Bounar nous a trop vivement déçus. Les deux jeunes femmes se déclarent prêtes à la marche de nuit. Nous partirons, nous n'en sommes déjà plus à une folie près. En attendant, soupons.

Cela n'est pas facile. Les vivres manquent.

On finit par nous trouver une boîte de sardines desséchées, du saucisson racorni. Nous mangeons sardines et saucisson, faute de mieux.

Cependant, par un phénomène dont nous avons déjà eu un exemple, la salle basse à côté de celle où nous sommes se remplit, malgré les portes fermées sur la rue, d'une foule de gens crasseux. Les fenêtres sont closes; de ma vie, je n'ai senti une puanteur pareille. L'odeur la plus insupportable à l'homme est certainement celle de l'homme.

A onze heures, nous sommes sur le point de partir. On fait le recensement des bagages qui ont été gardés alternativement par les mécaniciens et par nous. La valise d'Emmanuel Bibesco manque à l'appel. Quelqu'un dans la nuit noire s'en sera emparé. Nous appelons l'ouradnik qui ne s'émeut pas. Avec lui Keller va parcourir l'auberge. Keller revient indigné prétendant qu'on ne l'a pas laissé entrer partout. Discussions un peu vives ; nouvelle visite de l'auberge par un de nous. Inutile de dire qu'on ne retrouve pas la précieuse valise qui contenait, en outre du linge et des vêtements, des guides pour le voyage entier, guides qui seront, nous le voyons, de plus en plus nécessaires.

Vers onze heures et demie seulement, nous quittons le détestable Tatar-Bounar, en emmenant sur le marchepied de la Mercédès un pilote pour nous sortir de ville.

Une Nuit de Bessarabie. — L'ordre est donné de ne pas se perdre de vue. La 40-chevaux est la première. Je suis dans la voiture des mécaniciens. Léonida n'a pas encore rejoint.

Nous marchons aussi vite que possible, sans faire beaucoup de chemin, car, à chaque instant, il faut s'arrêter pour retrouver la route qui bientôt devient abominable.

La nuit est noire sous un ciel plein de nuages que pousse un grand vent gémissant.

Nous perdons de vue la première voiture. Les mécaniciens s'inquiètent. Et voilà que notre unique phare commence à baisser. Que devenir sur cette route incertaine si nous ne pouvons nous éclairer ? La flamme clignote. Nous marchons avec une extrême prudence sur des pistes défoncées. Là-bas nous apercevons enfin un phare dans l'obscurité. C'est celui de la grande Mercédès qui nous attend.

Quelle heure est-il ? Une heure du matin. Où sont les lumières d'Ackermann ? J'entends au fond de la grande voiture des rires frais de jeunes femmes.

En route !

Nous sommes seuls de nouveau, car la Mercédès avec son phare puissant peut marcher plus vite que nous qui y voyons à peine. Nous sommes pareils à un aveugle qui trébuche dans un sentier semé d'obstacles. Cahots terribles où les garde-crottes s'écrasent sur les pneumatiques, dérapages inquiétants, nous avançons tout de même, mais secoués et meurtris (dans [une voiture qu'il faut une poigne solide pour | redresser à chaque instant. Soudain, devant nous, un remblai s'élève sur lequel nous allons nous briser ; le mécanicien jette la voiture à gauche ; le terrain dévale brusquement ; en trois bonds nous arrivons au fond d'un ravin. Par miracle nous sommes sur la voiture au lieu d'être dessous, et la voiture elle-même repose sur ses quatre roues enlisées jusqu'aux essieux dans la terre glaise. A deux, nous essayons de pousser la voiture, sans succès. Il faut attendre le retour de la 40-chevaux.

Nous restons figés de froid sur nos sièges ; l'imagination travaille dans la nuit ; nous sommes dans un désert d'ombre et de désolation. Le vent siffle, des chats-huants tournoient devant nous en poussant des cris lugubres. C'est en des nuits comme celle-là que les sorcières courent les champs pour attraper les taupes qui sont nécessaires à leurs breuvages. Vingt minutes qui semblent une heure se passent. La Mercédès ne revient pas à notre secours. Et si elle vient, pourra-t-elle nous tirer de là ? Peut-être nos compagnons sont-ils eux-mêmes au fond d'un fossé et, moins heureux que nous, ont-ils les membres rompus. Les minutes sont lentes. Enfin une lueur monte dans le ciel ; c'est le phare puissant de la 40-chevaux qui nous cherche. Elle est bientôt sur nous. On attache une corde, nous poussons aux roues et nous voilà hors de notre trou.

Nous repartons. Un quart d'heure plus tard, le phare s'éteint ; on perd vingt minutes à l'arranger. Il éclaire à peine et la route nous est inconnue, dangereuse, détrempée. Nous y laisserons notre peau.

Nouveau départ suivi d'un nouvel arrêt. Cette fois-ci, il n'y a plus de benzine dans les réservoirs. Il faut mettre les bagages à terre, ce qui n'est pas une petite affaire. La 40-chevaux revient. Un vent du nord, aigre, glacé, nous coupe la figure. Devant nous hiboux et chats-huants passent et repassent attirés par l'éclat impérieux du phare. Où sont Ackermann, ses quatre-vingt mille habitants, ses hôtels et ses bains ? Il est trois heures du matin, nous sommes encore en plein désert. On ne rit plus dans le fond de la grande voiture.

Nous repartons à la poursuite d'Ackermann. Notre phare semble une pâle lampe à huile et n'éclaire pas à vingt mètres. N'importe, l'énervement nous gagne ; nous accélérons le train. Pour nous guider, nous suivons la direction des ornières multiples de la route. Nous sommes secoués comme prunes par vent d'orage ; c'est un dérapage violent, un arrêt brusque, une descente que l'on fait de flanc, des trous ou des bosses de trois pieds, une tête de pont ravinée qu'il faut emporter d'assaut. Nous passons tout de même à une vitesse qui semble folle ; les terres déchirées par les pneumatiques sont projetées en l'air et nous fouettent continûment la figure. La fatigue est sur nous comme un lourd manteau ; le mécanicien assis sur le marchepied oscille et va tomber. Des hallucinations s'emparent de moi ; je vois, autour du faisceau lumineux projeté par le phare, la route bordée d'arbres immenses qui se rejoignent au-dessus de nos têtes. Au bruit régulier du moteur, nous nous enfonçons dans l'allée sans fin de la forêt. En vain je regarde les poteaux du télégraphe seuls dressés dans la campagne rase. Toujours les arbres, rangés en files solennelles, flanquent notre course folle.

Un instant je m'endors ; un brusque coup de frein me réveille. Où suis-je ? Une tache vive devant moi, une figure sombre qui me regarde et la sensation d'une fuite vertigineuse en arrière. Il faut un prodigieux effort pour chasser l'hallucination. La figure sombre qui me regarde est la casquette du mécanicien assis à mes pieds.

Le phare s'éteint. La Mercédès se met derrière nous un peu sur le côté et éclaire la route. Nous filons éperdument, la figure criblée de mottes de terre.

Ackermann, où te caches-tu ?

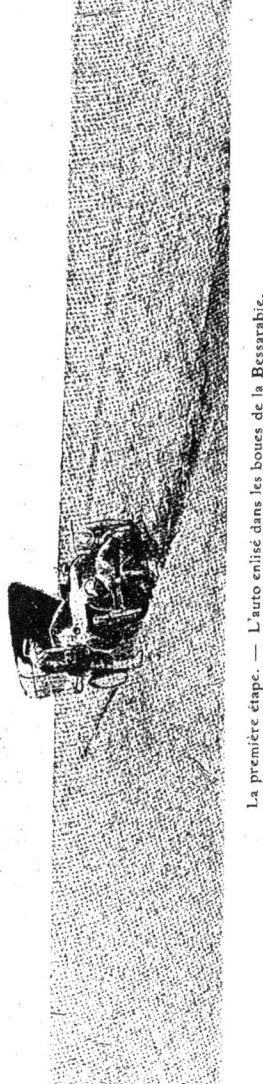

La première étape. — L'auto enlisé dans les boues de la Bessarabie.

La halte à la Fontaine-aux-Fées. — Un paysan enlève avec une bêche la boue qui remplit les roues.

Il y a plus de cinq heures que nous roulons dans la nuit. Le jour, un jour sale, éclaire à l'orient un ciel couvert de nuages. Toujours le désert! Ackermann! Ackermann! Quelques charrettes enfin dont les chevaux s'enfuient à travers champs, une demi-heure de marche encore, puis des piétons, des maisons, un faubourg misérable, des ouvriers se rendant au travail. Voilà la ville.

Où est l'hôtel? Il n'y a pas d'hôtel, mais une auberge malpropre où l'on ne nous donne que des chambres sans air ouvrant sur la galerie intérieure. Voilà le palais promis!

Il y a vingt-deux heures que nous avons quitté Bolgrade; nous n'avons pas dormi, à peine mangé; nous avons supporté la faim, la pluie, le froid, le manque de sommeil et la fatigue. Nous sommes venus chercher des aventures. Nous sommes enchantés.

ACKERMANN, *14 avril*. — Deux heures de mauvais sommeil à peine. A dix heures, nous sommes debout pour assister à l'arrivée de Léonida qui a voyagé, sans s'arrêter, toute la nuit. Il est tombé dans le même ravin que nous; mais il n'avait pas de 40-chevaux pour l'en sortir. Il a cherché des bœufs à cinq kilomètres à la ronde. Le voici, prêt à repartir.

Nous visitons l'ancienne forteresse turque en ruines et, dès après déjeuner, descendons à l'embarcadère des bateaux. Il s'agit de traverser le Dniester qui a dix kilomètres de large. Grâce aux ordres donnés par le gouverneur, nous trouvons pour les autos un chaland amarré au petit vapeur qui nous emmène.

Nous traversons le Dniester en biais pendant vingt kilomètres. Il fait gris, le ciel est sur nos épaules; bientôt une pluie fine et serrée nous cache les rives du fleuve et nous oblige à quitter le pont.

A Ovidiopol, la police a pavoisé en notre honneur et nous offre un thé que nous ne pouvons refuser. Ce thé se fait attendre. Il est cinq heures déjà; il est vrai que nous n'avons que trente-huit kilomètres à faire pour atteindre Odessa. Nous partons enfin. Pour l'instant il ne pleut pas.

Je ne décrirai pas la route entre Ovidiopol et Odessa. Les simples faits que j'enregistre ci-dessous suffiront à renseigner le lecteur.

Il y a trente-huit kilomètres de l'une à l'autre ville. Nous avons mis plus de quatre heures pour les couvrir et nous n'avons pas eu de panne.

Nous avons voyagé de nuit encore et sommes arrivés à dix heures et demie du soir.

Nous nous sommes servis de la boussole.

Ne croyez pas savoir ce que c'est que la pluie avant d'avoir été dans le gouvernement de Kherson. Les géographes affirment qu'il ne tombe que quarante centimètres d'eau par an à Odessa. Nous les avons reçus en deux heures de temps, intégralement. Une montre que j'avais dans l'intérieur de mon second pardessus, sous un caoutchouc, la capote de la voiture levée, était, à l'arrivée, pleine d'eau et de boue! Pourtant je n'avais pas quitté mon siège.

Quant à la danse sauvage qu'exécuta devant nous pendant trente-huit kilomètres, la Mercédès de Léonida, sans antidérapants, vous essaieriez en vain de l'imaginer. Je n'aime pas à m'en souvenir, le soir, lorsque je cherche à m'endormir, car je crains les cauchemars.

Le même soir, étendus dans de moelleux fauteuils à l'hôtel de Londres à Odessa, nous nous regardons avec satisfaction. A peine échappés aux dangers de notre campagne de Bessarabie, nous préparons la campagne de Crimée. Ces quarante-huit heures ont suffi pour que des liens subtils déjà se tissent entre nous. Nous devinons les voyageurs que nous serons; une âme enthousiaste et folle un brin est en train de se former qui sera un peu à chacun de nous. Nous avons appris par où nous plaire et où nous piquer.

Le beau voyage !

Odessa, *15-17 avril*. — Nous devions partir pour Sébastopol le samedi 15. Nous sommes trop fatigués, nous attendrons le bateau du 17.

Nous visitons sans fièvre Odessa qui est construite en damier à l'américaine. Sur la mer, un superbe boulevard domine de trente mètres le port. Le duc de Richelieu fut gouverneur de la ville au commencement du xixe siècle. C'est à lui qu'on doit l'escalier monumental qui descend du boulevard au port.

Odessa est une ville riche; elle s'est développée rapidement et compte plus de cinq cent mille habitants, dont un tiers de juifs.

Pourquoi, au lieu de les poursuivre et de les laisser massacrer, le Tsar n'incite-t-il pas tous les juifs du monde à venir civiliser ses États et à y faire régner leur activité pacifique ?

On parle à Odessa toutes les langues. Un vieux juif, à qui je m'efforce de demander mon chemin en russe, me dit :

— *Si parla italiano?*

— *Un poco.*

Et nous voilà à converser dans une langue que, grâce aux dieux, n'a jamais parlée Dante. Plus loin, chez l'horloger à qui j'achète une montre pour remplacer celle qui s'est remplie d'eau entre Ovidiopol et Odessa, je sors un allemand rouillé ; chez le pharmacien, je parle français ; dans un bazar, anglais.

Nous nous informons des grèves et des troubles annoncés. Le gouverneur, qui depuis... Odessa alors admirait sa vertu, nous affirme que la ville est calme. On a bien essayé de l'assassiner, voici peu de semaines, mais on l'a manqué. Tout est donc pour le mieux à Odessa.

Mais les renseignements sur le Caucase où nous allons sont détestables. Les trains ne circulent plus que de jour ; on met trente heures pour faire ce qui en demandait dix ; les rails sont enlevés devant les trains par les grévistes, des actes de brigandage commis sur les routes sans que la force publique puisse intervenir, les paysans et les montagnards révoltés ; sur quoi, nous décidons de ne rien changer à notre plan et de traverser le Caucase, coûte que coûte.

En attendant, nous nous promenons à Odessa dans de ridicules petites voitures où une personne un peu forte s'assiérait à peine. Nous allons à la cathédrale voir les popes aux longs cheveux de femme. Nous faisons des achats de conserves pour la Crimée et passons ainsi trois jours agréables et inutiles.

Le lundi 17 avril, à quatre heures, nous prenons, avec tous nos colis, nos malles et les trois autos le bateau qui part pour Sébastopol. Nous arrivons à être d'une grande habileté dans l'embarquement des autos.

A cinq heures, nous filons sur une mer bleue et rose, à la Renoir.

CHAPITRE II

LA CRIMÉE

Mardi 18 avril. — Lorsque nous montons sur le pont, vers sept heures du matin, la côte de Crimée apparaît indistincte dans les brumes d'où sortent bientôt des montagnes, tout un pays bleu pâle; et enfin nous découvrons, au fond d'une baie, Sébastopol.

Les torpilleurs prennent-ils la *Grande-Duchesse-Xénie* pour un bateau japonais ? En voici, un, trois, cinq qui quittent le port et filent à grande vitesse vers nous. Puis deux croiseurs se mettent en marche. Nous sommes fort reconnaissants à l'Amirauté qui nous offre ce spectacle gratuit.

La rade de Sébastopol est très belle. Comme il a été démontré par l'expérience, une flotte de guerre peut s'y couler elle-même en toute sécurité. Nous pénétrons dans le port. On y est, en ce moment, fort affairé ; sur les chantiers, on construit de nouveaux bateaux ; en cales sèches, on répare les anciens. C'est un tapage infernal de boulons rivés à grand fracas de marteaux, de coups de sifflets, d'appels de sirènes, de jets de vapeur qui fusent en nuages blancs dans l'air frais du matin et que le vent déchire.

Ici l'on déploie une activité guerrière et bruyante. Nous n'y comptons rester que quelques heures, le temps de préparer notre départ en auto pour la petite ville tatare de Batchi-Séraï. Sébastopol nous paraît sans intérêt ; il y a bien un musée de souvenirs de la guerre de 1854-55. C'est loin de nous, et nous n'avons pas l'âme aux récits de bataille.

Informons-nous plutôt de l'état présent des affaires. Un Français me montre un journal à un sou venu de France pour lui apprendre que Sébastopol est en flammes. Il ne s'en était pas douté.

— Pourtant Yalta, faisons-nous, a été pillée ?

— On exagère, dit cet homme qui a besoin, du reste, pour son commerce d'une Crimée calme et pleine de touristes. Il est restaurateur.

Notre programme aujourd'hui est le suivant : déjeuner de bonne heure et départ à onze heures pour Batchi-Séraï, à cinquante kilomètres ; de là remonter la vallée du Balbek, passer un col dans les montagnes qui dominent Yalta et redescendre sur cette ville de bains célèbre, la Nice russe, ainsi qu'on l'appelle, qui par la montagne est à cent kilomètres de Batchi-Séraï. Mais on nous promet de belles routes. Il n'est que temps.

Nous quittons Sébastopol à une heure, accompagnés des malédictions des nombreux cochers tatares qui sont assemblés sur la place devant l'hôtel.

Les environs de Sébastopol nous sont dès longtemps connus, de nom tout au moins. Qui n'a d'agréables souvenirs logés avenue de l'Alma ou Malakoff ? Nous traversons Inkermann et nous voici sur la haute colline de Malakoff, d'où nous dégringolons sur la vallée du Balbek. On ne nous a pas trompés ; il y a des routes, et bonnes, mais il y a aussi des caniveaux inattendus. J'ai la douleur de voir ma grosse valise quitter brusquement l'auto des mécaniciens, décrire une courbe harmonieuse en l'air et retomber sur la route. Nous suivrions la même trajectoire que ma valise si nous ne nous cramponnions à nos sièges.

Le paysage est charmant. Un printemps indécis et retardé verdit les prés, fleurit les amandiers. Nous goûtons la délicieuse sensation de découvrir en automobile un pays inconnu et lointain.

Nous arrivons à Batchi-Séraï. Quinze mille Tatares habitent, au fond d'une vallée étroite, une longue et pittoresque rue qui n'en finit pas. A l'entrée de la ville, sur une colline, une caserne ; un bataillon russe y loge. Ceci garde cela. Nous traversons la ville à grand fracas de trompe. Tout Batchi-Séraï est là pour nous voir.

J'ai souvent l'illusion pendant ce voyage (est-ce une illusion ?) que nous ne parcourons tant de pays que pour apporter une charitable distraction aux habitants des lointaines villes que nous visitons. Les cordonniers, tailleurs, bouchers, chaudronniers, potiers et épiciers de Batchi-Séraï, accroupis dans leurs boutiques dont la devanture est ouverte, prennent un manifeste plaisir à voir passer nos autos. Ce divertissement leur est gratuit. Nous savons déjà ce qu'il nous coûte.

Dans l'ancien palais où habitaient les Khans tatares, maîtres jadis de ce pays, on nous montre une chambre où coucha la grande Catherine, impératrice insigne. Les architectures orientales de la décadence sont médiocres, mais les jardins enclos de bâtiments peu élevés ont un grand charme, et nous nous arrêtons avec plaisir dans le cimetière où sont les anciennes tombes des Khans. Dans les sarcophages ouverts, dont quelques-uns remontent aux quinzième et seizième siècles, des fleurs ont poussé, des touffes de violettes et de giroflées roses qui sortent vives de la mort; les floraisons délicates et fraîches des pêchers les recouvrent; le minaret grêle d'une mosquée monte dans le ciel pâle. C'est un endroit exquis que le cimetière des Khans à Batchi-Séraï.

Une heure plus tard (quelle heure est-il? cinq heures déjà!), nous remontons une vallée sauvage. Nous avons une centaine de kilomètres à faire à travers la montagne et un col de près de quinze cents mètres à franchir pour arriver à Yalta.

Dans le bas de la vallée le pays est très peuplé; nous passons de petites maisons entourées de jardins, des fermes, des champs où travaillent des Tatares; puis bientôt plus un village, plus une maison, nous sommes dans la forêt et dans la solitude. La route commence à grimper en pente raide sur le flanc de la montagne. Je vois à cent mètres au-dessus de moi la 40-chevaux gravissant sans effort les lacets à angles aigus et, derrière nous, la 16-chevaux des bagages qui monte des pentes de douze à quinze pour cent. Il y a un caniveau à chaque tournant, et un tournant à chaque cent mètres. Le soir vient; nous n'arriverons que de nuit à Yalta, et par quelle route difficile!

Nous montons toujours. On voit maintenant de la neige sous les arbres. Enfin nous sortons de la forêt, nous sommes près du sommet du col, lorsque soudain, à un détour de la route, nous nous trouvons en face d'un mur de neige d'un mètre de haut!

La grande Mercédès se lance à l'assaut, entre dans la neige qui se tasse devant le radiateur et bientôt oppose un obstacle infranchissable à la machine.

Que faire?

Il n'y a pas cinq cents mètres de neige devant nous; nous ne sommes qu'à vingt kilomètres d'Yalta. Derrière nous, c'est la terrible route en lacets qu'il faudra descendre dans la nuit; cent kilomètres avant d'arriver à Sébastopol, à quelle heure? sans manger!

Pourtant nous n'avons pas le choix et nous voilà filant dans la nuit, plongeant de quinze cents mètres en deux heures, longeant des précipices, sautant à chaque caniveau, arrêtés tous les cent mètres par le retour à angle aigu de la route sur elle-même. Les phares jettent de grandes lueurs mouvantes sur le pays désert...

Nous arrivons enfin dans la plaine. Le vent s'est levé en tempête; le ciel est noir, traversé de lourds nuages. Vers onze heures nous sommes sur la colline rocheuse de Malakoff. Un pneumatique crève. Pendant que l'on répare, nous descendons et nous étendons sur des châles, serrés les uns contre les autres, abîmés de fatigue et demi-morts de faim. Sur le sol pelé de Malakoff, parmi les pierres et les herbes rares, des souvenirs courent dans la nuit avec le vent qui hurle; d'autres ont été couchés ici plus fatigués que nous, si fatigués que la vie s'en alla d'eux en un soir semblable à celui-ci, alors que le sifflement des balles semblait, tant il était continu, celui du vent dans la nuit.

19 avril. — Ce matin, nous nous promenons dans Sébastopol. Je prends une leçon de russe en essayant de déchiffrer les enseignes des magasins.

Pourquoi les Russes ont-ils un alphabet si compliqué? Pour nous mieux tromper, ils ont imaginé de prendre quelques-unes de nos lettres mais dans un sens différent. Leur M veut dire T, leur P est notre R. Et puis les caractères imprimés diffèrent de ceux de l'écriture courante, et les majuscules des minuscules, et cela du tout au tout. Aussi peut-on s'estimer heureux si, après un séjour de quelques semaines en Russie, on arrive à déchiffrer les enseignes. Quant à lire une adresse manuscrite, il faut y renoncer. Je me refuse à reconnaître mon nom écrit en russe.

J'ai fait une autre expérience.

Depuis huit jours que je suis en Russie, j'ai découvert que fort peu de Russes parlent français, et que l'on avait sur ce point des idées bien fausses à l'étranger. Ceux qui connaissent notre langue n'habitent pas leur pays ; on les trouve en France et dans les villes d'eaux cosmopolites où ils peuvent offrir un agrément certain, mais ne sont d'aucune utilité. Je certifie qu'en Russie les cochers, ouvriers, agents de police, paysans, bouviers et pâtres que nous rencontrons dans les champs, les villages ou les villes, ignorent jusqu'aux rudiments de notre langue. Donc qui veut voyager en Russie en automobile comme nous le faisons, doit savoir lire, comprendre et parler le russe. Emmanuel Bibesco est notre interprète ; nous autres arrivons tant bien que mal à nous tirer d'affaire, à l'aide des gestes, dans les petites difficultés quotidiennes. Nous avons tous appris à dire : *Stakan tchai*, mots magiques qui dans le village le plus perdu sont suivis de l'immédiate apparition d'un verre de thé excellent.

* * *

Dans l'après-midi nous partons pour Yalta, quatre-vingts kilomètres le long de la corniche célèbre de la Crimée.

Notre première étape est au couvent de Saint-Georges. Pour y arriver, il faut quitter la grande route et couvrir une quinzaine de kilomètres à travers champs. Nos autos en avaient perdu l'habitude. Le paysan qui nous guide s'égare. Nous voici en panne sur un remblai, obligés de faire les cantonniers pour remplir un fossé que l'auto ne peut franchir. Nos compagnes, toujours courageuses, travaillent avec nous et portent de grosses pierres.

Si j'avais conçu, à Paris, quelques craintes au sujet de la présence de jeunes femmes délicates et de luxe dans notre expédition aventureuse, je suis depuis longtemps rassuré. J'ai vu comment elles avaient supporté la nuit de Bessarabie, la bonne humeur, la gaîté qu'elles n'ont cessé de montrer. C'est elles qui nous récontortent et nous empêchent de nous laisser aller aux petites colères si naturelles aux voyageurs que nous sommes. Je recommande donc beaucoup d'emmener des jeunes femmes dans un voyage semblable. Mais il faut choisir...

Le monastère de Saint-Georges est bâti sur une terrasse domi-

La première étape en Bessarabie. — Les autos dans la cour de l'auberge.

Les petites voitures d'Odessa, étroites pour une personne un peu forte.

nant de trois cents mètres de rochers à pic la mer si bleue au fond de la baie. Les moines à longs cheveux qui habitent ce couvent peuvent louer soir et matin et chaque jour, d'une âme convaincue, le Dieu qui leur fit des loisirs en face d'une de ses plus belles œuvres.

Nous parcourons maintenant sur bonne route un pays de vallées, de terrains ondulés, de champs fertiles coupés de rivières, de collines parfois entamées et d'un blanc de craie.

Vers cinq heures, nous arrivons à Balaklava.

C'est comme si nous entrions dans une ville en miniature. De petits jardins verdoyants, de petites maisons, des collines dentelées avec, à gauche, les ruines d'une très ancienne tour génoise; ces collines entourent de tous côtés un étang, croirait-on, d'eau claire et bleue ridée par la brise du soir; des quais d'un demi-pied de haut le bordent; des bateaux à rame et à voile y dorment et, à quelques mètres de nous, au ras de l'eau, un fuseau noir qui est, nous nous en assurons, un torpilleur amené là sans doute à grands frais pour la joie de nos yeux, colossal cuirassé de cet étang limpide, un torpilleur flamme au mât, avec de vrais marins qui nous regardent passer. Nous allons au bout du quai et découvrons un goulet étroit qui, entre deux murailles de rochers, mène à la mer invisible. Puis nous retournons à la grande route, enchantés de ce Balaklava minuscule et portatif, bleu et vert dans les collines crayeuses, que le hasard nous a offert comme un jouet au détour du chemin.

Au soleil couchant, bien calés sur les sièges confortables de l'auto, nous filons sous un ciel pur à travers un pays magnifique. Le monde nous appartient. Les jeunes femmes que nous emmenons récitent des vers alternés :

La terre est le tapis de tes beaux pieds d'enfant.

Ronsard, Chénier, Vigny, Verlaine revivent avec nous en ces terres lointaines, et nous savons troubler d'une cadence antique le silence des pays nouveaux qui se lèvent devant nous.

Les rochers maintenant prennent les tons roses du couchant; la route monte en lacets. Enfin nous arrivons au sommet du col; nous avons quitté la mer au couvent de Saint-Georges et ne l'avons pas revue. Une arche large de pierre franchit ici la route. C'est la porte célèbre de Baïdar.

La porte traversée, le terrain semble manquer sous nos pieds. A droite et à gauche, s'ouvre un cirque de montagnes à pic ; à huit cents mètres plus bas murmure la mer frissonnante ; devant nous, à mi-hauteur, sur une terrasse, une église dresse cinq coupoles dorées ; au pied de la paroi des rochers cyclopéens, des arbres fruitiers jettent la note blanche de leurs fleurs dans le paysage, une végétation riche jaillit du sein même des pierres et descend jusqu'au rivage.

Un sentier de chèvres mène à un village au bord de l'eau.

Le soleil qui vient de disparaître a laissé ce vaste cirque de montagnes et d'eau empli de vapeurs bleuâtres et roses. Il y règne un silence impressionnant ; nous sommes accablés par la beauté du spectacle que nous avons sous les yeux. A gauche, sort de la mer une lune énorme, rouge, qui n'éclaire pas. Elle monte dans le ciel, devient jaune, brillante et bientôt étend sur les flots un éventail pailleté d'or pâli.

La route que nous devons suivre donne, vue d'ici, le vertige. Elle descend en tire-bouchon avec, dans les lacets aigus, une pente qui doit approcher de vingt pour cent. Mais nous avons fait la Bessarabie, nous ne craignons plus rien.

Je cherche la route qui arrêtera le conducteur intrépide et sûr de soi qu'est notre ami Georges Bibesco. Je lui ai, au départ, confié ma vie, ce que j'ai tout de même de plus précieux. Il m'a promis de me ramener intact à Paris. C'est son affaire et non la mienne, je n'y songe plus. Qu'il tienne la barre d'un bateau à voile ou le volant d'un auto, il est égal à lui-même, voit clair, décide vite, risque tout, passe, et ne casse rien. J'ai fait derrière lui quelques sauts magnifiques et que d'autres qualifieraient de périlleux ; je n'en ai eu aucune émotion. A trois mètres en l'air, je me disais : « Qu'importe cette envolée, puisque je suis sûr de retrouver sous moi en retombant l'auto fidèle sur ses quatre roues ». Je la retrouvais, en effet, et nous continuions. Après une centaine de caniveaux et de dos d'âne où l'on quitte brusquement son siège pour quelques secondes et gagne plusieurs mètres par manière de saut involontairement fait, on ne prête plus aucune attention craintive à ce mode nouveau de locomotion qui tient de la grenouille par la position des membres et de l'oiseau par l'amplitude du vol à travers l'espace.

Les deux mains sur le volant, les pieds à côté des freins, Georges Bibesco immuable regarde devant lui. Il est resté vingt-deux heures à la direction de la machine sans demander grâce. Je ne pourrais exiger du meilleur des mécaniciens un service aussi dur. Et cela prouve la supériorité de l'amateur sur le professionnel. Je ne voyagerai plus autrement.

La nuit est venue.

Il est curieux de constater que la nuit revient avec une régularité constante toutes les treize heures à peu près à la latitude et à la date où nous sommes. Cette venue de la nuit qui, il y a huit jours, nous étonnait encore lorsque nous étions sur route, ne nous surprend plus. Nous y sommes habitués. Nous sommes devenus une espèce nouvelle dans la grande famille des automobilistes, l'espèce noctambule.

Que d'autres préfèrent la clarté trop vantée des matins (il faudrait écrire une note précise sur les aurores ; elles doivent leur réputation à certaines personnes qui, ayant horreur de partager leurs admirations avec la foule, ont décrété que l'aube était plus belle que le couchant. En fait les couchers de soleil sont plus magnifiques que les levers, et l'on n'est pas obligé de veiller toute la nuit pour les admirer), qu'ils recherchent les soleils accablants et connus de midi, les couchants qui sont à tout le monde, nous élisons pour notre voyage l'obscurité de la nuit qui prête du mystère aux spectacles les plus banals et, vertueux à l'excès, pour être plus sûrs de voir lever l'aurore, nous ne nous couchons point. Ainsi sommes-nous arrivés à Ackermann. Oh, la vilaine aube grise ! Nous avons vu à l'horizon Odessa signalé à travers l'orage par un millier de points lumineux. Sébastopol nous reçut vers une heure du matin, et nous voici maintenant parcourant sous une lune d'argent clair la corniche de la Crimée à la recherche d'Yalta qui, comme toutes les villes après lesquelles nous courons, semble nous fuir.

Enfin, derrière un promontoire, un phare, puis les lampes électriques d'un port ; dix verstes encore à travers un perpétuel verger embaumé, des villas, un quai, c'est Yalta. Nous sommes affamés comme à l'ordinaire, car nous n'avons pas dîné. Mais nous sommes en avance sur notre horaire. Il n'est que minuit.

* *

Yalta, *20 avril*. — Faut-il l'avouer? Autant que la beauté du site, le souvenir des troubles d'il y a quelques semaines nous attire à Yalta.

Depuis que nous sommes en Russie dont les télégrammes racontent à l'étranger les troubles et les massacres, nous n'avons pas vu la plus légère émeute ; aucun gouverneur n'a consenti à se laisser assassiner devant nous ; aucun gréviste n'a brandi un drapeau rouge ; pas un sergent de ville (à quoi servent-ils ?) ne nous a fait le sacrifice de sa vie.

Nous sommes armés d'une façon inquiétante, pour nous s'entend, car nous avons, chacun, au moins un revolver. Il y a, en outre, dans l'auto, une carabine et un fusil de chasse qui nous meurtrissent les jambes. Nos compagnes de voyage ornent leur ceinture d'un redoutable petit poignard qui, jusqu'ici, n'a servi qu'à couper les feuilles d'un exemplaire de *l'Amour* de Stendhal, mais qui, au besoin, pourrait défendre une vertu que beaucoup affirment leur être plus précieuse que la vie. Cela a toujours été l'opinion des maris. Quant aux femmes, celles qui sont sages la réservent en ces questions jusqu'à mise à l'épreuve. Qui sait le prestige que peut vous avoir un chef de brigands ? Le seul Emmanuel Bibesco n'est armé que d'une lime à ongles.

Il faut avouer que, dès le début de notre voyage, ces armes dorment au fond de nos valises, car, si c'est déjà un grand effort d'acheter un revolver, c'en est un excessif de le porter dans la poche de son pantalon.

Enfin dans Yalta nous cherchons avidement les traces du pillage et l'un de nous qui a, en outre de lui-même, une femme à défendre, montre un derrière bossué par une arme terrible.

— Ici, voilà une vitrine défoncée !
— Une devanture provisoire !
— Une maison brûlée !
— Enfin !

Nous avons des âmes de sauvage.

Nous nous faisons raconter les troubles. Pendant quarante-huit heures Yalta appartint à l'émeute. Une dame nous apprend qu'elle était dans une des maisons qu'on a brûlées et que cette maison lui appartient. Elle trouve cela si amusant qu'elle en rit encore et qu'elle a peine à parler.

— On a sauvé notre piano; on l'a descendu par la fenêtre à l'aide de cordes ; il pendait lamentablement... c'était si drôle, Monsieur...

Elle ne peut reprendre son sérieux. Je veux la croire. Mais c'est l'amusement qu'elle a eu à se voir piller qui me paraît le plus drôle de son histoire.

Un coiffeur français est encore bouillant de colère et en veut aux officiers qui n'ont pas fait tirer sur la foule.

Enfin Yalta est maintenant calme. Les gens ont les mines les plus pacifiques du monde. Aussi, par dépit, nous mettons-nous à créer des troubles nous-mêmes.

Yalta, ville de luxe, appartient à la corporation bruyante des cochers tatares. Ils sont deux ou trois cents qui rangent leurs équipages le long du quai. Les chevaux sont vifs et mal attelés. Au bruit inconnu des autos, ils s'effarent, se cabrent, ruent, et partent au galop. Le beau désordre!

Les cochers nous apostrophent bruyamment. Nous supportons d'un cœur placide des injures que nous ne comprenons pas et qui s'adressent, paraît-il, par-dessus nos têtes, à nos parents et ancêtres. Grand bien leur fasse. Mais nous n'avons pas passé vingt-quatre heures à Yalta que les plaintes affluent chez le gouverneur, frère du célèbre Trepoff, préfet de police à poigne à Saint-Pétersbourg. Et nous recevons la visite du chef de la police; au premier abord il est assez cassant. Alors nous tirons de notre poche un papier revêtu d'un cachet et d'une certaine signature, et voici aussitôt un fonctionnaire incliné qui nous assure de son éternel dévouement.

Pauvres cochers d'Yalta.

Ce même jour, nous apprenons que Maxime Gorki est dans une villa voisine à se soigner, et je décide d'aller le voir. Un pharmacien me donne son adresse et me voilà parti.

La voiture suit la route de Livadia, puis entre dans une espèce de parc qui s'appelle Tchoukourlar; plusieurs villas éloignées de la route et de la poussière, semées irrégulièrement selon le terrain, regardent la mer voisine; la nature n'y est pas trop peignée; il y a de la vigne et des arbres fruitiers aujourd'hui en fleurs. C'est un des charmes de la corniche de la Crimée : elle n'a pas les cactus en lame de sabre édenté, les palmiers vernissés, les aloès épineux et les araucarias difformes que l'on a acclimatés, hélas! sur notre Côte d'Azur et qui semblent en fer-blanc.

La dernière maison à laquelle aboutit l'allée sinueuse est une villa toute blanche, d'un étage, avec portique, terrasse et toit plat à l'italienne. A la porte, une servante ne me comprend pas; je fais quelques pas dans le vestibule. Un homme grand, vêtu de noir, vient à ma rencontre. C'est Maxime Gorki.

M'ayant introduit dans un petit salon, il disparaît d'une allure souple. La pièce où je suis est simple; les murs sont passés à la chaux, ainsi que le plafond très élevé.

Rentre Gorki accompagné de sa femme. Je me présente à elle; lui dis qu'une admiration ancienne et une vive sympathie m'amènent chez eux. Mme Gorki parle le français très bien, avec un peu de timidité, une voix douce et un accent charmant. Son mari ne sait que le russe; grâce à elle, la conversation s'engage à trois.

Lorsque Gorki apprend que je viens de Paris et que je connais personnellement plusieurs des littérateurs dont il aime les œuvres, sa figure s'éclaire. Il veut dire tout de suite son admiration pour nos écrivains qu'il n'a lus qu'en traduction. Il préfère ceux de la grande lignée naturaliste; parmi les morts, Flaubert avant tout, puis Maupassant, les Goncourt des romans; des vivants, il nomme Anatole France, Loti, Octave Mirbeau. Mais c'est Mirbeau qui l'émeut le plus profondément. Tolstoï avait déjà exprimé son enthousiasme pour l'œuvre d'Octave Mirbeau. Ce qu'il y a de passionné, de tragique, de douloureux dans les pages du *Calvaire* ou du *Journal d'une femme de chambre*, la satire violente qu'on y trouve de la société actuelle, ont gagné à Mirbeau le cœur des deux plus grands écrivains de la Russie contemporaine.

Pendant que Gorki parle, je le regarde.

Il est grand, élancé, souple; il est vêtu d'une espèce de

tunique de drap noir flottante, serrée au cou, la culotte de même étoffe, des bottes molles; à la taille une ceinture de cuir avec des ornements d'argent ciselé. Le visage aux méplats accusés est tourmenté, le front aux rides creusées, puissant ; les cheveux blonds sont rejetés en touffes en arrière ; une petite barbiche rousse et rare couvre une mâchoire forte; les narines sont larges et les yeux bleus, d'un bleu intense et profond; on y lit une volonté forte; ce sont les yeux d'un homme d'action qui a souffert, non d'un mystique; en somme, le visage énergique et fatigué d'un homme qui s'est dépensé sans compter.

Il se penche vers nous, essayant de comprendre ce que nous disons. A un mot que sa femme lui traduit sur la sympathie que nous avons tous pour lui en France à cette heure-ci de sa vie, ce visage tendu s'éclaire, le regard s'adoucit, les yeux brillent et la bouche s'entr'ouvre dans un sourire heureux, confiant, qui dit une bonté profonde, essentielle et une jeunesse toujours vivante.

Mme Gorki me raconte comment son mari fut arrêté au moment où il arrivait chez elle à Riga où elle était dangereusement malade. Sans lui donner une heure, on l'emmena à Saint-Pétersbourg, on le conduisit à la forteresse; là, on le fouilla, puis on le fit se déshabiller ; il resta nu longtemps dans une pièce froide, les pieds déchaussés sur des dalles en pierre. « — C'est là qu'il prit la mauvaise toux qu'il soigne à présent », me dit-elle.

Il ne se plaint pas de la prison, mais on refusa de lui communiquer les télégrammes qui lui apportaient des nouvelles de sa femme. Enfin on le remit en liberté provisoire. Son grand crime avait été de faire l'impossible avec ses amis pour éviter les horribles massacres de janvier. Le vendredi et le samedi, il avait multiplié les démarches auprès des ministres, éconduit partout. Tout cela, on le sait. Après, il écrivit un récit des journées tragiques, et un appel resté en brouillon. C'est cela qu'on saisit chez un de ses amis. Mais cet appel n'avait été ni signé, ni imprimé, ni donné pour être imprimé, ni répandu à plusieurs exemplaires écrits à la main. Toute base légale paraît donc manquer aux poursuites. Le procès doit avoir lieu dans le plus strict huis-clos ; mais la date, quoi qu'on en ait dit dans la presse, est encore incertaine. Il semble que l'on n'ait nulle hâte de pousser l'affaire...

Maintenant nous parlons de la vie de Gorki. On a écrit sur lui beaucoup de choses inexactes en France et en Russie. On a dit qu'il était né dans la misère; ce n'est pas vrai. Il l'a connue et presque choisie; c'est autre chose.

Il est né à Nijni-Novgorod, dans une famille à l'abri du besoin. Son grand-père, entrepreneur de peinture en bâtiment, l'éleva et lui donna sa première instruction. Maxime Gorki n'alla pas à l'école. Puis le grand-père lui apprit son métier; il voulait que son petit-fils lui succédât. Mais l'enfant se révolta; il rêvait d'une autre existence que de celle de peintre en bâtiment; il voulait courir le monde, voir les hommes et les choses; il s'enfuit.

Alors commença la vie aventureuse de celui qui devait être Maxime Gorki; il fut mousse sur un bateau de la Volga, il fut aide-boulanger; il connut les fatigues, les misères, les souffrances des malheureux; il vécut avec ceux pour qui l'unique problème est de savoir s'ils auront aujourd'hui de quoi manger; il a vu dans leur réalité triste les ouvriers et les paysans, et aussi ceux qui sont en marge de toute existence régulière, ceux qu'il appelle d'une expression si forte, si émouvante « les ex-hommes ». La nécessité de gagner son pain, le goût plus impérieux encore du changement, le désir de voir des cieux nouveaux et les conditions diverses des hommes firent de lui un être errant à travers l'immense Russie. Il l'a traversée plusieurs fois du nord au sud, de l'est à l'ouest, des rivages boisés de la Finlande aux lacs perdus dans les forêts de bouleaux et de pins jusqu'aux montagnes âpres et magnifiques du Caucase. A travers ce monde énorme, il a été un inlassable vagabond. Mais cela, il l'a voulu; il aurait pu, comme son grand-père, être un placide peintre en bâtiment. Détail amusant : il est resté pour l'administration russe ce qu'il aurait dû être, et l'acte d'accusation est dressé contre « Maxime Gorki, peintre en bâtiment et homme de lettres... ».

On a dit aussi qu'il était illettré. Cela encore est inexact. Jeune homme misérable et volontaire, il sentait fortement la nécessité de s'instruire et, au cours de sa vie d'épreuves il y eut des années où il donnait une partie de ses nuits pour dévorer les livres nécessaires des auteurs russes et étrangers.

— Mon mari était en ce moment très pauvre, dit Mme Gorki;

Odessa : le boulevard dominant le port.

La place principale de Sébastopol.

Sur la corniche de la Crimée.

il n'avait pas de quoi acheter des bougies; alors il remplissait des vieilles boîtes de sardines de toutes les graisses qu'il trouvait, et d'un morceau de laine faisait une mèche. Mais à cette pauvre lumière il contracta à la longue une maladie des yeux qui faillit lui faire perdre la vue.

On voit combien la réalité est loin de la légende qui nous présentait un Gorki illettré, et pour peu, ennemi de la science.

Il commença à écrire à vingt-deux ans; il en a trente-six aujourd'hui. Trente-six ans! Mais sa figure fatiguée dit que beaucoup de ces années de souffrance ont pesé lourdement sur lui. « — Trente-six ans, dit-il; en France, on est encore un homme jeune à trente-six ans, tandis qu'en Russie... »

J'ai une question sur les lèvres. Je la risque.

— Quels sont les rapports actuels de Gorki et de Tolstoï?

A ce nom qu'il entend, Gorki attache sur nous un regard plus intense.

*
* *

Il a une admiration infinie pour l'œuvre du romancier. C'est le plus grand écrivain de la Russie; jamais il ne pourra dire ce que Tolstoï fut pour lui dans les heures de peine. Puis il connut l'homme et il l'aima; leur intimité fut complète.

Mais le Tolstoï d'après les romans, le Tolstoï apôtre mêlé aux luttes où s'engage aujourd'hui la Russie! Il a publié, après les événements de janvier, une lettre dans le *Times* qui a causé la plus grande tristesse à ses amis d'autrefois. Gorki voulait y répondre; mais il y eut alors dans la presse russe un tel déchaînement d'attaques basses et méprisables contre Tolstoï, que Gorki, l'ami des anciens jours, ne voulut pas, bien qu'il lui en coûtât de se taire, élever la voix. Mme Gorki explique ce qu'est Tolstoï.

— Voyez-vous, me dit-elle, Tolstoï est un aristocrate; il est né parmi ceux qui commandaient; aujourd'hui encore, il est comme un général. Il n'est pas du peuple, il ne le connaît pas; il ne sait pas quels sont ses besoins réels, quelle est sa vie, ce qu'il faut lui donner. Il n'a aucun droit de parler au nom du peuple; les choses qu'il nous dit ne sont pas celles que la Russie demande à présent. Mon mari, lui, connaît le peuple, il en vient, il veut l'aider, travailler pour lui, mais d'une façon pratique, terrestre.

Je sens, à l'accent de ces paroles, que j'ai touché un point douloureux.

Tolstoï poursuit un but idéal qu'il veut réaliser par des moyens mystiques : il veut que l'humanité entière, rangée sous la loi du Christ, renonce au mal par un acte spontané de volonté et vive purement. Le progrès lent, pas à pas, difficile, terre à terre, de l'humanité, le respect de soi-même et d'autrui, le foyer inviolable, la loi égale pour tous, la liberté de conscience nécessaire, le droit primant la force, l'instruction mise à la portée de chacun, les hommes réglant eux-mêmes de leur mieux les affaires communes qui les concernent — qu'est-ce que cela au regard du mystique qui voit Dieu face à face ?

C'est pourtant cela que veut la Russie aujourd'hui. En face de Tolstoï qui ne fait aucune différence entre l'état politique et social auquel sont parvenues l'Angleterre ou la France et celui de la Russie, Gorki s'élève et dit : « Nous voulons ces conquêtes-là d'abord. Vous prêchez la non-résistance au mal; nous demandons, nous, une constitution et des écoles. »

Il y a un abîme entre ces deux hommes.

Gorki sait l'immensité de la tâche que les Russes ont devant eux, l'ignorance de la masse, la force effroyable d'inertie qu'elle opposera. Mais au lieu de trouver dans ces difficultés un motif de découragement, il n'y voit qu'une raison de plus pour agir tout de suite. L'heure est grave; la guerre a enlevé les hommes et accru la misère; le malaise est devenu si vif, si général, qu'on peut espérer que de l'excès du mal sortira enfin quelque bien.

Je dis à Gorki que nous espérons le voir rétabli en France. Mais pour l'instant, c'est en Russie qu'il veut vivre et agir. Je le sens inquiet, frémissant à l'idée d'être immobilisé par la maladie dans ce Yalta de luxe fait pour les désœuvrés.

— Je n'aime pas Yalta, dit-il; là-bas, au Caucase où vous allez, la nature est forte, âpre et belle.

Sur la table de Mme Gorki, j'ai vu des livres français, entre autres *La Maternelle*, de Frapié, qu'ils aiment beaucoup. C'est Mme Gorki qui tient son mari au courant des œuvres les plus récentes de notre littérature. Sur les fenêtres, sur les tables, des fleurs, des fleurs partout.

Je quitte mes hôtes. Je garde le souvenir de la poignée de main chaude, appuyée, que me donne Gorki quand je pars.

Je vois, sous le porche, près de Gorki grand, énergique, tourmenté, sa femme frêle et délicate, mais, elle aussi, d'une volonté qui ne plie pas.

Je vois la calme villa blanche parmi les arbres fruitiers en fleurs en face de la mer.

Je pense à ce qui attend cet homme malade que je laisse ; derrière lui, je vois la Russie souffrante qui demande un peu de justice.

Je n'oublierai pas ma visite à Maxime Gorki dans le parc paisible de Tchoukourlar.

*
* *

Ce même jour nous nous promenons dans les environs d'Yalta tandis qu'on nettoie les autos. Nous passons une partie de l'après-midi à flâner dans les parcs de Massandra.

Cette corniche de la Crimée est célèbre par la beauté de ses sites et l'agrément de son climat. Les monts de Crimée qui s'élèvent jusqu'à quinze cents mètres protègent la côte des vents froids du nord ; ils descendent presque à pic jusqu'au rivage, ici tombant en blocs énormes qui forment un promontoire dans la mer ; là laissant à leurs pieds quelques gradins de terre cultivable où poussent des vignes, des arbres fruitiers, des bois de pins sombres aux troncs roses ; plus loin s'ouvrant en cirque autour d'une petite rivière qui se précipite d'abord en cascade, puis coule en torrent, grise des neiges fondues et des terres emportées. Les grands murs de rochers, les forêts au bas des monts, les villages accrochés au flanc des collines, le dessin si précis des côtes où les rochers mordent l'eau, la douceur printanière et automnale du climat, tout contribue à faire de cette partie de la Crimée un des plus beaux endroits du monde.

21 avril. — Aujourd'hui nous explorons le pays en automobile. Nous traversons des forêts de pins admirables, de hêtres, d'ormeaux ; des champs de muguets, de perce-neige, de primevères remplissent les clairières. Le parfum du printemps nous monte au cœur. A mesure que nous nous élevons, la vue devient plus belle sur le golfe où Yalta mire ses villas blanches et ses jardins fleuris. Il faudrait vivre ici plusieurs jours, goûter la joie de ne rien faire sous ce ciel clément. Mais nous sommes en retard déjà sur notre itinéraire et si loin de Téhéran ! Y arriverons-nous jamais ?

Tandis que nous nous promenons dans les bois d'Yalta, nous croisons quelques voitures et charrettes de paysans. Hélas ! les paysans sont petits et les chevaux très grands ! Les uns et les autres n'ont jamais vu d'automobiles ; aussi, malgré nos arrêts immédiats (de tout le voyage, nous n'avons pas écrasé une poule !), les chevaux montrent un goût vif pour les haies et les fossés, et se livrent à la joie d'un steeple-chase, comme s'ils ne traînaient pas un lourd véhicule. Les paysans s'enfuient et nous laissent courir après leurs chevaux. De loin, ils nous insultent.

Mais voici que dans un village, un énergumène, transporté de fureur, bondit sur la voiture de Léonida, un gourdin à la main. Va-t-il fracasser la tête de la princesse Bibesco qui est au fond de la voiture à côté de moi ?

Non, avant que nous ayons eu le temps de nous défendre, le gourdin tombe sur des épaules que nous laisserons anonymes.

Une mégère échevelée quitte sa bouteille de vodka, se joint à son mari et assaille la 40-chevaux qui arrive à huit kilomètres à l'heure.

Cette fois-ci un revolver sort d'une poche ; le paysan à cette seule vue tombe dans le fossé. Nous accélérons le train. Un énorme pavé destiné par la virago à nos têtes délicates tombe sur l'arrière de la voiture. Une vingtaine de paysans sont rassemblés ; il faut filer ; ce que nous faisons.

Ainsi faillîmes-nous être lapidés, tels des martyrs chrétiens, dans les champs d'Yalta.

Livadia. — La résidence d'été de l'Empereur. Mais cette année, il ne quitte pas, et pour cause, Tzarskoie-Sélo.

Livadia, c'est un grand parc en pente jusqu'à la mer ; des pavillons nombreux sont disséminés dans la verdure, pour l'administration, pour la suite impériale, pour les popes aux longs cheveux de femme.

Deux pavillons aussi simples que les autres sont ceux qu'habite l'Empereur. Dans l'un d'eux mourut d'une mort que certains croient mystérieuse, Alexandre III; dans l'autre Nicolas II passa ces étés derniers. Des pièces petites, un ameublement de vieilles filles sans fortune et sans goût, pas de confort non plus, voilà le palais d'été où villégiature l'Empereur de toutes les Russies, l'autocrate qui règne sur cent quarante millions de sujets et dont la fortune est inestimable. Le moindre boutiquier enrichi de Londres a, près de Hampstead Heath, une installation plus luxueuse.

Mais on voit, auprès des pavillons des Empereurs, de très belles jacinthes, des tulipes, des roses, des camélias, en parterres ou en massifs, des fleurs partout.

On voit autant de soldats que de fleurs.

A chaque détour de l'allée, on en aperçoit un peloton; sur les pelouses, des soldats font l'exercice; sur les marches des escaliers d'autres sont assis.

La note de couleur que donne l'uniforme dans les verdures n'est pas déplaisante. Mais il faut ménager ces effets dont on abuse dans le parc de Livadia.

Et, à chaque pas, l'ordonnance qui nous précède se retourne et nous surveille.

Sous ce regard inquiet, nous finissons par avoir l'air d'enfants pris en faute et marchons timidement, les mains dans les poches, n'échangeant qu'à voix basse de rares observations.

*
* *

Ce même soir, je vais prendre congé de Maxime Gorki.

A huit heures, le *Grand-Duc-Boris* arrivant de Sébastopol est dans le port. Nous nous y précipitons pour voir si nos vingt-huit colis, petits et grands, que nous avions laissés à Sébastopol à la charge du portier de l'hôtel, sont à bord.

C'était une des manœuvres les plus risquées que nous ayons faites au cours de ce voyage.

Nous retrouvons dans trois cabines tous nos bagages. Douce joie!

Et, vers dix heures, après le difficile embarquement des automobiles, nous quittons le port par une nuit magnifique sous la lune qui éclaire les terrasses blanches et les villas endormies d'Yalta.

CHAPITRE III

LE CAUCASE

I

Samedi, 22 avril. A bord du Grand-Duc-Boris. — Nous longeons la côte de Crimée dans un brouillard léger et bleuté qui, parfois se dissipant, nous laisse voir un pays aride, montueux, de collines crayeuses, peu élevées, désertes toujours.

Nous passons devant Féodosie et ne faisons que l'entrevoir.

Vers trois heures, nous sommes à l'entrée de la mer d'Azof, en vue de Kertch, l'ancienne Panticapée des Grecs. Sur la colline qui surmonte la ville, est une tour carrée, tombeau d'un Mithridate.

Paresseusement nous la regardons à travers nos jumelles. Ce Mithridate ne vaut pas de prendre un petit bateau et de faire deux kilomètres pour aller à terre. Nous restons cinq heures en rade à embarquer des centaines de sacs de farine pour le Caucase. Nous sommes étendus sur le pont; le temps est gris et perlé délicieusement.

Au soir, le ciel de printemps s'éclaire de toutes ses étoiles. Le grand Orion incline sa ceinture étincelante vers les flots; Sirius brille éperdûment entre deux nuages, et l'Ourse, droit au-dessus de nos têtes, se carre.

A l'arrière du bateau, des étudiants en vacances, — reste-t-il une université ouverte en Russie? — chantent des airs graves et presque religieux à trois parties. Leurs voix pleines et belles qu'ils modèrent, meurent par moments, puis reprennent doucement et montent dans la nuit. Nous glissons sur une mer sombre et tranquille.

23 avril. — *En rade de Novorossisk*. — C'est le Caucase enfin, l'étape dernière avant cette Perse où nous nous rendons par le chemin des écoliers. Il y a à peine quinze jours que nous sommes partis. Il semble qu'il y ait trois mois que nous courons les grandes routes, tant nous avons vu de choses, partagé d'émotions, vécu d'heures diverses, émouvantes et belles.

Aujourd'hui c'est dimanche; des cloches sonnent à Novorossisk au pied de la chaîne caucasienne, comme elles sonnent à la même heure dans nos villages de France.

Novorossisk, port très commerçant, est au fond d'une baie longue et étroite, protégé contre les vents d'ouest.

Le temps est chaud; le soleil brûlant; on a tendu un velum sur le pont. Le baromètre dans ma cabine est tombé à 740! Hum!

On apporte des feuilles imprimées. Ce sont « les dernières nouvelles ». Un Russe qui doit être fonctionnaire et avec qui j'ai causé s'offre à me les traduire. C'est un homme fort aimable et d'un solide optimisme. — Des troubles en Russie? — Ils n'existent que dans l'opinion intéressée des correspondants étrangers. — Des assassinats politiques? — Des assassinats simplement. — Le Caucase dangereux? — Il n'y a pas de pays plus sûr au monde.

Et ce Pangloss russe sourit derrière ses lunettes d'or.

Nous parcourons ensemble les télégrammes. Je vais enfin apprendre ce qui se passe en Russie et surtout dans ce Caucase en révolution où nous allons débarquer. Batoum est-il à feu et à sac? Trouverons-nous un vice-roi à Tiflis?

Hélas! les télégrammes sont de l'étranger et presque tous de France.

Premier télégramme : « Troubles graves à Limoges, la foule a forcé les portes de l'usine Haviland, le drapeau américain a été déployé. »

Second télégramme : « Désordres révolutionnaires à Limoges, on envoie des troupes de renfort. »

Troisième télégramme : « Un auto a été brûlé; la troupe attaquée tire (cet indicatif présent est terrifiant) sur la foule. »

Il y en a ainsi trois colonnes.

Mon traducteur, d'un ton doucement grondeur, me dit :

— Vous serez donc toujours des révolutionnaires ! La situation est grave en France. J'avais l'intention d'y faire un voyage d'agrément cet été. Il sera plus prudent d'attendre. Je reste en Russie.

Je n'ai pas regretté les cinq kopecks que m'a coûtés la feuille de télégrammes.

*
* *

Le baromètre est toujours à 740. Nous quittons Novorossisk par fort vent d'ouest.

Il vaut mieux ne pas parler du reste de la journée.

Qui aurait cru cela de la mer Noire ?

*
* *

Lundi 24 avril, 9 heures du matin. — Le *Grand-Duc-Boris* est une personne bien agitée. A Soukhoum nous débarquons avec une peine infinie des chevaux et quelques douzaines de femmes en pleine rade. Les matelots crient : « *Souda, Souda* », les femmes glissent et tombent à genoux ; elles reçoivent des paquets de mer. Ce spectacle est horrible et me fend le cœur. Je descends dans ma cabine.

Midi. — Le *Grand-Duc-Boris* danse comme une petite folle et refuse d'approcher des ports où il devrait toucher et où précisément j'aurais (et mes malheureuses compagnes de voyage aussi) une envie grande de descendre.

Je fais le serment de ne plus jamais voyager avec un membre de la famille impériale.

Trois heures. — Nous apprenons que la grève est déclarée à Odessa et qu'il n'y aura plus de service sur Batoum. Pourquoi diable les ouvriers, les braves ouvriers, ne se sont-ils pas mis en grève trois jours plus tôt ?

Cinq heures. — Je réunis ce qui me reste de forces pour adjurer les gens qui ont du cœur de n'accorder aucune confiance au susdit *Grand-Duc*. Le baromètre est ferme à 740.

Six heures. — Il est manifeste que l'homme n'est pas fait pour être secoué comme une bouteille qu'on rince.

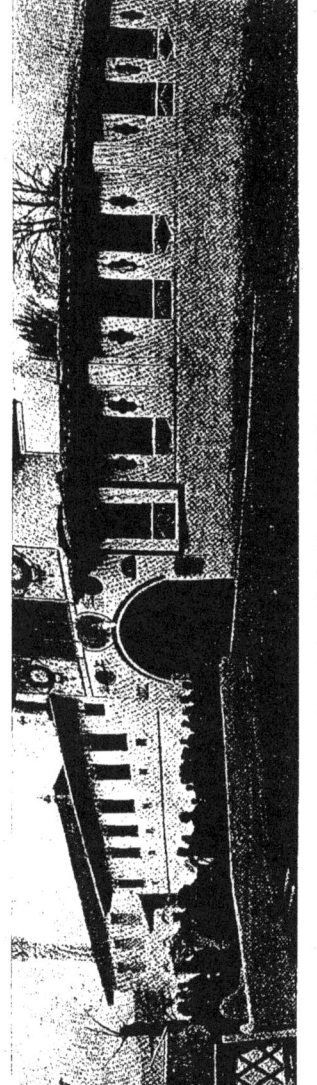

L'entrée du palais des Khans à Batchi-Séraï.

La grande et unique rue de Batchi-Séraï.

Huit heures. — Nous sommes dans le port de Batoum. On vient m'en avertir. Il n'est que temps. Ce qui reste de moi monte sur le pont. J'y trouve mes pâles compagnons de voyage en conférence avec un bel officier de la garde impériale et le préfet de la ville que le général gouverneur a envoyés à notre rencontre. Il m'est impossible d'exprimer aucune idée de mon cerveau.

Nous quittons le *Grand-Duc-Boris* de la façon la plus impolie. J'espère ne le revoir de ma vie.

Batoum. — Nous sommes très affaiblis quand nous mettons pied à terre.

Ce qu'on voit de la ville dans la nuit est lugubre ; de petites maisons hostiles et fermées ; sur le port des gens qui errent et veulent transporter nos bagages, ce à quoi nous nous refusons.

Batoum est en petit état de siège, paraît-il. Y trouverons-nous enfin les troubles graves qu'on nous doit, semble-t-il, et que chacun nous a prédits ? Nous ne croyons plus au danger.

Nous savons seulement que ce soir nous sommes accablés de fatigue et tenons mal sur nos jambes. Nous montons dans deux voitures et donnons l'adresse de l'hôtel International.

En quittant le port, nous prenons par des rues étroites et sombres, de vrais coupe-gorges.

Sur un trottoir devant une boutique ouverte, quelques personnes. Au moment où nous passons, un bruit, comme celui d'un pétard, et la figure d'un homme à côté de nous subitement éclairée. Il chancelle ; puis nous entendons deux coups qui sont bien des détonations. On aperçoit au ras de la maison un bras qui s'abaisse et, à côté de nous, l'homme s'écroule, comme si ses jambes manquaient sous lui. Notre cocher se signe, puis fait un geste de la main qui signifie : « J'en ai vu bien d'autres », et retient ses chevaux qui se cabrent.

Près de la voiture, un homme trottine ; il est gras et replet ; c'est l'assassin qui s'en va sans se presser. Et tout de suite la voiture s'arrête à vingt mètres de la boutique toujours ouverte. Ah non ! nous aimons mieux ne pas stationner là.

Nous sommes devant une grande porte fermée à clef ; toutes les fenêtres sont barricadées. C'est l'hôtel, paraît-il. Il est, lui aussi, en état de siège. Le cocher sonne; un soldat entr'ouvre la porte, consent après pourparlers à nous recevoir et, nous ayant introduits, referme la porte à double tour de clef.

Les domestiques sont en grève. Il n'y a pas de vivres; on refuse d'en livrer au patron qui est, du reste, menacé de mort par les comités révolutionnaires.

Impression lugubre des corridors vides, du rez-de-chaussée condamné par crainte des bombes, du salon au premier étage, où nous prenons sous un maigre éclairage, sans feu, un verre de thé en philosophant sur ce que nous venons de voir.

Voilà notre arrivée au Caucase.

*
* *

Le lendemain, soleil. Par la fenêtre, j'aperçois la boutique fermée; un crêpe noir pend sur la devanture. Sur le trottoir quelques personnes sont assemblées; des soldats circulent. A l'hôtel, nos hôtes, des Allemands, ne sont pas autrement émus. « C'est un Arménien qu'on a tué; un de moins », voilà l'impression qui se dégage de la conversation que j'ai avec eux.

Et je sors avec Emmanuel Bibesco pour voir l'aspect de cette ville où la vie humaine est à si bon marché.

Partout des soldats, baïonnette au fusil, devant les banques, à la poste, au coin des rues; les voitures postales, des camions passent avec une escorte de cosaques. Cela ne paraît point une vaine précaution, car les têtes des ouvriers, débardeurs ou vagabonds que nous croisons, sont sinistres. Des figures hâves, des yeux rusés ou farouches qui brillent; des corps maigres vêtus de haillons. On voit les types les plus divers: peu de Russes, mais des Arméniens, des Géorgiens, des Turcs, des Juifs, des Tcherkesses, des Tatares, des Lesghiens, qui flânent dans les ruelles sales près du port; seule la crainte d'une terrible répression les empêche de se livrer au pillage. Mais les vengeances particulières se satisfont à revolver et poignard que veux-tu.

Heureusement ne sommes-nous à Batoum que depuis quelques heures et n'y avons-nous pas encore d'ennemis, à moins que l'on ne nous en veuille d'habiter un hôtel mis en interdit par les comités révolutionnaires.

Ces comités, j'en entends beaucoup parler pendant les deux jours que nous passons ici ; il y en a trois, paraît-il, un géorgien, un arménien, un russe. C'est beaucoup pour une seule ville et les condamnations à mort qu'ils prononcent ne sont pas de vaines menaces. On me raconte l'histoire d'un officier russe, d'origine géorgienne, le prince Gouriel, qui pour avoir dispersé un rassemblement de grévistes, fut condamné à mort et tué en pleine rue deux jours plus tard. Le comité révolutionnaire géorgien défendit de suivre son convoi et aucun officier n'osa enfreindre cette défense.

Les grévistes sont nombreux. Batoum est à la fois industriel et commercial. Presque tout le pétrole exporté de Bakou passe par Batoum ; une partie est raffinée dans les usines Nobel, Rothschild et Sideridès, l'autre est expédiée brute. Donc, ouvriers de raffinerie et débardeurs ; il y a, en outre, une grande exportation de laines et de tapis. Presque tout le commerce du nord de la Perse avec l'Europe est transité par Batoum.

A la population hétérogène du port vinrent se joindre depuis plusieurs mois des Russes chassés de leur pays par la misère. D'où pléthore de main-d'œuvre et mécontentement exploité par les comités politiques. Les ouvriers du port se mirent en grève, puis les ouvriers de raffineries ; depuis deux mois les usines Rothschild et Sideridès sont closes, l'usine Nobel ne fonctionne plus que d'une façon intermittente. Les compagnies de navigation, renoncèrent alors à l'escale de Batoum ; augmentation de troubles, menaces de mort aux différents consuls. Maintenant les bateaux anglais, français, allemands, autrichiens touchent de nouveau à Batoum ; les bateaux russes, dont chauffeurs et mécaniciens sont en grève, ne marchent plus.

Les salaires des ouvriers du port sont, pour le pays, très élevés ; la journée de huit heures est payée 4 fr. 88 ; l'heure supplémentaire, et il ne peut y en avoir plus de deux, 1 fr. 35 ; les fêtes et veilles de fêtes (et Dieu, en l'honneur de qui elles sont chômées, sait si elles sont nombreuses en pays orthodoxe), le tarif est doublé.

Il faut noter que la vie est très bon marché à Batoum où pour quelques sous on a du poisson en abondance.

Mais les troubles ne cessent pas. Les comités demandent qu'on emploie à tour de rôle des équipes de Géorgiens, Turcs Arméniens, Grecs et Russes. Or, de tous ces ouvriers il n'y a que les Turcs qui travaillent et qui observent les contrats; les autres sont paresseux et irréguliers ; les compagnies de navigation se plaignent, les maisons anglaises ne veulent plus envoyer de bateaux à Batoum où le stock de pétrole à quai est considérable.

On n'entrevoit donc pas la fin des troubles. Dans l'état d'anarchie où se trouve la ville, les vengeances particulières, les haines de race se satisfont librement, et impunément, je crois. Un personnage officiel m'assure que l'assassin que nous avons vu opérer a été arrêté dans la nuit et pendu à la citadelle dans les quarante-huit heures.

Je dois ajouter que cette histoire, racontée à d'autres personnages officiels, a amené sur leurs lèvres un sourire sceptique.

Je crois que la police laisse aux parents du mort le soin de le venger. A quoi bon faire intervenir la justice? Que ces gens règlent leurs affaires eux-mêmes. Et je surprends encore ici cette pensée: « La perte n'est pas grande; moins nous aurons de ces canailles, mieux cela vaudra. »

*
* *

Il y a dans les rues de Batoum des peupliers d'une fraîcheur de feuillage délicieuse.

Les portes des maisons sont fermées ; par crainte des troubles pendant les fêtes de la Pâque russe, les habitants font par avance leurs provisions.

Voici une voiture menant un officier; sur le siège, à côté du cocher, un cosaque, fusil à la main. Une vingtaine de personnes sont là, causant dans la rue, gênant la circulation; le cheval ralentit. Le cosaque tire un coup de fusil en l'air; l'attroupement se disperse ; la voiture passe à vive allure.

A midi, nous sommes reçus par le gouverneur général, qui est, d'aspect, un pur mongol. Nous apprenons chez lui de fâcheuses nouvelles.

La seule route qui mène de Batoum à Tiflis passe un col élevé à Akhaltsikh. Or, à la suite des mauvais temps qui règnent depuis un mois, la couche de neige est si épaisse que toute communication par route est interrompue avec Tiflis. Il est donc impossible d'accomplir notre projet et d'arriver dans la capitale du Caucase en automobile, et nous voilà fort déconfits.

Je ne suis pas très étonné d'apprendre que le col d'Akhaltsikh est impraticable, lorsque je vois sur la carte qu'il est à près de deux mille mètres d'altitude. Nous avons été arrêtés par la neige à treize cents mètres au-dessus d'Yalta.

Que faire ? Nous décidons d'excursionner dans les environs vantés de Batoum. On nous a parlé de la vallée magnifique du Tchorok, nous la remonterons en auto.

Il me semble bien voir un peu de mécontentement sur la figure du général, mais il ne dit rien.

Puis nous prendrons le train pour Koutaïs et verrons si de Koutaïs on peut atteindre Tiflis par le col de Mamison et ensuite par le défilé du Darial en suivant la célèbre « route militaire géorgienne ».

Nous prions le général d'approuver notre projet. Il approuve. Alors nous lui demandons si les trains marchent sur Koutaïs. — Un instant d'embarras. « Non, les trains ne marchent pas précisément, mais ils marcheront, ils marcheront sûrement. Vous ne partez ni aujourd'hui, ni demain ; nous vous gardons ; eh bien ! après, à la grâce de Dieu, ils marcheront, et vous arriverez à Koutaïs. »

*
* *

L'après-midi, après avoir déjeuné à l'hôtel d'Orient, puisque notre hôtel est celui de la Méduse, nous partons en deux autos.

Mais nous ne sommes pas seuls. L'officier d'ordonnance du gouverneur, qui est venu nous saluer hier au bateau, nous accompagne. C'est un Géorgien d'origine, qui a fait ses études à Saint-Pétersbourg et, parlant français et connaissant le pays, nous est un très agréable compagnon de route. Nous prenons aussi un Cosaque qui s'assied sur le marchepied de l'auto.

Et voilà une expédition assez guerrière ! Il est vrai qu'on raconte de belles histoires de brigands, de gens enlevés aux portes de Batoum, de montagnards irréductibles qui profitent des troubles pour descendre dans les vallées. Nous verrons bien.

Nous remontons la vallée du Tchorok ; la route est bonne, bien entretenue, mais terriblement dure.

Nous rencontrons de pittoresques campagnards à cheval ou à âne, qui, malgré la frayeur que nos automobiles causent à leurs montures, nous regardent amusés et souriants. Tous les dix ou quinze kilomètres, nous trouvons un poste de cosaques dont le chef, averti par télégraphe de notre passage, vient saluer l'officier qui nous accompagne et faire son rapport : « Le calme règne sur les rives du Tchorok. »

La vallée se resserre et devient sauvage ; les montagnes s'escarpent sur les bords du fleuve. Des rhododendrons en touffes glorieuses fleurissent dans les rochers qui surplombent la route et nous font un dais de fleurs ; des azalées sauvages tapissent les prés qui descendent en pentes abruptes jusqu'à nous.

Voici enfin une occupation pour notre cosaque et l'occasion de mettre sabre au clair. Nous l'envoyons dans les champs d'azalées et de rhododendrons. Ce sabre coupe très bien les fleurs. Bientôt nous en avons dans les voitures une moisson parfumée. Il semble que nous nous rendions à un corso fleuri.

Le cosaque remonte sur le marchepied et nous continuons à courir à la recherche des brigands. Nous croisons des femmes turques voilées dont les ânes s'effrayent ; d'autres à pied quittent précipitamment la route pour se cacher mieux. Des Turcs portent le bachlik sur la tête comme un turban.

Le jour tombe, nous ne trouvons pas les brigands cherchés, et regagnons le lugubre Batoum où nous n'arrivons, comme bien vous pensez, que de nuit.

Mercredi 26 avril. — Nous sommes déjà blasés sur l'aspect de la ville. La curiosité ne laisse aucune place à la peur. Nous finissons par jouer la difficulté et nous promener au bazar, au milieu de la population la moins rassurante, avec notre capitaine en uniforme qui n'est pas aimé des fauteurs de troubles. S'il y a une bombe pour lui, nous en partagerons les morceaux.

Nos compagnes le savent. Elles ne tremblent pas. Nous n'avons pas le temps de réfléchir au danger. Nous n'aurons d'émotions que rétrospectives.

Nous apprenons qu'un train partira ce soir pour Koutaïs et Tiflis. Nous décidons de le prendre. Nous avons vu Batoum, allons visiter Koutaïs non moins en état de siège. Il faut avouer que ce voyage s'arrange à merveille ; nous sommes arrivés à Batoum par le dernier bateau russe qui y touchera de longtemps ; nous en partons par le premier train qui circule sur la ligne. C'est élégant.

En attendant l'heure du départ, promenade en auto autour de Batoum, sous un ciel voilé et pluvieux ; puis grande débauche de cartes postales. Il faut que nous racontions à nos amis à Paris et à Bucarest que nous sommes dans une ville en état de siège, qu'on nous a tué un homme dans les jambes, que nous voyageons avec cosaques. On se passe de l'un à l'autre des formules qui peuvent resservir. « A Batoum la vie humaine est bon marché. — Il faut être du côté du manche du fusil. — La question arménienne : *to be or not to be* », et autres folies de ce genre.

* * *

A six heures, nous sommes à la gare qui est occupée par la troupe ; grande foule, grand bruit, grande confusion. Les mécaniciens ont repris le travail. Il y a peu de jours on a voulu, malgré la grève, acheminer un train postal sur Tiflis. Dans une petite gare, le mécanicien descend pour graisser la machine ; un coup de feu retentit, le mécanicien tombe mort. On n'a jamais retrouvé l'assassin.

En outre, on enlevait quelques mètres de rails ici et là.

Notre train est très pittoresque. Nous avons des cosaques sur la machine, des cosaques sur le marchepied des wagons ; les conducteurs ont le revolver au côté.

Craint-on une attaque possible des paysans révoltés ? Tout le pays entre Batoum et Koutaïs est soulevé.

Nous marchons avec une extrême lenteur. Dans chaque gare sont des soldats ; ici, j'en vois une compagnie, à contre voie, le long des wagons où elle loge. Les hommes s'alignent ; un sous-officier se signe et dit une prière que les hommes répètent en se signant et s'inclinant.

Nous sommes bien gardés. Nous avons pour nous le gouvernement qui nous donne des cosaques, et les révolutionnaires. Nous apprenons, en effet, qu'à la gare, tandis qu'on chargeait les autos, les ouvriers entendant les mécaniciens parler français, leur ont dit : « Vos maîtres sont Français ! Dites-leur qu'ils peuvent passer partout. »

Nous voilà tranquilles.

Koutais. — Nous y arrivons à onze heures du soir. Pourquoi débarquons-nous toujours de nuit dans des villes inconnues ?

Notre arrivée à Koutaïs est lugubre.

Nous laissons nos vingt-huit colis à la gare à la charge d'un portier de l'hôtel, et nous voilà partis dans de minuscules voitures, deux par deux, pour l'hôtel de France.

Je suis dans la première voiture avec une des jeunes femmes. Le cocher fouette ses chevaux et nous bondissons sur d'invraisemblables pavés le long de rues désertes dans lesquelles pas un reverbère ne brûle. On ne voit aucune lumière dans les maisons. Nous filons dans une ville morte ; le Tatare qui nous conduit mène à toute allure. Il semble que nous devrions être depuis longtemps à l'hôtel. Non, il va, il va, comme s'il voulait nous emmener au diable.

Est-il besoin de dire que je n'ai pas mon revolver qui dort paisiblement au fond de ma valise ? J'ai fait l'effort de le porter deux jours dans la poche de mon pantalon ; c'est fini, je ne recommencerai pas.

Ce cocher continue à nous entraîner très vite où il veut. Il fait froid, humide, triste dans ce Koutaïs endormi. Nous aimerions bien être à l'hôtel près d'un bon poêle ronflant.

J'interroge notre Tatare. Il me répond en claquant du fouet et pousse ses chevaux sans ralentir dans un dédale de petites rues.

— Cher monsieur, me dit ma compagne, nous sommes à la merci de cet homme. Que va-t-il faire de nous ?

Et elle rit.

Puis, comme il faut que tout ait une fin, nous arrivons à l'hôtel de France, où, par le temps qui court au Caucase cette année-ci, les touristes sont rares.

Le jardin du palais des Khans à Batchi-Séraï.

Maxime Gorki, sa femme et Claude Anet à Yalta.

Jeudi 27 avril. — Ce matin, il y a quelques rayons de soleil. Les journées commencent bien, mais invariablement il pleut dès midi.

Nous nous précipitons au bazar. C'est jour de marché. Le bazar de Koutaïs est célèbre, affirme Bædeker. Nous y trouvons l'animation la plus grande et la plus pittoresque. Nul pays n'est habité par des races plus diverses que le Caucase ; un jour de marché à Tiflis ou à Koutaïs réunit sur un espace étroit une douzaine au moins de types de nationalités différentes. Pour l'instant, je les identifie mal ; je distingue pourtant les Arméniens des Géorgiens, lesquels ont une beauté régulière, les Tatares qui sont lointainement mongols et s'en souviennent, les Tcherkesses qui ont l'obligeance de porter un manteau en poil de chèvre, une superbe *bourka* nationale, grâce à quoi je les reconnais sans peine, les Russes blonds et empâtés, la « bête fauve » qui vient du nord ; j'arrive à identifier les Turcs et, sans hésitation, les Juifs au nez aquilin ; après quelques heures passées à Koutaïs je me fais une idée à peu près nette des Iméritiens, qui sont de beaux hommes élancés, dont la barbe encadre bien le visage, dont les traits sont réguliers, les yeux allongés, le nez grand et busqué. Ils font des vieillards magnifiques. Mais je ne vais pas plus loin et ne me demandez pas de vous désigner des Lesghiens, Ossètes, Abkases, Mingréliens, Cabaretiens, Avares, Souanètes, Gouriens, Pchaves, et autres qui peuplent les vallées et les montagnes du Caucase.

Si je ne sais les reconnaître, je m'amuse pourtant du spectacle que leurs costumes pittoresques m'offrent. Nous passons deux heures sous les petites arcades de Koutaïs au milieu de la foule changeante. Nous achetons quelques-uns de ces bissacs que les montagnards fabriquent et mettent sur le dos de leur âne ou de leur mulet ; ils sont d'un travail et d'un goût charmants.

Puis nous allons sur le pont qui traverse le Rion, lequel est tumultueux et agité à la suite des grandes pluies de ce lamentable printemps.

Les rives du fleuve sont escarpées ; des rochers, des verdures fraîches et frissonnantes, des maisons arrivent en terrasses jusqu'au bord de l'eau. Le Rion était dans l'antiquité... mais ceci vaut une note spéciale.

Note sur le Caucase et l'Antiquité mythologique et historique. — Je prie le lecteur de remarquer que depuis que nous sommes débarqués à Batoum, je ne lui ai asséné sur la tête aucun de ces souvenirs mythologiques qui sont si redoutables entre les mains des voyageurs au Caucase. Ce voyage est un voyage de bonne foi. J'ignore le temps qu'il faisait lorsque Jason débarqua en Colchide. Je sais seulement que lorsque nous y arrivons, il pleut à Koutaïs, capitale de ce qui fut la Colchide, et qu'il continue à y pleuvoir.

Mais il me serait dur de passer pour un ignorant. Aussi je réunis ici en quelques lignes un certain nombre de faits qui prouveront que je pourrais, comme un autre, si je le voulais, faire preuve d'une facile érudition.

Disons donc qu'avant nous les Argonautes et Jason atterrirent en Colchide, que le Rion était le Phase, que sur le mont Ararat (5.157 mètres; je ne les ai pas mesurés moi-même, aussi je ne vous donne ce chiffre que sous l'autorité des géographes, au sujet de laquelle, comme vous le verrez plus loin, il y a bien des réserves à faire), Noé, batelier imprudent et peut-être ivre, échoua son arche suivant les traditions juives ; que sur le Kasbek, la tradition hellénique affirme que Prométhée fut livré aux vautours, qu'une certaine Médée... En voulez-vous encore ? — Je crois que cela suffit. Reprenons notre récit.

*
* *

Ce même jeudi, nous rencontrons à l'hôtel un ingénieur russe qui fut notre compagnon de souffrances sur le *Grand-Duc-Boris*.

Il nous parle du monastère célèbre de Ghelati, à douze kilomètres dans les montagnes, nous conseille d'y aller dans les voitures du pays et rit de nos inutiles automobiles.

Il n'en faut pas plus pour que nous décidions sur l'heure de tenter l'ascension dudit monastère en auto.

Notre ingénieur qui tient à sa peau refuse de nous accompagner. On nous trouve un autre guide et nous voilà partis.

A peine sortons-nous de Koutaïs que nous manquons de nous embourber dans le pire des chemins. Il y a un pied et demi de boue liquide qui cache les rochers les plus inattendus et les plus pointus. Les ressorts gémissent, et nous aussi. Des ornières, dont nous ne sortirions jamais, sont là qu'il faut éviter ; de gros blocs de pierres barrent la route par endroits ; en outre, les voitures dérapent de façon inquiétante, et le chemin domine à pic le Rion. Si nous dérapons trop à gauche nous irons nous fracasser la tête sur les rochers du fleuve.

Aussi avançons-nous avec une extrême prudence, mais nous passons tout de même, à la stupéfaction des femmes jeunes et vieilles, coiffées si joliment à la géorgienne, qui quittent leurs petites maisons pour venir nous regarder.

Une fois le lac de boue traversé, nous sommes sur un rude chemin de montagne qui monte et descend en pentes raides à donner le frisson, sans jamais une borne ou un parapet.

Ce chemin de chèvres s'accroche au flanc de la montagne et tourne sur lui-même à des angles si aigus que dans chaque tournant nous sommes obligés de nous y reprendre à deux fois, à faire machine arrière et à repartir. Et nos autos ont des châssis courts !

Voilà un chemin qu'il vaut mieux monter que descendre. Mais ne songeons pas au retour ; il s'agit d'arriver.

Le paysage de montagnes, de collines et de vallées que nous traversons est charmant ; des bouquets de bois poussent ici et là et de grands prés en pente sont couverts d'azalées jaunes ; la terre de la route est d'un brun foncé et chaud.

A force de peine, nous finissons tout de même par atteindre le monastère.

Nous n'y sommes pas depuis cinq minutes qu'une pluie torrentielle commence à tomber. Gare à la descente !

On n'entre pas facilement au monastère de Ghelati. La grande porte bardée de fer est fermée et on ne l'ouvre que rarement dans ce pays où la sécurité publique n'est pas garantie par le gouvernement. Tandis qu'on a été chercher le frère portier, je pense aux riches abbayes de France durant le moyen âge, alors que des malandrins couraient les campagnes. Elles aussi abritaient leurs trésors derrière de fortes murailles.

Le frère portier arrive, ouvre seulement la partie supérieure de la porte et nous sommes obligés d'escalader pour entrer dans l'enceinte du couvent les échelons qui sont fixés sur les épais madriers de la porte.

Le couvent a été construit à diverses époques. Des parties datent du xi⁰ siècle, d'autres du xv⁰. Dans l'église, nous regardons des fresques byzantines qui ont été retouchées, comme il est visible, au xvi⁰ siècle par des peintres génois. Elles sont assez médiocres et les tableaux italiens aussi.

Mais il y a un admirable trésor dont la pièce la plus importante est un iconostase, du xii⁰ siècle évidemment, en or ciselé et filigrane encadrant d'énormes cabochons. Il est de grandes dimensions et c'est une des plus riches pièces du plus beau siècle de l'orièvrerie religieuse.

On ne peut nous montrer la couronne des rois d'Imérétie. Il paraît que la clef de l'armoire où elle repose est chez le métropolite à Koutaïs.

Il nous faut redescendre maintenant, mais nous ne remonterons pas à Ghelati.

Sous la trombe de pluie, nous regagnons les autos. Les bons pères lèvent les bras au ciel quand ils nous voient partir pour Koutaïs dans ces véhicules dangereux et vont prier à l'église pour le salut de nos âmes.

Et la descente commence. Les terres qui recouvraient encore en partie les rochers ont été lavées par la pluie et le roc est à nu en beaucoup de places ; ailleurs c'est de l'argile glissante. La pente est à la descente ce qu'elle était à la montée avec des endroits où elle doit atteindre à vingt-deux pour cent.

La seule allure permise est du cinq kilomètres à l'heure, mais la difficulté est de maintenir ce train sage, alors que les autos ont une tendance passionnée à vouloir arriver plus vite au bas des pentes.

Les deux freins sont constamment appliqués ; le moteur ne travaille que dans les tournants où nous sommes obligés de faire marche arrière.

Nous dérapons, mais nous arrêtons toujours à temps au bord de la route.

La pluie continue à tomber en nappe épaisse.

Nous arrivons tout de même aux faubourgs de Koutaïs. Ouf ! Ici nous retrouvons les lacs de boue que nous avions traversés à l'aller, mais grandis et creusés.

Passage d'un torrent dans les bois au-dessus d'Yalta.

Comment nous voyageons au Caucase : Les autos sont gardées par des cosaques et fleuris d'azalées et de rhododendrons.

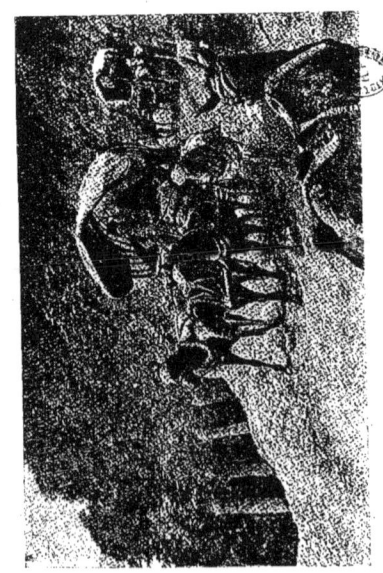

Comment on voyage sur les routes du Caucase.

Cosaque et officier de la garde sur nos voitures.

Un pont hardi sur le Tchorok.
La légende veut qu'au lieu d'eau on ait employé pour faire le ciment le sang des esclaves.

Dans quel état sont les voitures lorsque nous descendons triomphalement à l'hôtel de France devant l'ingénieur russe !

* *

Avant dîner, nous allons voir le général qui commande militairement (car c'est partout l'état de siège) le gouvernement de Koutaïs. Nous trouvons un vieillard aimable et hilare, le prince Orbéliani qui s'amuse beaucoup à l'idée que nous avons amené nos automobiles à Koutaïs. — Pourquoi faire? dit-il. — Alors nous lui racontons que nous arrivons du monastère de Ghelati, ce qui paraît le surprendre, et que nous avons l'intention d'aller jusqu'à Zoug-didi, en Mingrélie.

— Zoug-didi? Zoug-didi? s'écrie-t-il ; il ne peut en dire davantage tant il rit.

Il ne reprend son sérieux que pour nous assurer qu'il est tout à fait impossible de circuler dans son gouvernement. Les rivières sont débordées, les routes et les ponts enlevés. Non, non, il n'y a qu'une chose à faire, gagner Tiflis par le train le plus tôt possible.

Ces gouverneurs charmants et qui nous reçoivent si bien n'ont qu'une idée : nous passer à leur collègue du gouvernement voisin et n'avoir pas la responsabilité de ce qui peut nous arriver.

Vendredi 28 avril. — Ce matin, en compagnie du capitaine de la garde qui est venu de Batoum nous rejoindre, nous faisons une promenade en auto. Nous avons, sur le marchepied, un gros et blond cosaque.

Nous suivons le long du fleuve une route assez bonne où nous rencontrons des villageois, des montagnards, à pied, à âne, à mulet, à cheval, ou en carriole. Elle est plus animée qu'une grande route de France. Le Rion à notre droite roule des eaux torrentueuses et grises : à gauche, ce sont des collines escarpées, des rochers auprès desquels poussent des rhododendrons et des azalées.

Après une quarantaine de kilomètres, la route cesse d'être entretenue, nous tombons dans des fondrières et des lacs de boue. Nous nous arrêtons.

Le pays est désert. Au-dessus du fleuve, à cent mètres de nous, planent deux aigles lents et magnifiques. Le cosaque tire sur l'un d'eux à balle, et le manque. Ils s'élèvent de cent mètres encore et continuent à tourner sur nos têtes.

L'après-midi, il pleut... Je vois que je me répète. Qu'y faire? Il a plu, tandis que nous étions au Caucase, chaque jour. Les lettres que nous recevions de Paris nous disaient qu'en France et en Europe le temps était exécrable. Cela ne nous consolait pas. Nous trouvions naturel que ceux qui étaient restés subissent le mauvais temps. Mais nous qui étions venus si loin, il semblait que les dieux nous dussent, comme des paysages nouveaux, un ciel que ne connaissent pas les habitants de Paris et de Londres.

Il pleut : je m'en excuse auprès de mon lecteur. Je suis obligé de le dire, car, comme on le verra, cette persistance de la pluie a eu une influence marquée sur notre voyage et sur les décisions que nous avons eu à prendre pendant la semaine de Tiflis.

Aujourd'hui donc, sous la pluie, nous accomplissons consciencieusement notre métier de touristes. Nous montons aux ruines de la citadelle que les Génois (on les retrouve partout dans ce voyage et à Téhéran même j'achèterai un admirable morceau de brocart de Gênes monté, voilà deux siècles, à la persane) construisirent au XVe siècle.

Dans une éclaircie, nous avons une jolie vue sur Koutaïs, ses terrasses, ses peupliers et la verdure fraîche de ses jardins.

Samedi 29 avril. — Aujourd'hui départ pour Tiflis. Le train quitte Koutaïs à 9 h. 15 du matin. Le départ de l'hôtel est très laborieux ; les malles ne sont pas fermées, les valises ne sont pas faites ; dans la galerie sur laquelle donnent nos chambres, c'est une confusion inexprimable.

A huit heures et demie, je suis seul à être prêt et je m'impatiente. Emmanuel Bibesco erre nonchalamment dans sa chambre et fait demander un barbier. A neuf heures moins vingt, je l'arrache des mains du Figaro et l'entraîne. Léonida, accompagné du fidèle Giorgi, monte dans une autre voiture. Les deux ménages suivront.

Nous arrivons à la gare et, à notre grande surprise, entendons sonner deux coups sur le quai. Cela veut dire, dans toute la Russie, que dans trois minutes le train partira. Nous voilà affolés. Que faire ?

Nous nous précipitons sur le chef de gare qu'Emmanuel Bibesco supplie en vain d'attendre nos infortunés compagnons. Mais le train de Koutaïs trouve à Rion, à douze kilomètres de là, l'express de Batoum pour Tiflis ; s'il se met en retard, il manque la correspondance.

Une minute encore. Il faut prendre une décision.

Nous nous rappelons que nos compagnons n'ont pas d'argent. Cela, c'est une maladie chronique de notre bande pendant le voyage ; non pas que nous n'ayons de confortables lettres de crédit, mais les uns ne peuvent toucher d'argent que dans certaines villes et non dans d'autres ; et puis le calendrier russe est abondant en saints dont on célèbre les fêtes en fermant les banques ; enfin nous n'estimons jamais assez haut ce que nous coûteront nos déplacements futurs et le séjour dans des hôtels dont les domestiques sont en grève. Aussi sommes-nous toujours à court d'argent.

Nous faisons un compte rapide, prenons trois billets pour Tiflis, faisons descendre sur le quai Giorgi déjà installé dans un wagon et lui remettons tout ce qui nous reste de roubles en lui rappelant qu'aucun des bagages n'a été enregistré (chose qu'il oubliera du reste sitôt nous partis).

Cependant les porteurs emménagent sans cesse les petits colis à main dans notre compartiment. Mais nos compagnons s'obstinent à ne pas arriver.

Le dernier coup de cloche. Le train s'ébranle et, au même moment, apparaît calme sur le quai Georges Bibesco qui n'en croit pas ses yeux lorsqu'il nous voit agiter nos mouchoirs à la portière en signe d'adieu...

Et nous, dans le wagon, faisons le dénombrement des colis à main. Nous avons la plupart des valises de nos compagnons de route et la fourrure de Phérékide. Comme le temps est froid et que nous ne pouvons la rendre à son propriétaire, nous l'étalons sur nos jambes.

Nous nous divertissons assez mélancoliquement à penser à ce que doit être l'état d'esprit des deux ménages, condamnés à passer une journée encore sous la pluie dans ce Koutaïs dont nous avons épuisé l'intérêt. Nous supputons les invectives qu'ils ont dû nous adresser pour nous punir de leur retard. Et la préoccupation des bagages à main disparus les poursuit sans doute.

Enfin ils seront demain matin à Tiflis où nous arrivons ce soir.

Trajet dans les montagnes d'abord; nous avançons très lentement; il pleut et un peu de neige à moitié fondue se mêle à la pluie.

Vers le milieu de la journée, nous avons passé le col qui sépare le gouvernement de Koutaïs du district de Gori. Nous voici dans ce fameux district dont depuis trois mois on parle presque quotidiennement dans la presse européenne. Les paysans se sont révoltés; ils veulent une république fraternelle, et, pour l'obtenir, tirent sur les patrouilles de cosaques qui occupent le pays.

Nous arrivons à la gare de Gori. Elle est occupée militairement; nous nous précipitons au buffet. O surprise! ce sont des soldats qui font le service et, sans doute, à en juger par ce que nous mangeons, la cuisine aussi. La foule dans cette gare est turbulente... Sur le quai, avant de repartir, je photographie quelques groupes.

> Trop heureux paysans de Gori s'ils savaient
> Leur bonheur.

Vers la fin de l'après-midi nous approchons de Tiflis; nous passons à Mzet, capitale très ancienne du royaume de Géorgie. On voit la cathédrale qui a été bâtie, suivant la légende, au quatrième siècle, à l'endroit où un Juif apporta la robe de Jésus-Christ.

A Mzet, nous apercevons la route militaire géorgienne qui relie Tiflis à Vladicaucase à travers la passe célèbre du Darial. Il est dans nos projets de faire cette route en automobile.

Sur le quai de la gare de Tiflis, nous reçoit le maître de l'hôtel où nous comptons descendre.

Il nous donne les pires nouvelles, la moitié de la ville est en grève, les hôtels sont fermés, les domestiques refusent de travailler, les tramways ne circulent plus. Tiflis est dans la désolation.

Tout cela ne nous trouble pas, mais nous sommes sérieusement alarmés lorsqu'il nous apprend que les employés de chemin de

Le bazar à Koutaïs. On y rencontre les types des races diverses qui peuplent le Caucase.

Rencontre d'une caravane sur une route au Caucase.

fer viennent de déclarer la grève pour demain et que notre train est le dernier qui arrivera de longtemps à Tiflis.

Et nos compagnons restés à Koutaïs ? Ah ! non, nous voyageons ensemble, nous avons juré d'arriver avec eux à Ispahan et nous venons de découvrir après cette première séparation que nous ne pouvons nous passer les uns des autres.

Ruminant ces pensées noires, nous traversons Tiflis, la Koura aux eaux rapides, et descendons enfin à l'hôtel de Londres où des soldats font de leur mieux pour nous recevoir.

Là, l'hôtelier qui nous a accompagnés nous demande la permission d'aller ôter sa redingote. Il revient une minute après, tout de blanc vêtu, en marmiton.

— C'est au chef que ces messieurs parlent maintenant, dit-il en soupirant. Je suis obligé de cuisiner moi-même, et ma mère, qui est une dame, fait les chambres avec mes sœurs.

J'ignore ce que vaut le chef ordinaire de l'hôtel de Londres, mais je sais par expérience que le propriétaire est un excellent cuisinier; pendant nos huit jours de Tiflis, il nous a vraiment bien nourris malgré la difficulté qu'il y avait à s'approvisionner.

Tous trois, nous allons nous coucher ce soir-là de bonne heure bien que ce soit aujourd'hui la veille de la Pâque russe, qu'il y ait messe de minuit à la vieille cathédrale et que nous nous soyons promis d'y assister. Mais nous sommes seuls et pensons mélancoliquement à nos amis restés à Koutaïs; nous n'avons pas envie de nous distraire et rentrons chacun dans notre chambre.

Le lendemain matin, nous sommes réveillés par des voix connues dans le couloir. Ce sont les deux ménages qui arrivent : les trains ont donc marché. Les hommes entrent dans nos chambres et se vengent sur nous du dépit qu'ils ont eu de manquer le train hier matin.

II

Tiflis, *29 avril - 6 mai*. — Nous voici à Tiflis, capitale de la Géorgie, résidence actuelle du vice-roi du Caucase, ville de deux cent mille habitants dans un site pittoresque, allongée entre des collines rocheuses et traversée dans sa longueur par la Koura, tumultueuse et grise.

Nous avons ici l'intention :

a) de voir Tiflis ;

b) de faire en auto la route militaire de Géorgie jusqu'à Vladicaucase.

c) d'aller à Erivan, en auto aussi, de longer le lac Goktcha et de rendre visite au Catholicos des Arméniens à Etchmiadzin ;

d) d'excursionner en Cachétie ;

e) de prendre les renseignements utiles pour notre voyage en Perse et de décider entre la route de terre et celle de mer ;

f) d'acheter ce qui sera nécessaire pour notre traversée des déserts persiques. Nous avons appris que nous pourrions difficilement nous passer de manger pendant plus de douze heures.

Cela simplement.

Vers huit heures, le dimanche, je sonne pour mon premier déjeuner. On frappe à la porte. Je crie : Entrez.

Et je vois une grosse tête réjouie de soldat qui passe par la porte entrebâillée. Encore à moitié endormi je ne comprends pas... Ah ! oui, ce sont des soldats qui gardent l'hôtel, qui font le service, je suis à Tiflis, bien, bien... et je commence à lui expliquer en russe (!) ce qu'il me faut. Il m'arrête d'un « *Guten morgen, mein Herr* » qui tout de suite anime la conversation.

C'est un Allemand, né à Odessa. J'apprécie à sa valeur la délicate attention du gouverneur qui choisit pour le service des hôtels des soldats polyglottes.

Plus tard nous prenons l'air de Tiflis qui est moins en état de siège que les villes d'où nous venons. Des patrouilles de cosaques parcourent les rues et, en l'honneur de Pâques, un certain nombre de soldats se promènent dans les jardins en titubant et donnant tous les signes grâce auxquels on peut diagnostiquer avec certitude l'ivresse.

Nous parcourons à pied les bazars qui sont fermés, puis passons l'après-midi au jardin botanique et sur les crêtes rocheuses qui dominent Tiflis au sud-est.

Il fait un jour clair, charmant et voilé, avec des coups de soleil soudains sur la vallée de la Koura et sur les maisons pressées de

Tiflis. A droite, à nos pieds, ce sont les bazars arméniens et persans, la vieille cathédrale; devant nous les quartiers neufs, le grand boulevard, les jardins du gouverneur et de la ville. De l'autre côté de la rivière, le terrain s'élève rapidement ; là sont construits les quartiers ouvriers géorgiens, le couvent arménien sur une hauteur escarpée derrière laquelle passe la ligne de chemin de fer qui mène à Bakou.

Plus loin, ce serait la grande chaîne du Caucase, l'Elbrous, le Kasbek. On n'en voit rien ; des vapeurs et des nuages légers voilent le ciel.

Cette après-midi de Pâques, nous la passons ainsi à flâner dans des jardins.

Les jours suivants nous sommes plus occupés. Nous avons porté quelques lettres d'introduction, et les aimables habitants de Tiflis nous reçoivent de la façon la plus chaleureuse.

Malgré que les domestiques soient en grève, nous déjeunons et dînons en ville et faisons connaissance avec l'hospitalité géorgienne. Nous mangeons toute la journée, ceci en prévision de la famine future dans l'Iran. Nous courons les bazars guidés par le consul de France qui les connaît fort bien. J'ai le regret de n'y pas trouver grand'chose d'intéressant. On nous mène dans un caravansérail où des marchands persans sont arrivés depuis peu avec des bibelots, armes et étoffes anciennes.

Les Persans sont là accroupis sur des nattes ; ils ont des figures fines, brunes et maigres; le chef, un vieux barbu, a des doigts allongés, desséchés, comme d'un fumeur d'opium. Ils nous montrent des bagues modernes, des armes médiocres, des animaux en fer incrusté d'argent, travail actuel d'Ispahan, quelques morceaux de cachemire dont ils demandent un prix excessif.

Nous attendrons d'être en Perse pour choisir des étoffes persanes.

Dans le bazar, nous achetons quelques guitares minuscules de bois noir avec ivoire incrusté, qui sont faites au Caucase, quelques armes, mais, en somme, aucun objet de valeur.

La seule richesse du bazar à Tiflis, ce sont les tapis; on y trouve tous ceux que l'on fait au Caucase, dans le Daghestan, en Transcaspie et jusqu'à ceux qu'envoient Samarkande, Boukhara et l'Afghanistan, les tapis persans, et surtout ceux de Tabriz, d'autres enfin de la Transcaucasie turque. Pendant plusieurs heures on en étale devant nous; le prix n'en est pas excessif et la qualité parfois excellente. Mais quoi, nous allons en Perse où l'on fait les plus beaux tapis du monde, nous n'en achèterons pas à Tiflis.

Nous visitons le musée qui contient quelques antiquités intéressantes.

Nous allons voir le suppléant du vice-roi absent et obtenons toutes facilités pour les excursions que nous voulons entreprendre. On nous demande seulement de prévenir à l'avance de façon à ce qu'on puisse télégraphier aux postes de cosaques pour qu'ils patrouillent les routes où nous devons passer. Le brigandage sévit de façon intense en ce moment-ci, paraît-il.

Tout cela nous a pris deux jours, et déjà nous commençons à piaffer d'impatience. Nous organisons donc pour le lendemain une excursion en auto à Mzet et sur la route de Géorgie. Nous savons déjà que nous n'irons pas jusqu'à Vladicaucase, car le point le plus haut du col est à 2.788 mètres et nous serons arrêtés par la neige, en ce détestable printemps, avant d'être arrivés à quinze cents mètres. Mais enfin allons jusqu'à la neige.

Le matin du départ, c'est un déluge de pluie; des cataractes tombent du ciel, et le baromètre est à 745. Nous nous embourberions avant d'être sortis de Tiflis; aussi nous ne partons pas.

De jour en jour, il en est ainsi. Aucune excursion n'est possible. Les habitants de Tiflis nous assurent qu'ils n'ont jamais eu un temps pareil au mois de mai. L'exceptionnalité de ce phénomène n'a rien qui nous console. Un grand découragement s'empare de nous.

Que faire? Aller à Erivan? Les routes sont emportées par les pluies et les torrents ont roulé des blocs de pierre énormes jusqu'au milieu de la chaussée.

Attendre? Il pleut depuis trois semaines, il peut pleuvoir encore quinze jours, nous serons pris par les grandes chaleurs en Perse et alors adieu la traversée du désert et le voyage à Ispahan.

Il pleut chaque jour. Nos hôtes nous donnent une fête charmante dans un de ces jardins des environs où les habitants de Tiflis viennent l'été passer la soirée et entendre de la musique. On dansera pour nous des danses du pays. Nous nous rendons à ce jardin qui est au bord de la rivière. Dans quel état les autos arrivent-ils ? Avec de la boue jusqu'aux essieux !

Là, nous nous installons sous un pavillon ouvert de tous côtés, construit au bord de la Koura.

La rivière coule derrière nous ; une humidité pénétrante monte de la terre détrempée ; puis il recommence à pleuvoir. Frissonnants, nous écoutons la musique lointaine d'une flûte aigre, d'une clarinette et d'un tambourin ; un repas est servi, de petites truites exquises, de caviar, de poulet, c'est cela qu'on appelle prendre le thé à Tiflis. Des iris noirs, royaux et mélancoliques, fleurissent le bord de l'allée où dansent pour nous deux Tcherkesses ; une jeune fille me parle de Nietzsche ; il pleut, il fait humide à en mourir ; la flûte aigre continue à pleurer rythmiquement dans l'obscurité.

Après le champagne, un des convives danse légèrement des danses cosaques, vives et gracieuses.

Les automobiles en nous ramenant manquent de périr ignominieusement dans les boues de Tiflis.

*
* *

Nos Projets. — Nous passons nos repas à discuter, avec une fièvre que rien n'abat, notre voyage en Perse.

Il y a deux plans devant nous, et même trois, qui l'emportent à tour de rôle. A peine l'un d'eux a-t-il pris le dessus, qu'on nous apporte un argument décisif en faveur de l'autre. Alors tout est à recommencer ; cela dure six jours, donc douze repas, sans compter les thés et les conversations particulières dans les chambres : c'est très fatigant.

Voici quelles sont les deux voies principales pour aller en Perse de Tiflis où nous sommes.

La voie de terre est par Erivan, Djoulfa, ville frontière sur l'Arax, Tabriz, Mianeh, Kaswyn, Téhéran.

L'autre voie comporte un trajet en bateau de Bakou à Enzeli, de là par terre à Resht, Kaswyn, Téhéran. La route est bonne, nous assure-t-on. Elle a été construite par une compagnie russe, qui l'entretient ; les autos peuvent y circuler. Mais le grand inconvénient pour nous de la voie Bakou-Resht est le débarquement à Enzeli.

Les vapeurs postaux ne peuvent franchir à Enzeli la barre assez mauvaise du Mourdab. On débarque donc en pleine mer sur de petits bateaux plats.

Or la rade d'Enzeli n'est pas bonne. En hiver, trois ou quatre fois sur cinq, au printemps, une fois sur cinq les passagers ne peuvent quitter le vapeur postal. Si peu agitée que soit la mer, comment ferons-nous pour débarquer les autos? Les bateaux ont-ils des grues assez puissantes? Le printemps est déplorable; la moindre brise rendra l'entreprise impossible. Voilà le grand argument contre l'itinéraire Bakou-Resht.

Alors nous travaillons l'itinéraire Erivan-Tabriz, travail fécond en surprises désagréables. Nous apprenons d'abord qu'on ne peut faire la première partie de la route en auto, car il n'y a plus de route depuis que le chemin de fer est construit. Pour assurer le monopole du trafic au chemin de fer, le gouvernement a détruit la chaussée. C'est simple.

Lorsqu'à Akstafa, on retrouve la route c'est pour franchir un col, celui de Délijan, à 2.170 mètres.

Hum ! Ensuite ruisseaux et torrents nombreux à passer jusqu'à Erivan et Djoulfa, torrents inoffensifs en été, mais qui sont en cette saison des obstacles peut-être insurmontables. De Djoulfa à Tabriz, on nous assure qu'il y a une chaussée; de Tabriz à Kaswyn, un service de poste.

Nous prenons des renseignements un peu plus circonstanciés. Ils sont désolants et contradictoires.

On nous met en rapport avec les ingénieurs qui ont dans leur service l'entretien de la route jusqu'à Erivan. Ils déclarent qu'à cause des pluies et de la fonte des neiges, on ne peut traverser les torrents grossis qui passent sur la route.

Alors nous décidons de partir pour Bakou.

Le lendemain nous rencontrons des journalistes qui ont fait ces jours derniers ce même trajet en voiture. Donc on peut passer.

Nous partons pour Erivan.

Le même soir on nous apprend que l'Arax est débordé et infranchissable. Quarante-cinq cosaques viennent de s'y noyer.

Nous passons par Bakou.

On nous réveille dans la nuit pour affirmer que le bac fonctionne de nouveau sur l'Arax.

C'est Tabriz qui nous verra.

Le lendemain un marchand qui arrive de Tabriz vient nous dire qu'il est inutile de songer à passer en voiture, en cette saison, les montagnes entre Djoulfa et Tabriz.

Bakou! Bakou!

La cuisinière d'un général raconte au vieux domestique mingrélien, interprète à l'hôtel, que le marchand est un menteur et qu'elle a voyagé en voiture de Djoulfa à Tabriz!

Comme nous sommes là hésitants, un officier accourt pour nous raconter que le chah de Perse arrive par une route au bord de la Caspienne, reliant Resht à Hadjikaboul, sur le chemin de fer de Bakou à Tiflis. On dépense vingt mille roubles pour mettre cette route en état. Nous regardons la carte; les montagnes du Ghilan bordent la mer Caspienne : c'est le pays le plus fiévreux de la Perse ; il y a quatre cents kilomètres à faire avec deux seules étapes, Lencoran et Astara. Cela ne serait rien : mais la route est entre les montagnes et la mer ; sur la carte, vingt rivières la traversent et Dieu sait combien de torrents. Des ponts, il ne faut pas penser en trouver. Que le chah de Perse y passe, nous le voulons bien. Il a deux mille hommes de corvée, si c'est nécessaire. Mais nous ?

Alors nous restons accablés et divisés. La route Bakou-Enzeli a ses partisans ; l'itinéraire Djoulfa-Tabriz les siens, et même Lencoran compte un fidèle. Les uns et les autres triomphent et se désolent alternativement suivant les nouvelles.

Et il pleut toujours.

Le découragement nous gagne. Nous sentons sur nous le poids des inutiles autos que nous n'osons aller voir dans le garage de l'hôtel.

Seuls les mécaniciens ne se plaignent pas. Après les folies auxquelles ils ont dû, bon gré, mal gré, s'associer, ils jouissent de leur repos à Tiflis, mangent comme quatre, fument et regardent la vie et la pluie avec bienveillance.

Emmanuel Bibesco est le premier à prendre une décision : celle de renvoyer son auto à Marseille par le bateau français de Batoum.

Ce que voyant, je développe avec énergie le projet suivant : « Nous avons quitté, dis-je, nos douces patries et traversé tant de pays divers pour visiter la Perse. Or, de Tiflis, il y a un moyen certain d'arriver dans le pays de Firdousi et d'Hafiz. Les révolutionnaires veulent bien laisser circuler encore les trains jusqu'à Bakou ; les mécaniciens et chauffeurs de la compagnie de navigation Caucase-Mercure ne sont pas en grève. Un bateau quitte Bakou dimanche dans la nuit. Prenons ce bateau, laissons les autos à Tiflis, et mardi prochain nous serons en Perse. »

Sur quoi en une demi-heure, les résolutions suivantes sont arrêtées de façon immuable. Les deux jeunes ménages, Emmanuel Bibesco et moi partirons pour Bakou ; Georges Bibesco décide d'emmener sa voiture avec lui pour tenter le débarquement. Si elle ne peut être amenée à terre, elle retournera à Bakou.

Seul Léonida déclare qu'il veut arriver à Téhéran par terre et en automobile, qu'il passera par Erivan-Tabriz, et que, dût-il être obligé de démonter sa machine en pièces et de la faire porter à dos de chameau à travers les montagnes, il atteindra Téhéran.

Ces décisions prises, nous nous sentons l'âme en repos. Qu'il pleuve, vente, ou neige, nous avons la certitude de voir la Perse dans peu de jours.

Léonida déploie une activité folle et ordonnée à préparer son expédition. Il commande des bidons de pétrole, passe ses matinées au bazar à interroger les gens qui viennent par caravanes de Tabriz ; on ne voit que lui dans les bureaux du gouvernement ; il obtient une lettre ouverte lui permettant de réquisitionner des cosaques, si besoin en est.

Giorgi pense à la lointaine Roumanie et soupire.

Pendant notre séjour prolongé à Tiflis, je fais parler les gens sur les troubles du Caucase ; je prends des renseignements à droite et à gauche, auprès des représentants du gouvernement et chez les journalistes de l'opposition. Je finis par avoir une idée un peu plus nette sur l'origine et la cause des désordres qui sévissent au Caucase. Comme l'on peut prévoir que les troubles dureront plusieurs années, ceci vaut un chapitre spécial par-dessus lequel les voyageurs pressés ont la liberté de sauter.

La Koura à Tiflis.

Sur la colline qui domine au sud Tiflis.

LES TROUBLES DU CAUCASE. — Les troubles qui depuis un an ont éclaté sur presque tous les points de l'immense empire russe ont revêtu au Caucase un caractère particulier et une gravité exceptionnelle.

Aux causes de mécontentement qui ont agi ici comme dans le reste de la Russie, se sont ajoutées, pour les rendre plus aiguës, les rivalités de races et les haines religieuses. Tatares, Arméniens, Géorgiens, Tcherkesses, et les vingt autres peuples qui habitent les montagnes et les vallées du Caucase ont toujours été hostiles les uns aux autres. Un instant, la force de l'ours russe a fait régner en ce pays une paix précaire; mais l'ours est aujourd'hui affaibli, occupé ailleurs, et la guerre civile recommence au Caucase.

L'état des campagnes est mauvais partout; dans le gouvernement de Koutaïs et dans le district de Gori, il est dangereux. Le paysan est pauvre et les impôts sont lourds. Il y a encore de vastes propriétés. Les paysans lassés de cultiver pour autrui, parfois pour de grands seigneurs qui ne vivent pas sur leurs terres, refusent de payer leurs redevances. Le moujik russe n'est pas civilisé; le paysan caucasien l'est moins encore. Il est rude, violent et, sur plusieurs points, a commencé une espèce de jacquerie. Les propriétaires effrayés ont quitté leurs terres pour se réfugier soit à l'étranger soit à Tiflis.

Comment la force publique rétablirait-elle l'ordre? Elle ne peut apporter aucun remède à une situation dont les causes permanentes échappent à l'action de la police. Quand un village entier se révolte, on y envoie un escadron de cosaques; grande distribution de coups de *nagaïka*, chapardage de quelques poulets. Les paysans n'en paient pas mieux leurs redevances.

Ils sont très pauvres. Pourtant le pays est riche. Je les ai entendu accuser de paresse; mais la paresse du paysan caucasien est faite pour beaucoup de découragement. Il a la conviction qu'il ne peut améliorer son sort et que son travail ne profite qu'au propriétaire. Condamné à être malheureux il préfère l'oisiveté. Et les amis des paysans que je rencontre même parmi les propriétaires disent : « Donnons-leur la faculté de travailler pour eux-mêmes, et ils se mettront à la besogne avec plus de courage. »

Ils sont crédules aussi, comme le moujik. Des émissaires, soi-disant du tsar, en réalité révolutionnaires, leur ont persuadé en certains endroits qu'ils avaient le droit de s'emparer des terres. Ils l'ont cru. Aux portes de Tiflis les paysans sont venus pour se partager le champ de courses !

On publie pendant notre séjour un rescrit du nouveau vice-roi, comte Voronzov Dachkof, qui promet une distribution des apanages de la couronne aux paysans. Dans le gouvernement de Koutaïs qui est le plus troublé, il n'y a pas ou peu de terres à distribuer. D'autre part la façon dont l'administration a procédé jusqu'ici a suscité un vif mécontentement, car, au lieu d'être données aux habitants anciens du pays, les terres ont été attribuées à des colons russes. Cet essai de colonisation n'a du reste pas réussi. Le paysan russe s'acclimate mal au Caucase.

Dans la question agraire, il y a aussi une question politique ; les paysans, de races si diverses, sont pourtant Caucasiens. Ils se plaignent d'avoir comme supérieurs des fonctionnaires russes, pour eux étrangers, qui ne connaissent ni leurs mœurs ni leurs besoins. Ils disent que les fonctionnaires russes sont malhonnêtes et les volent, et qu'en outre le formalisme et les complications de l'administration sont insupportables. Les affaires importantes doivent se résoudre dans les bureaux de Saint-Pétersbourg à trois mille kilomètres de Tiflis. Imagine-t-on ce que peuvent être les lenteurs, les tracasseries, la force d'inertie aussi de l'administration en ce pays immense où les dossiers les plus divers viennent, de la Finlande au Caucase, de la Pologne à Vladivostok, s'accumuler dans les ministères de Saint-Pétersbourg ?

Je n'ai pas rencontré un Russe, appartînt-il lui-même à la plus haute administration, qui ne levât les bras au ciel en parlant des bureaux de Saint-Pétersbourg. L'irresponsabilité, l'abus de pouvoir, une indifférence qu'on ne peut imaginer, souvent aussi la malhonnêteté, voilà les plaies bien connues et réelles du fonctionnarisme russe. Les habitants du Caucase demandent à s'occuper de leurs affaires eux-mêmes, à nommer leurs chefs. S'ils sont volés, ils veulent que ce soit par les leurs.

*
* *

Dans les villes la situation n'est pas meilleure ; les grèves y sévissent à l'état endémique; la plupart des villes sont en petit état de siège. On sait ce qu'ont été en février les horribles massacres de Bakou (1); partout ce sont des assassinats, des désordres graves.

Le gouvernement accuse les Arméniens d'en être les fauteurs. Je crois que le gouvernement se trompe.

Les Arméniens sont nombreux au Caucase. On ne les aime pas. Le gouvernement, les Géorgiens et les musulmans Tatares, Tcherkesses ou Kurdes, leur en veulent. Que leur reproche-t-on ?

Ils ne sont pas orthodoxes, mais forment, comme on sait, une église à part dont le Catholicos réside à Etchmiadzin, près d'Érivan. C'est là le centre de ce qui fut jadis, en des époques lointaines, le royaume d'Arménie. Il y a longtemps que le royaume d'Arménie a disparu; les Arméniens sont restés. On les trouve dans tout l'orient, au Caucase et dans l'Arménie turque, en grand nombre. Ils sont intelligents et actifs; on les accuse de s'enrichir rapidement aux dépens des populations au milieu desquelles ils vivent, qu'elles soient paysannes, industrielles ou commerçantes. A Tiflis, par exemple, la fortune a changé de mains et a passé des Géorgiens, anciens propriétaires, prodigues et sans ordre, aux Arméniens nouveaux venus, avides et économes. D'où rancunes et haines des Géorgiens ruinés contre les Arméniens enrichis. De là à les accuser d'être les auteurs de tous les maux dont le pays souffre, il n'y a qu'un pas. On l'a franchi.

Les Arméniens sont partout où l'on fait des affaires. Comme les juifs, ils excellent dans le commerce de l'argent; ils ont souvent le tort de réussir. Cela ne se peut supporter. Alors on leur reproche de n'avoir pas d'autres qualités, de ne pas aimer la guerre, de manquer de courage, d'avoir, comme Panurge, une peur naturelle des coups. Et ces reproches sont probablement fondés.

On assure aussi qu'ils pratiquent l'usure, qu'ils sont sans pitié pour ceux qu'ils ruinent. Qu'ils aient abusé de leur force, je n'en doute pas. Mais la vérité objective est autre ; au milieu de populations qui ont le travail en horreur, ils sont d'une prodigieuse activité; parmi des gens qui n'entendent rien aux affaires, ils en ont l'amour et le sens le plus développé ; parmi des gens prodigues, ils

---

(1) Depuis que ceci a été écrit, Bakou a été à feu et à sac au mois d'août 1905, et partout les Tatares, au nom du panislamisme, massacrent les Arméniens.

sont économes. Voilà les vraies raisons de leur succès, voilà les véritables causes des haines qu'ils ont suscitées.

Ces haines se satisfont, en temps troublés, d'autant plus aisément que les Arméniens manquent de courage. Je me souviens de notre petit domestique persan, qui avait dix-huit ans et en paraissait douze, s'écriant : « C'est un Arménien, je vais le battre ! » Voilà l'état d'esprit général des populations au milieu desquelles ils vivent. L'Arménien n'aime pas le corps-à-corps et la lutte. A Bakou, un témoin oculaire m'a dit avoir vu, lors des massacres, un seul Tatare éventrer à coups de poignard quatre Arméniens sur un trottoir. Pour se défendre, l'Arménien emploie des bombes ; cela est tout à fait dans son caractère. Il prépare à domicile des armes savantes et se venge à froid. A Erivan, en ce moment-ci, les Arméniens qui sont en majorité ont massacré à l'aide de bombes un grand nombre de Tatares.

Ils sont antigouvernementaux. Qui ne l'est en Russie aujourd'hui ? En outre des causes de mécontentement qui sont communes à tous les Russes, ils ont des raisons particulières de n'être pas satisfaits de l'état actuel. Ils tiennent à leur vie, et le gouvernement les laisse massacrer ; ensuite le gouvernement a confisqué les biens de leur église et a fermé leurs écoles.

Il est évident que ce n'est pas par des mesures de ce genre que le gouvernement se ralliera les Arméniens. Et à leur tour, ils accusent le gouvernement non seulement de ne pas les protéger, mais encore d'exciter les Tatares contre eux.

Il est certain que pendant longtemps la politique russe s'est faite au Caucase contre les Arméniens. Ils ont le tort d'être intelligents. Rien ne fait trembler un gouvernement despotique comme l'intelligence. Contre les Arméniens, la politique russe a suscité les Tatares, qui, eux, ne sont pas suspects d'intellectualisme.

Il est notoire qu'à Bakou, avant les massacres de février, les Tatares avaient reçu, dans les campagnes environnantes et dans la ville, de nombreux permis de ports d'armes, tandis qu'on refusait systématiquement tout permis aux Arméniens. A Tiflis, on me raconte l'histoire suivante dont on me certifie l'exactitude. Trois Arméniens se déguisent en Tatares, demandent une audience, et alléguant la crainte de se voir attaqués, sollicitent la permission d'acheter des revolvers. Ils l'obtiennent et vont acheter une douzaine d'armes à feu. Quelques jours après, ils vont demander, cette fois comme Arméniens, une permission analogue. Elle leur est refusée. Pourtant il est manifeste que ce ne sont pas les Arméniens qui attaquent et qu'ils n'ont jamais cherché qu'à se défendre. Le mot célèbre : « Ce sont toujours les mêmes qui sont massacrés » n'est nulle part plus vrai qu'au Caucase.

*
* *

Dans les sphères gouvernementales, on a la conviction que les comités secrets arméniens sont les fauteurs des troubles d'ordre politique qui sévissent au Caucase.

Je crois que c'est là une erreur.

Les Arméniens font de la politique, c'est vrai. Qui n'en fait en Russie ?

Mais il faut considérer que ce sont les Arméniens qui ont le plus à souffrir de l'anarchie où se trouve le Caucase et qu'il serait vraiment inexplicable que les gens intelligents et avisés qu'ils sont se plussent à perpétuer un état de troubles qui leur est, plus qu'à aucuns autres, préjudiciable. Qui massacre-t-on? Les Arméniens. Qui a le plus à perdre aux grèves et aux troubles économiques? Les Arméniens, qui forment précisément la classe commerçante et active.

Les Arméniens ont au contraire intérêt à ce que le pays soit apaisé, à ce que l'ordre soit rétabli? Ils sont heureux des efforts que le général Louis-Napoléon fait à l'heure actuelle pour restaurer la paix dans le gouvernement d'Erivan. Ils veulent un pouvoir politique juste et fort qui les protège. Jusqu'ici le gouvernement actuel les a maltraités. Ils désirent sa chute. Quel est le Russe intelligent aujourd'hui qui ne se réjouira avec eux de la fin du régime autocratique et bureaucratique ?

*
* *

Où faut-il donc chercher les auteurs des troubles qui désolent le Caucase ?

Il ne faudrait pas croire que ces troubles soient nés spontanément dans les villes et les campagnes. La situation générale, économique et politique, était très mauvaise, détestable. Mais il s'est trouvé des gens fort habiles pour l'exploiter. Ce sont les social-démocrates, les révolutionnaires russes, géorgiens, et arméniens aussi, cela va sans dire; ils étaient prêts depuis longtemps; les événements récents leur ont fourni l'occasion attendue. Ils ont su en tirer un parti merveilleux pour propager leurs idées et hâter la ruine du pouvoir autocratique. Ce sont leurs émissaires qui ont parcouru les campagnes et excité les paysans non seulement à ne pas payer leurs redevances mais aussi à réclamer les biens de leurs maîtres. Ce sont eux qui ont suscité les innombrables grèves qui ont suspendu la vie normale dans les villes : grève des ouvriers du pétrole, des débardeurs, des employés et des ouvriers du chemin de fer, des conducteurs de tramways, des cochers et charretiers, des employés de magasin, des domestiques hommes et femmes, des garçons de café et de restaurant, qui ont fermé les bazars de l'alimentation et, à la lettre, affamé Tiflis. Il n'y a pas une corporation de travailleurs qui, à Tiflis par exemple, n'ait été en grève.

Il est impossible de ne pas voir là l'effet d'un plan concerté, l'exécution de mesures prises par des gens qui savent ce qu'ils veulent en entretenant une constante agitation. Ces grèves sont avant tout politiques.

Les révolutionnaires ont trouvé le moment opportun pour hâter l'accomplissement des réformes qu'ils demandent. Il se sont fait ainsi des partisans dans toutes les couches de la population laborieuse. Partout ils ont offert aux travailleurs des programmes nets et explicites ; partout les patrons se sont trouvés en face de revendications précises présentées par des ouvriers avertis, assurés de leur droit et parlant haut. J'ai vu les demandes des domestiques ; ils veulent une limitation des heures de travail, une nourriture saine, des soins médicaux en cas de maladie ; il faut qu'on leur parle poliment; on ne peut les renvoyer sans raison. Nulle part au monde, même aux États-Unis où les gens de maison ont des exigences que nous ne connaissons pas, on n'accorde autant aux domestiques.

On voit clairement le but visé par les révolutionnaires : créer un état de troubles tel que le gouvernement soit obligé d'accorder les réformes politiques demandées.

* * *

En face de gens qui savent ce qu'ils veulent et n'hésitent pas à employer les moyens nécessaires pour réussir, que fait le gouvernement ? Quelle est sa politique dans ces circonstances graves ?

J'ai cherché longtemps, je me suis informé partout.

Je n'ai rien trouvé, pour la simple raison que le gouvernement n'a pas de politique et que sa seule doctrine, qu'il applique du reste avec une constance digne d'être louée, c'est le laisser-faire.

Je ne sais s'il est encore des gens en Europe pour croire aux vertus divines d'un gouvernement autocratique et pour s'imaginer qu'il a en soi, parce qu'autocratique, la force et la puissance. Peut-être y a-t-il des théoriciens ivres de logique qui croient à une politique autoritaire appliquée en Russie et au Caucase. Que ces personnes candides se détrompent. Le gouvernement ne fait rien ; c'est le gouvernement le plus faible, le plus impuissant d'Europe. Si, par extraordinaire, la tête prend une décision, les membres ne l'exécutent pas. Mais la tête n'aime pas à décider. A-t-elle peur ? C'est possible. Les assassinats de tant de gouverneurs qui avaient essayé de la manière brutale ont-ils inspiré la terreur ? Je ne sais, mais la seule politique du gouvernement est d'avoir des cosaques (les régiments de ligne étant suspects). Encore n'ose-t-il pas s'en servir et faut-il des troubles graves et une attaque directe pour que l'on emploie la force armée. Son inertie est telle qu'on l'accuse d'avoir comme politique secrète et inavouée d'opposer race à race et de laisser s'entre-détruire ceux qu'il considère comme ses ennemis propres.

* * *

Les partis politiques au Caucase sont aujourd'hui d'accord sur un programme minimum que voici. Ils demandent, et cela n'est pas excessif, d'avoir les mêmes libertés que le reste de la Russie. Il n'y a même pas de zemstvo au Caucase ; on veut avoir un zemstvo. On demande en outre à élire des députés à l'Assemblée nationale russe, cela pour un avenir que l'on espère prochain (1); la reconnaissance des différentes langues caucasiennes et la réouverture des écoles arméniennes; la restitution des biens de l'Église arménienne; le jury pour les affaires criminelles, avec recrutement suivant les nationalités (dans ce pays où les races sont si diverses, on voit du même coup pourquoi les indigènes réclament cette réforme et pourquoi les autorités russes l'ont toujours refusée); les paysans veulent le partage des terres de la couronne, ou leur mise en location avec payement par annuités, cela pour les indigènes et non pour les colons russes; des banques agricoles avec un taux peu élevé, et surtout avec moins de formalités (les formalités légales si compliquées aujourd'hui, empêchent les paysans de se servir des banques existantes); le droit pour les communes et les districts de nommer leurs administrateurs; enfin on réclame l'abolition de la censure préventive pour la presse.

A ceux qui m'exposaient ce programme, j'ai demandé s'ils avaient l'espérance lointaine d'une séparation du Caucase d'avec la Russie et la reconstitution d'un État politique indépendant. Non, on n'y songe pas. Personne ne veut de la séparation, sauf peut-être quelques montagnards, irréductibles et musulmans, que personne du reste ne va troubler dans leurs montagnes. Dans un pays où tant de races différentes se côtoient, se détestent, la séparation amènerait un état d'anarchie pire que l'état actuel.

Quel est l'avenir prochain de ce pays? Bien hardi qui osera le prophétiser. Quel sera le gouvernement assez fort pour faire vivre en paix Tatares et Arméniens, pour donner satisfaction aux différentes nationalités et conserver en même temps l'unité indispensable, pour assurer une vie politique normale à un pays si profondément troublé, régler la question agraire, les questions ouvrières et mettre fin aux luttes religieuses?

L'autocratie russe a échoué dans cette tâche difficile. Un gouvernement représentatif réussira-t-il? Il n'y a plus que cela à tenter.

TIFLIS. — DERNIÈRES JOURNÉES AU CAUCASE. — Les théâtres sont ouverts. Soyons-en reconnaissants aux comités révolutionnaires. Au Grand-Théâtre, qui est spacieux et magnifique, nous voyons

(1) Ceci a été écrit durant l'été de 1905.

Coquin de Printemps arrangé en opérette par Strauss, et *Sapho*, jouée par celle qu'on appelle la Réjane russe, la Iaworskaia, à la ville, princesse Bariatinsky.

Mais, plus que les pièces, le public m'intéresse et je passe mon temps à chercher de l'œil des jolies femmes dans la salle.

J'en découvre. Ce n'est pas à tort que les Géorgiennes ont, depuis des siècles, un si grand renom de beauté. Elles ont fourni jadis les plus belles esclaves aux harems de l'Orient. Le Grand Turc ne se rajeunissait que de Circassiennes. Mais il n'y a plus de harems. Les Turcs, tard venus à la sagesse, ont découvert enfin qu'une seule femme légitime suffisait à faire le malheur (ou le bonheur, mais cela est plus rare) d'un homme. Les belles Géorgiennes ne sont plus emmenées comme esclaves. J'ai la joie d'en voir deux ou trois dans la salle, jeunes, fraîches, de figure régulière, aux yeux de feu, à la taille superbe, au port de tête libre et fier. Pendant les entr'actes, je les suis dans les couloirs.

Un savant allemand déclare qu'on parle soixante-dix langues à Tiflis. Je veux le croire, mais il me suffirait de parler celle de ces belles personnes. Je ne le puis ; il faut me satisfaire à les regarder seulement...

*
* *

Georges Bibesco a engagé un interprète, le Tcherkesse Hassan. Hassan est censé parler le russe, le persan, le français.

Il nous accompagnera à Téhéran. Sait-il le persan ? je l'ignore. Quant au français, il le parle par gestes. Ainsi faisons-nous pour le russe. Quoi qu'il en soit, Hassan, coiffé du bonnet frisé, revêtu de la grande *bourka* nationale, portant sur sa poitrine vingt-quatre petits étuis qui devraient contenir de la poudre, mais dans lesquels nous mettrons de la poudre de riz pour nos compagnes, est fort beau à regarder. Et notre prestige s'en accroît.

*
* *

Il pleut.
J'ai fait une grande découverte.

Des voyageurs ont affirmé que le Caucase est un pays de montagnes. Les géographes soutiennent cette même assertion. Ils ont imaginé un Kasbek élevant son sommet à plus de cinq mille mètres dans les airs, un Elbrouz atteignant cinq mille six cents mètres.

Or, Descartes a dit dans son *Discours de la méthode* de ne recevoir jamais aucune chose pour vraie qu'on ne la connaisse évidemment pour telle. Et encore je me souviens de l'axiome : « Expérience est mère de science ».

C'est pourquoi je donne aux voyageurs qui m'ont précédé et aux géographes un démenti formel. J'ai passé près de trois semaines au Caucase, j'ai vécu au pied de l'endroit où ils affirment que le Kasbek s'élève.

Je le déclare : je n'ai pas vu le Kasbek. Aucun de mes amis n'a vu le Kasbek, quoique l'un d'entre eux, pour prendre sur nous une supériorité momentanée, ait juré l'avoir aperçu un instant. Il rêvait sans doute. Donc le Kasbek, pas plus que l'Elbrouz, n'existe.

J'affirme ici que, d'après mon expérience, il faudra reviser les géographies. Le Caucase n'est pas un pays de hautes montagnes; il a quelques collines élevées, voilà tout. Quant à en faire une seconde Suisse, c'est une folie qui a dû naître dans l'esprit de Russes jaloux, s'imaginant qu'ils dépassaient en tout l'étranger.

Lorsqu'on refera, suivant les données de ma science, les géographies de Russie, je prie que l'on écrive aussi que nulle part le ciel n'est plus rapproché de terre; à mon estimation, il en est à peine distant de mille mètres et parfois beaucoup moins. En outre, on devra noter qu'il se fond en eau continuellement. C'est là un phénomène inexplicable qu'il faut nous contenter d'enregistrer jusqu'au jour où nous pourrons l'expliquer.

* * *

Samedi 6 mai. — Nous achetons depuis deux jours tout ce qui est nécessaire pour notre voyage de Perse, et d'abord des lits de camp.

Lorsqu'on n'a jamais voyagé que sur les grands express internationaux ou sur les paquebots de l'Atlantique, on se fait assez malaisément à l'idée d'un pays où l'on ne trouve pas de lit pour se coucher. A Paris, la première fois qu'un ami qui a été en Perse me dit : « Achetez un lit, » je souris. Transporter un lit me paraît impraticable et inutile.

Mais non, je vois bien maintenant qu'il faut acheter un lit, si j'ai l'intention de me coucher pendant que nous serons en Perse. A Paris, je me suis fait faire un sac en toile, dont je pensais me servir en Russie, mais qui est resté plié dans ma valise.

A Tiflis, j'achète un lit pour étendre le sac de toile. Nous trouvons des lits assez commodes qui se démontent, chez le marchand, avec une extrême facilité (en Perse, nous trouverons qu'il est bien fatigant de les monter et les démonter), qui, pliés, ne tiennent guère plus de place qu'un rouleau de châle et pèsent onze kilos chacun. Ils sont étroits et nous serons couchés sur une sangle dure.

Nous aurons le temps de nous y habituer.

Un de nous a l'excellente idée de nous faire prendre de la toile cirée que nous étendrons sur la sangle de façon à ne pas sentir l'humidité montant du sol, car il est évident que nous ne trouverons pas des chambres parquetées, sur cave.

Avec nos six lits, nous avons soixante-dix kilos de bagages de plus. Il faudra de solides voitures pour nous emmener à travers le désert.

Nous y ajoutons au moins quarante kilos de conserves, jambons, sardines, foie gras, veau en boîtes, biscuits secs, confitures en quantité (nous sommes très friands de confitures), compotes, légumes conservés, saucissons, fromage même. Le vieil interprète qui a voyagé en Perse nous conseille aussi d'acheter deux marmites, car les Persans nous considèrent comme malpropres ou « impurs » et ne nous laisseront pas toucher à leurs ustensiles de cuisine. Nous prenons les deux marmites, et douze assiettes, et un couvert pour chacun de nous, et du sel, et du sucre, et du thé, et du chocolat, et des citrons, et des torchons pour relaver, et des serviettes pour nous essuyer. Il semble que nous montions un ménage, et que nous nous préparions, très grands enfants, à jouer à la dînette.

On nous fait un panier énorme dont le poids heureusement diminuera à chaque étape, tandis que par un phénomène inexplicable, nous, qui devrions nous engraisser du contenu du panier, irons maigrissant chaque jour à travers les sables et les pierres du désert.

Nous achetons tous des manteaux de pluie en caoutchouc.

Nous en avions en quittant la Roumanie. Mais comment auraient-ils résisté aux déluges qui nous ont sans cesse inondés ? Eux aussi font eau de partout. Nous les laissons à Tiflis.

Dans le hall de l'hôtel de Londres s'entassent les paquets.

Notre départ de Tiflis fut un de nos beaux départs. C'était un samedi.

Nous devions ce jour-là aller à la banque prendre l'argent nécessaire pour gagner la Perse. A Tiflis, les banques avaient été fermées lundi, mardi et mercredi à cause des fêtes de Pâques. Lorsque nous arrivons à la banque samedi matin, nous la trouvons close. Il paraît que c'est la fête du petit neveu d'un oncle par alliance de l'impératrice douairière! Bien, nous voilà de nouveau sans le sou.

Pourtant il faut partir. Avec cette calme décision qui ne nous abandonna jamais aux heures les plus troublées de notre voyage, nous décidons de ne pas payer notre note d'hôtel et de réunir dans la poche d'Emmanuel Bibesco les fonds de toute la bande.

La poche d'Emmanuel Bibesco qui est, le malheureux! notre trésorier, c'est la mienne. Il est parti sans portefeuille et il se refuse à en acheter un. Alors les billets de dix, de vingt, et de cent roubles sont jetés négligemment par lui dans la poche de son pantalon. Cet homme ingénieux a son plan, du reste, car voyant ces billets empochés, nous frémissons, et je me crois obligé de leur offrir l'abri de mon portefeuille.

C'est ce qu'il attendait. Il me prend au mot et me voilà chargé de l'argent commun. On en profite pour me donner les passeports de toute la bande, et les lettres de crédit, et celles de recommandation, et je me promène, cela depuis la Bessarabie, avec une poche si gonflée que je ne puis boutonner mon veston et que, debout, je n'arrive pas à voir mon pied droit.

La prochaine fois, arrive ce qui arrive, je ne prends pas de portefeuille!

La comptabilité de notre voyage, du reste, nécessiterait à elle seule la présence parmi nous d'un secrétaire-comptable.

L'arrivée en Perse. — Le port d'Enzeli.

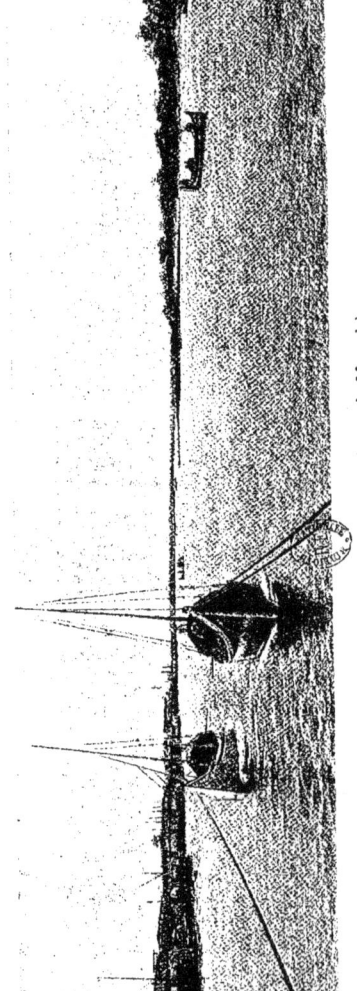

Nos barques persanes remorquées sur le Mourdab.

L'atterrissage à Piré-Bazar.

Le débarquement à Piré-Bazar.

Pl. 14

Sous le fallacieux prétexte qu'il sait le russe, Emmanuel Bibesco a été chargé de régler les dépenses courantes de toute la bande, pourboires, notes de restaurants, voitures, chemins de fer. Il note ce qu'il paie sur d'informes morceaux de papier, sur un coin d'enveloppe, une carte de visite qu'il fourre, toujours ! dans sa poche de pantalon. Le soir, ou tous les deux jours, nous procédons à une grande revision des comptes. Je relève sous dictée les dépenses de chacun. Cela est très compliqué, car il y a les ménages et les garçons, puis les automobiles (compte spécial assez chargé), puis les mécaniciens, puis les gros bagages, ça n'en finit pas.

Alors on fait un compte par doit et avoir pour chacun de nous, et il ne reste qu'à payer. Parfois nous devons de l'argent à la caisse, parfois c'est la caisse qui nous en doit. En tout cas, il y a chaque jour au moins une demi-heure à consacrer aux comptes. Nous serions des négociants voyageant pour affaires, ce ne serait pas pire.

Et voilà une cause constante d'énervement en voyage !

Enfin, ce soir-là, sans payer notre hôtel, nous nous enfuyons de Tiflis pour Bakou. Cette fois-ci nous sentons la Perse voisine et nous pétillons d'impatience.

Il s'en faut de peu, du reste, que nous ne manquions le train.

Dimanche 7 mai. — De Tiflis à Bakou, notre train met dix-huit heures. Il est lent et confortable comme tous les trains russes. On n'a pas imaginé en Russie d'entasser six personnes dans un compartiment de première classe, comme les Compagnies aiment à le faire en France. Dans les coupés, on est deux au maximum ; dans les compartiments doubles, quatre, bien qu'il y ait huit places ; les banquettes sont plus écartées l'une de l'autre qu'en France ; il y a une petite table près de la fenêtre ; en outre, le wagon est plus large que chez nous. Lorsque la nuit vient, le conducteur arrange les lits, deux par coupé, l'un au-dessus de l'autre, quatre par compartiment double. Et vous voilà confortablement couché. Dans les express, on paie un rouble de supplément (2 fr. 65) pour avoir des draps et une taie d'oreiller. Le tarif des chemins de fer est moins cher qu'en France. De Bakou à Batoum, pour huit cent quarante-deux kilomètres, on paie cinquante francs. De Paris à Marseille, la distance est à vingt kilomètres près la même, nous payons quatre-vingt-seize francs. Mais soyons justes, on va en deux fois moins de temps de Paris à Marseille que de Batoum à Bakou.

Le dimanche matin, lorsque nous nous réveillons, le train longe à gauche les premiers contreforts de la grande chaîne du Caucase ; à droite, c'est la steppe désolée de la Koura, une plaine marécageuse, fiévreuse, roussie, sans une ondulation, sans un pli de terrain pendant des centaines de kilomètres. Des oiseaux de proie volent au-dessus de cette étendue désolée, d'agiles faucons roses, des crécerelles, des aigles lents, maîtres de la steppe plate ; des geais, des rolliers, des bécassines se lèvent à notre passage. Ici et là, c'est la demeure misérable d'un garde-voie, autour de laquelle traînent des enfants fiévreux ; de rares troupeaux, quelques chameaux, paissent une herbe jaune et dure.

Vers midi, une mer nouvelle, grise, bleue et pailletée sous le soleil, nous apparaît, la Caspienne !

Ses rives sont nues, bordées de collines arides et argileuses qui semblent pelées.

Mais voici qu'à gauche, à l'horizon, s'élève une noire forêt d'arbres inconnus aux formes géométriques au-dessus desquels flotte un nuage sombre. Ce sont, serrés les uns contre les autres, les derricks des puits à pétrole de Bala-Khané. Sur un petit espace, c'est la plantation la plus drue qui soit au monde de ces étranges cheminées de bois.

BAKOU. — Si vous aimez les soldats, il faut aller à Bakou. On en a mis partout. Ils n'ont, du reste, pas empêché les massacres arméniens en février (1). Les habitants se plaignent d'être volés par les brigands en plein jour et rançonnés par les soldats la nuit.

Nous montons dans de légères voitures à deux chevaux, conduites par des cochers tatares et allons voir Bibi-Ebat, une exploitation de pétrole au bord de la mer. Là, nous avons le spectacle saisissant d'une forêt de derricks goudronnés dressant vers le ciel leurs formes trapues et anguleuses. Des allées sont tracées dans cette forêt que remplit le bruit de la vapeur fusant à travers les tuyaux. Des jets de fumée noire sont projetés violemment des

(1) Et n'empêcheront pas ceux plus terribles du mois d'août.

cheminées ; un nuage opaque plane toujours au-dessus de Bibi-Ebat. On entend le grincement continuel des poulies qui supportent les sondes. Des tuyaux courent le long des chemins ; le sol est noir et gras ; à droite, à gauche, ce sont des mares de pétrole. Les derricks se pressent à se toucher. La nappe de pétrole sous le sol suit un cours irrégulier. Voici un derrick qui ne donne rien ; à cinq mètres de là, en voici trois ou quatre qui rapportent une fortune à leur propriétaire. On fait des terrassements pour poursuivre le pétrole sous l'eau.

Nous filons au trot léger des chevaux parmi l'extraordinaire et monstrueuse floraison de ces derricks.

Au retour, nos cochers veulent s'amuser et commencent une course. Ils cherchent à se dépasser l'un l'autre. Celui qui est devant jette sa voiture à gauche ou à droite pour barrer la route à celle de son confrère.

Je suis certain que ce serait un spectacle très excitant pour des spectateurs placés dans un amphithéâtre. Mais nous sommes dans les voitures et nous trouvons cela moins drôle. Deux ou trois fois, nous manquons rouler dans un fossé plein de pétrole. En vain nous admonestons (terme poli) les cochers.

Ils crient : *Souda ! Souda !* et continuent. Je vois encore leur petite figure ronde et basanée, leurs yeux vifs qui pétillent...

Enfin notre voiture dépasse l'autre et gagne la course.

Nous rentrons calmement dans Bakou.

Là, nous parcourons à pied la vieille ville persane, la citadelle et admirons la Tour de la Demoiselle.

Une demoiselle tatare, fille de roi, la fit construire. Une fois que la tour fut achevée, comme son père lui demandait quelque chose qu'elle ne voulait lui donner, elle se jeta du haut des murs dans la mer qui, alors, en baignait le pied.

Depuis, la mer s'est retirée et on a construit un quai, évidemment pour que les troupes russes puissent y faire l'exercice.

Nous n'allons pas voir l'ancien Temple du Feu qui est, tristesse des temps présents ! enclos dans une fabrique de bougies.

A l'hôtel, un respectable habitant de Bakou s'informe de nos projets de voyage. Lorsqu'il apprend que nous partons pour la Perse, il soupire :

— Vous allez en Perse ? Etes-vous heureux ! Là-bas au moins vous serez en sûreté !

* * *

A dix heures, nous nous embarquons sur je ne sais quelle grande duchesse.

Jusqu'au dernier moment nous avons peur qu'une grève soudaine ne soit déclarée qui, au port même, nous empêche de partir pour la Perse.

Non, on lève l'ancre ; le bateau glisse sur les eaux calmes et noires de la rade dans lesquelles viennent se refléter les mille lumières de la ville. C'est un spectacle très beau que la rade de Bakou dans la nuit.

Nous nous en éloignons pourtant sans regret.

Nous ne débarquerons qu'en Perse !

CHAPITRE IV

L'ARRIVÉE EN PERSE

Lundi 8 mai. — Nous approchons lentement de la Perse. Nous passons cinq heures ce matin à l'ancre en vue de Lenkoran.

C'est une petite ville russe dans les arbres. Derrière elle s'élèvent les grandes croupes des montagnes du Ghilan, couvertes de forêts. Une vapeur bleuâtre emplit l'atmosphère, adoucit les contours, et donne à ce pays le velouté, l'irréel séduisant qu'ont certains paysages dans les fonds des « verdures » flamandes.

C'est une des contrées les plus malsaines du monde, et les plus sauvages. On trouvait des tigres, paraît-il, dans ces montagnes, il y a quelques années.

Des tigres ! nous sommes loin de l'Ile-de-France.

Autour du bateau volent de noirs cormorans.

A déjeuner, une doctoresse énorme et asthmatique nous donne des renseignements détaillés sur l'organisation des secours médicaux dans la campagne russe. A l'entendre, la Russie serait, à ce point de vue-là comme aux autres, à la tête de la civilisation. Nous avons la ressource de ne pas la croire.

Dans l'après-midi, nous arrivons à Astara, frontière russe. Un plein bateau d'officiels galonnés et dorés se détache du bord pour venir à nous. Et c'est un examen minutieux des passagers. Je sors pour la centième fois les passeports.

Nous sommes ancrés à près d'un kilomètre de la côte, car il y a peu d'eau et notre vapeur ne peut approcher de terre. Le ciel s'est voilé et les montagnes aussi.

A la nuit, nous repartons, pour Enzeli, cette fois.

Nous n'avons qu'une préoccupation : le temps qu'il fera demain. Si la mer est forte, le bateau postal nous ramènera à Bakou. La déception serait amère.

Nous consultons mon baromètre. Il baisse, et voici qu'une forte pluie se met à tomber, cependant que le bateau commence à rouler. Nous nous endormons tout de même...

Enzeli, *9 mai, 5 heures du matin.* — Le temps est gris, des averses légères tombent par moments ; un vent d'est frais fouette la mer et soulève des vagues pas bien terribles, assez pourtant pour que là-bas la barre blanchisse d'écume et que nous soyons ballotés d'ici de là. Mais le capitaine affirme que nous pourrons débarquer. La côte est enveloppée de brumes et de bruines ; on distingue vaguement des bâtiments plats, une tour, des arbres. Nous regardons de tous nos yeux. C'est la Perse, là devant nous, qui nous apparaît paradoxalement dans les brouillards.

Des barques se détachent de terre et un vapeur minuscule qui est bientôt à côté de nous, amarré à notre grand bateau. Oh ! comme il monte et comme il descend au flanc du paquebot postal ! Jamais nous n'aurions pu débarquer l'automobile. Bien heureux si nous pouvons passer nous-mêmes sans nous casser quelque membre !

Nos malles et nos valises sont attachées et transbordées sans accident. C'est notre tour maintenant. Il faut attendre le moment où le petit bateau monte le long du nôtre ; quand il est au haut de sa course, on empoigne une barre de fer qui, en des temps plus cléments, sert à supporter la tente-abri, deux matelots vous poussent ; on saute ; deux autres matelots vous reçoivent tandis que le minuscule vapeur plonge à nouveau au creux d'une vague.

Les jeunes femmes franchissent lestement le passage difficile et nous voilà sur un pont étroit balayé par les lames ; le vapeur file, franchit la barre et, dix minutes après, nous sommes à quai, à Enzeli, en Perse, enfin!

*
* *

Nous ne quittons pas notre bateau. Des fonctionnaires belges et courtois, employés aux douanes de Sa Majesté, viennent nous saluer.

La foule qui les entoure est persane, vraiment persane. Quelques hommes ont le bonnet national d'agneau frisé, noir et ras; d'autres portent un feutre qui ressemble, sauf le respect que je vous dois, à un pot de chambre sans bords; il est collé sur la tête et, des deux côtés, s'échappent des touffes de cheveux qui couvrent les oreilles, par lesquelles touffes le prophète enlèvera ses fidèles jusqu'en son paradis, s'ils ont suivi ses commandements toutefois, cela s'entend.

Ces Persans sont vêtus pour la plupart de robes brunes et amples. Quelques barbes couleur acajou clair ajoutent un charme nouveau pour nous à cette foule exotique. Elle nous regarde avec une grande curiosité; nous le lui rendons bien.

La Perse à Enzeli, cela ressemble à la Cochinchine.

Je n'ai pas été en Cochinchine, mais je me fais de ce pays une idée d'autant plus claire qu'elle n'est contredite par aucun de ces petits faits obstinés à ne pas se laisser classer dans les généralisations rapides.

Un pays plat, du sable, des roseaux, des arbres très verts et beaucoup d'eau; aux deux bords du large chenal qui met en communication avec la mer le grand lac intérieur, le Mourdab, des paillotes sont construites sur pilotis, de petites cases aux toits de chaume, ouvertes sur le devant et ornées de nattes; sur les appontements de bois devant les cases, des marchandises s'entassent. Des barques à fond plat les apportent; les deux extrémités de ces jonques sont aiguës et relevées; une grande voile carrée, haut placée, est déployée au vent.

L'eau est grise, le ciel est gris et bas. Entre ces deux gris chauds, les notes de couleur, les bruns divers des pilotis, des toits de chaume, des cordages grêles et des mâts, le vert intense des roseaux et des arbres, les tons jaunes d'une voile qui se reflète dans l'eau calme, chantent délicieusement.

Des vols immenses de cormorans passent au ras des flots ; par centaines, ils vont en file, tournent et évoluent autour de nous.

Il fait lourd, fiévreux, humide.

Tout cela est extrêmement cochinchinois.

Nous traversons le Mourdab sur le petit paquebot qui remorque deux jonques, une pour nos bagages, l'autre pour nous.

Il bruine un peu ; des vapeurs montent de la surface grise des eaux.

Nous buvons du thé sur le pont en suivant de l'œil les évolutions des cormorans.

A l'embouchure de la rivière de Piré-Bazar, nous quittons le vapeur et embarquons à bord des jonques. Huit grands gaillards, coiffés du feutre sans bords, se mettent aux avirons et rament en se soulevant et se laissant retomber sur les bancs. Ils sont bientôt en sueur.

La rivière serpente parmi les roseaux et les tiges de glaïeuls. De petites tortues grimpent le long des rives. Des noisetiers, des charmes poussent sur ses bords qu'anime tout un monde d'oiseaux que nous troublons à peine : bécassines, hérons de toute espèce, milans et faucons.

Bientôt la rivière devient trop étroite pour les avirons. Nos hommes sautent à terre et, une corde étant attachée au haut du mât, nous halent en prenant un pas de course accentué.

Pourquoi cette corde attachée au haut du mât ? le mât plie, il va casser. Et en effet, voilà qu'il cède et que nos huit haleurs sont jetés la face dans la boue.

Ils n'en rattachent pas moins la corde aussi haut qu'ils peuvent monter.

Un instant après, nous croisons une jonque invraisemblablement pleine de coffres bariolés, de caisses sur lesquelles sont assises des femmes voilées et des hommes en robe, et nous comprenons le pourquoi de leur manœuvre. La corde de la barque passe sous la nôtre et les bateaux se croisent ainsi sans qu'on soit obligé de s'arrêter.

Nous voici enfin au terme de notre course à Piré-Bazar.

Imaginez dans un coude un peu élargi de la petite rivière, la confusion la plus enchevêtrée de bateaux flancs à flancs. Nos rameurs trouvent pourtant moyen de nous amener jusqu'à l'endroit où l'on peut débarquer.

On jette une planche qui va du bateau à la terre. La terre, c'est de la boue épaisse, gluante ; les rives sont escarpées ; nous avons bien de la peine à arriver jusqu'au sol plat. Des voitures nous attendent et une population de cochers et de débardeurs qui auraient vite fait de voler une partie de nos bagages, si nous n'en surveillions pas avec soin le débarquement.

Heureusement deux cosaques arrivent à cheval du consulat général de Russie à Resht. Un cortège s'organise et nous voilà partis pour les neuf kilomètres qui séparent Piré-Bazar de Resht.

La route est boueuse et défoncée par les pluies récentes. Nous aurions fait une belle partie de dérapage en automobile.

A moitié chemin, nous sommes abordés par des cavaliers qu'envoie à notre rencontre le gouverneur de la ville, un des fils du Chah.

Plus loin, un des grands fonctionnaires, le Salar, amiral (!) autant que j'ai compris, de la flotte persane (!!) nous fait amener des chevaux bellement caparaçonnés, et un des cavaliers qui les accompagnent nous remet une lettre par laquelle le Salar nous apprend qu'il met une de ses maisons à notre disposition. Mais nous serons à Resht les hôtes de la Russie.

Nous avançons au pas sur la route aux ornières profondes et traîtresses. Avec les cosaques qui nous précèdent, avec les écuyers qui mènent à la main les chevaux couverts de riches caparaçons (l'étiquette veut qu'ils nous accompagnent et que nous ne les montions pas) et les cavaliers persans qui suivent nos quatre voitures, nous avons un peu l'air d'un cirque forain faisant son entrée dans une ville nouvelle, et nous échangeons de voiture à voiture des sourires amusés...

Vers midi, nous pénétrons dans un jardin où s'élève une grande maison carrée en brique, à l'européenne ; nous sommes au consulat impérial de Russie.

Le consul général, M. Olférieff, nous y reçoit de la façon la plus aimable. Il nous offre ce qu'il a : de grandes chambres vides, et nous voyons aussitôt que le lit de camp n'est pas un luxe inutile en Perse, mais le plus nécessaire des meubles.

*
* *

Resht est la capitale du Ghilan, province qui longe au sud-ouest la mer Caspienne. Ce pays situé au pied de la grande chaîne qui nous sépare du haut plateau de l'Iran est humide, chaud, riche et malsain.

Un proverbe persan dit : « Si tu as un ennemi, fais-le nommer gouverneur du Ghilan. »

Rien ne contredit plus fortement que ce pays l'idée qu'on se crée à l'avance de la Perse. Enzeli-Resht c'est un paradis de verdure, d'eaux dormantes, de rizières, de nénuphars, de roseaux, d'iris, de lis et de marguerites si hautes qu'on pourrait s'y perdre.

Pierre Loti revenant d'Ispahan a traversé Resht. Il ne s'y est pas arrêté, il ne l'a pas vu. Me voilà donc à mon aise pour lui déclarer, et au monde entier, que Resht est ce qu'il y a de plus beau en Perse. C'est du moins l'opinion d'Emmanuel Bibesco.

La ville, qui est considérable, est tout entourée d'eau, de jardins, d'allées d'arbres très vieux. Il semble qu'on soit dans un parc très vaste aux aspects divers. Le bazar qui n'est pas couvert, est plein d'animation et de pittoresque. Nous nous y promenons en voiture avec les cosaques d'usage, non point qu'il y ait aucun danger ici (comme l'a dit l'habitant de Bakou : « En Perse vous serez en sûreté ! »). Mais nous sommes les hôtes de la Russie, et il convient de ne faire rien pour diminuer le prestige des Européens.

Le bazar, ce sont des rues étroites bordées d'échoppes à la devanture ouverte. Ici l'on vend les velours de Resht; le travail de Resht, c'est de broder d'or des velours fabriqués ici même; la matière est riche, le goût n'en est pas exquis; plus loin ce sont des tapis, dont il n'y a pas un grand choix, car les tapis de Perse qui arrivent par caravanes sont menés directement à Enzeli et de là à Bakou. Des marchands sont assis sur le seuil de leur boutique et fument le kelyan, tandis que, dans la rue étroite, des femmes strictement voilées, et dont les yeux même sont couverts, achètent des étoffes dont elles se pareront à domicile seulement, car une fois sorties de chez elles leur tenue est d'une uniformité impressionnante et laide. Des âniers poussent à travers la foule des petits ânes gris et doux aux bâts richement brodés; des coups de soleil (car nous avons le soleil maintenant) tombent violemment sur les faïences bleues des tours qui, ici et là, sont élevées dans le bazar.

Nous passons devant le palais du gouverneur, fils du Chah, admirons le pittoresque et la fantaisie individuelle de l'uniforme militaire persan, longeons une petite mosquée basse et arrivons sur une place où un grand concours de peuple est assemblé.

Nos voitures s'arrêtent ; des rangées de femmes voilées sont assises le long d'un bâtiment à colonnades de bois ; des hommes et des enfants forment les trois autres côtés d'un carré dont le centre est laissé libre ; une petite estrade y est élevée. Des personnages s'y tiennent debout ou assis. Nous tressaillons de joie, car il n'y a aucun doute, nous assistons à la représentation d'un de ces *taziehs*, ou mystères persans, sur lesquels Gobineau a écrit des pages émouvantes.

Nous nous approchons un peu. Sur l'estrade, le sakou, voici « les gens de la Tente », les infortunés Alydes ; l'iman Hussein, les femmes, leurs enfants ; ils sont dans la morne plaine de la Kerbela, sous un soleil accablant, dévorés par la soif. Autour d'eux les troupes du Khalife Yezyd, prêtes à les massacrer. Je vois le tas de paille haché qui représente le sable du désert. Avant de parler, l'acteur va en prendre une poignée qu'il se répand sur la tête. Ainsi est créé, par la plus absolue et la plus simple à la fois des conventions, le décor nécessaire. J'entends le nasillement des acteurs, il semble que je vais deviner les paroles tragiques de ce drame où la religion et la patrie sont également intéressées.

Les Persans devant nous se sont courtoisement écartés ; nous en profitons pour prendre quelques photographies qui nous seront précieuses.

Bientôt tous les spectateurs nous ont vus. Faut-il l'avouer ? Ils sont plus attentifs à notre présence qu'au drame sacré. Leur regard ne va pas à la scène, mais s'attache à nous. Leur distraction sacrilège n'est pas du goût du grand mollah de Resht qui assiste à la représentation. Indigné, il se lève et adresse un véhément discours à la foule, lui reproche sa curiosité profane pour des gens « impurs », des Européens maudits, qui doivent être en abomination aux fidèles musulmans.

L'interprète du consulat nous fait signe qu'il faut nous retirer ou que les choses pourraient se gâter.

Alors nous remontons en voiture, très désolés, tandis que toutes les figures des femmes — un carreau blanc entouré d'un voile noir — se tournent du même mouvement vers nous pour nous voir partir.

Nous allons dans la campagne autour de Resht en suivant des

allées d'ormeaux centenaires le long de rivières à l'eau glauque. Le soleil a mangé les brumes. Nous voyons au sud les montagnes élevées que demain, Emmanuel Bibesco et moi commencerons à gravir pour gagner Téhéran. Elles sont couvertes de forêts épaisses ; d'ici, la haute barrière qui nous sépare du plateau central de la Perse semble infranchissable.

On nous arrête devant le jardin d'un riche Persan ; c'est sa propriété de campagne. Nous sommes déjà au courant des habitudes persanes si hospitalières. Où que vous le vouliez, vous pouvez entrer. Le maître de la maison se retirera pour vous laisser jouir de sa maison ou de son jardin. S'il apparaît, ce n'est que plus tard pour offrir du café ou des glaces.

Nous nous promenons dans les allées, sous les lilas fleuris ombrageant des parterres de lis. Puis nous visitons la maison, meublée, hélas! comme toutes les demeures des riches Persans, à l'européenne. Seuls les tapis sont du pays ; un petit hammam est construit à côté de l'habitation.

Le maître de la maison arrive ; il parle français et nous fait servir des rafraîchissements, puis se promène avec nous et nous donne des fleurs.

La vue de la terrasse est belle sur le pays boisé, qui s'en va jusqu'aux montagnes bleuies par le lointain. Nous demandons à notre hôte s'il habite cette propriété.

— J'ai cette maison à la campagne pour venir entendre chanter le rossignol le soir, au printemps, répond-il.

Nous rentrons au consulat, le soleil est couché. L'humidité monte de terre et des rizières qui nous entourent. Des vapeurs légères comme des voiles diaphanes de fées planent sous les arbres immobiles de ce parc endormi. On entend le cri flûté, net et fort, d'un crapaud. La lune est haut dans le ciel.

Et le soir, des clochettes lentes et cadencées sur un rythme nouveau, sonnent sur la route qui borde le jardin. Elles sont au cou des chameaux qui arrivent en longues files de Kaswyn ou d'Hamadam. Les caravanes ne voyagent qu'une fois le soleil couché, car déjà la chaleur est de jour trop forte. Et, nous entrevoyons, entre les arbres, de grandes formes mystérieuses qui passent, comme balancées par une houle marine. Cette fois-ci c'est bien l'Orient, ce bruit émouvant des clochettes graves.

Barque à voile sur le Mourdab.

Dans le bazar de Recht.

Nous avons du reste le loisir de l'entendre plus d'une fois dans la nuit. Car c'est la première fois que nous couchons sur nos lits de camp. Dure affaire ! Nous nous y habituerons.

Mercredi 10 mai. — Nous sommes sans nouvelles de Keller qui a dû s'embarquer à Bakou avec la grande Mercédès.

Emmanuel Bibesco et moi décidons de prendre les devants et de partir pour Téhéran en voiture persane. Nos compagnons nous rejoindront peut-être sur route, en tous cas, dans la capitale.

Pour aller de Resht à Téhéran, nous suivrons la fameuse route construite il y a peu d'années, non par le gouvernement, mais par une compagnie russe qui en a obtenu la concession. Elle a trois cent trente-sept verstes de Piré-Bazar à Téhéran et monte jusqu'à plus de quinze cents mètres. Elle a coûté près de vingt millions de francs.

C'est une route à péage ; les voitures et les caravanes paient un droit qui est, pour une voiture à quatre chevaux, de huit tomans. Le toman vaut nominalement dix krans ou francs, mais un change désastreux pour les Persans a fait tomber cette année-ci le kran à quarante centimes et le toman, par conséquent, à quatre francs. Les frais d'entretien de la route sont considérables, car le climat est mauvais. On passe brusquement de pluies diluviennes à une sécheresse de six mois ; au printemps, les neiges fondent en quelques heures sous l'action d'un soleil brûlant, et les torrents qui descendent des montagnes dénudées grossissent et deviennent d'impétueuses rivières.

Aussi la compagnie russe perd-elle de l'argent. Mais elle espère se rattraper avec le port d'Enzeli dont elle a obtenu la concession. Elle construit une longue jetée à l'abri de laquelle les bateaux pourront se mettre à quai. Dans quelques années, les voyageurs ne connaîtront plus les incertitudes du débarquement en pleine mer à Enzeli.

Financièrement la route est donc pour l'instant une mauvaise affaire, mais elle en est une excellente au point de vue politique et sert merveilleusement les vues de la Russie.

Grâce à cette route qui lui appartient, la Russie pourrait en cas de besoin amener en quelques jours un corps d'armée de Bakou jusqu'aux portes fragiles et émaillées de Téhéran.

En état de paix, la Russie a une route sûre pour ses marchandises. Aucun transit européen n'est permis à travers le Caucase à destination de la Perse. La Russie a évincé, à l'aller, toute concurrence et, au retour, elle bénéficie du transit de la plus grande partie du commerce persan.

Les voyageurs passent maintenant tous par Resht. C'est donc sur une route russe qu'on arrive dans la capitale de la Perse. A chaque relais, on trouve un maître de poste qui parle russe. A chaque cinquante kilomètres s'élève une maison de péage, zastava, dirigée par des Russes. Le téléphone va de zastava en zastava jusqu'au cabinet de notre très puissant hôte, le consul général de Russie.

On a ainsi l'impression, entre la Caspienne et Téhéran, de n'avoir pas quitté, politiquement au moins, l'empire immense des Tsars.

* * *

Nous avons commandé notre voiture pour huit heures du matin, le mercredi. C'est un Russe qui est concessionnaire des chevaux de poste et des voitures. Il fournit de dangereux véhicules et des chevaux fatigués. Une voiture pour deux personnes avec peu de bagages coûte près de sept cents krans de Resht à Téhéran, plus quatre-vingts krans de droit de péage, plus deux à trois krans de pourboire au cocher nouveau à chaque relais.

La poste met à peu près cinquante heures entre Resht et Téhéran, en ne s'arrêtant que pour changer de chevaux. Mais nous ne sommes pas des colis postaux et décidons de voyager confortablement, c'est-à-dire de coucher deux fois en route, à Mendjil le premier soir, à Kaswyn le second. Nous arriverons le troisième jour à Téhéran, *in ch'Allah*, si Dieu veut.

A dix heures enfin, la voiture est là. C'est une antique berline dont les ressorts sont entourés de cordes ; la capote ne peut se fermer qu'au quart; quant aux portières, il doit y avoir cinquante ans qu'elles n'ont été ouvertes. Nous en sommes quittes pour passer par dessus.

Nos valises sont amarrées à côté du cocher et sur le siège de devant. Nos amis nous entourent et nous regardent avec envie. Nous voyagerons en Perse avant eux !

Tout est prêt. Le cocher, un grand diable basané, coiffé d'un feutre, est à la tête de ses chevaux auxquels il sifflote un air mystérieux que nous entendrons plus d'une fois sur les routes persiques. Il a refusé de s'occuper de nos bagages, alléguant que s'il quittait sa place devant les chevaux, ceux-ci s'enfuiraient au galop.

Maintenant, il faut qu'il vienne prendre les rênes. Il met deux cosaques devant ses bêtes, saute sur le siège, crie de lâcher tout, nous nous cramponnons à la capote... et les quatre chevaux, les oreilles basses, s'en vont au petit trot ralenti le long de la route qui mène à Téhéran. Les pauvres bêtes sont déjà accablées de fatigue.

CHAPITRE V

DE RESHT A TÉHÉRAN
OU PREMIÈRES EXPÉRIENCES SUR ROUTE PERSANE

Nous roulons à l'allure de dix kilomètres à l'heure. C'est assez pour que nous sentions tous les cahots de la dure berline à qui nous avons confié nos os et notre chair. Les ressorts de la voiture ne sont plus qu'un vain ornement.

Le temps est gris, humide. Nous remontons la petite rivière de Piré-Bazar. Bientôt nous sommes dans la forêt. La végétation en est d'une prodigieuse richesse ; des hêtres, des érables aux grandes feuilles, des platanes, des ormeaux élèvent leurs cimes dans les airs, tandis que le dessous de bois est envahi par des taillis épais, des ronces, des lianes ; un ruisseau profond court le long de la route. De petits zébus paissent dans les clairières l'herbe drue et s'enfoncent sous bois à notre passage.

Nous traversons un ou deux hameaux de quelques maisons. Des femmes vêtues d'étoffes claires travaillent la terre dans les jardins ouverts et, dès qu'elles nous voient, se voilent la figure. Le paysage est d'une luxuriance admirable et monotone.

Mais voici que soudain nos chevaux s'émeuvent, font un brusque écart et nous mettent dans le fossé plein d'eau courante qui borde la route.

Nous avons le temps de sauter par-dessus la portière. Nos valises, que nous avons eu le soin d'attacher, ne tombent pas dans l'eau. Le cocher, qui a roulé de son siège, se relève sans hâte et sans étonnement. Les chevaux se désaltèrent dans l'onde pure. Nous savons déjà ce qui leur a fait peur, car une odeur abominable nous suffoque.

Elle se dégage d'un grand chameau en train de pourrir au travers de la route. Il est tombé là ; on l'y a laissé sans même l'achever et la mort est venue lente et douloureuse. Ce sera l'affaire du soleil de vider cette carcasse lorsque les chacals en auront enlevé la viande. Il y a peu de jours qu'il est mort, car il est presque intact, les chacals n'ont mangé que le ventre et le haut des cuisses. Il reste, le cou tendu et suppliant, à empester l'atmosphère.

Il faut décharger la voiture. Heureusement, aucune roue n'est cassée et nous pourrons continuer. Dix minutes après, à moitié asphyxiés, nous reprenons notre train lent et douloureux.

L'après-midi, nous arrivons aux premiers contreforts des montagnes. La forêt ne cesse de les recouvrir. Nous passons dans une allée sans fin d'arbres, dont la verdure, après la saison des pluies, est d'une prodigieuse intensité. Ici les délicates clochettes des liserons nous font une haie candide ; là, nous passons dans l'odeur forte des sureaux ; plus loin c'est un bois d'oliviers séculaires et tordus dont les troncs noueux portent une frondaison argentée ; dans une clairière paissent des chameaux ; les ballots sont entassés sur l'herbe ; la caravane ne repartira qu'à la nuit et, sans doute des djinns viendront alors, danser dans ce cirque d'arbres très vieux. A gauche, une rivière roule impétueuse sur des sables jaunes et, partout, à travers la forêt escarpée, de l'eau sourd, court et bruit ; des sources jaillissent d'un rocher et se font un lit dans les mousses ; des ruisseaux au fond d'un ravin filent sous un pont ; d'autres choisissent de couper la route à laquelle ils arrivent par une série de cascatelles légères ; des fontaines sont taillées dans le roc et des pervenches s'y baignent. C'est un murmure continu d'eaux fraîches et chuchotantes, un enchantement sans fin de verdures printanières.

Nous avons déjà fait six ou huit relais ; à chaque fois, on perd une demi-heure ou une heure. Nous avons bu un nombre considérable de *stakan tchaï* que l'on nous verse d'une théière posée sur des braises rougissantes.

Maintenant, nous sommes sortis de la forêt ; nous longeons dans la nuit noire des parois de rochers. Enfin nous traversons un pont sur la grande rivière ; un courant d'air glacé siffle dans le défilé. Une barrière de bois nous arrête. Nous sommes à la zastava de Mendjil où nous devons coucher, grâce à la protection du consul de Resht.

Il est dix heures et demie. Voici douze heures que nous roulons. Nous sommes très fatigués.

La nuit à Mendjil. — Nous trouvons un maître de zastava, juif, aimable, intelligent, et son fils, qui a quitté depuis quelques mois le gymnase de Rostov-sur-Don, fermé comme tous les établissements d'instruction de Russie. Bientôt le samovar chante doucement sur la table et on apporte un grand plat de pilaff que nous trouvons excellent. Nous ouvrons le panier des provisions et partageons avec nos hôtes un dîner mangé de grand appétit, tandis qu'au dehors le vent qui rugit dans le défilé semble vouloir emporter la petite maison.

Emmanuel Bibesco cause en allemand avec eux. Puis ils nous offrent leur chambre. L'un des gardes est obligé de veiller jusqu'à minuit à la barrière pour le péage des caravanes ; le maître le remplace le reste de la nuit.

Nous nous couchons.

Hélas ! Nous ne dormons pas. Une chasse à certain petit animal plat et brun occupe les premières heures de la nuit. Et lors que nous avons pris toutes les précautions nécessaires et soufflé enfin la bougie, voilà qu'une dame souris choisit de vaquer à ses occupations, trottine, grignote du bois, grimpe le long des rideaux, s'aventure sur nos lits... Adieu, sommeil ! nous étions pourtant bien fatigués, mais cette souris veut que nous nous occupions d'elle. Il faut rallumer !... Nous rions de nos malheurs, tout doucement, parce que dans la pièce voisine nos hôtes dorment et ces gens ont été si aimables que nous ne voudrions pour rien au monde qu'ils sussent les malheurs de notre nuit. C'est sans bruit que nous courons à pieds nus après la souris et que, finalement, après le plus excitant des laisser-courre, nous la forçons derrière un rideau...

C'est presque le petit matin ; nous n'avons pas dormi une minute, et voilà que déjà l'heure sonne de nous lever, car nous avons une rude étape devant nous.

Jeudi 11 mai. — Le jour pointe derrière les montagnes. Nous sortons de la zastava. Le paysage avant le lever du soleil est tragique. A gauche et à droite, deux parois de rochers déchirés, entre lesquelles court la large rivière Chakroud, grise, tumultueuse, qui file sous le pont que nous avons traversé hier soir.

Un vent furieux et glacé descend la vallée élargie au-dessus de nous et s'étrangle dans le défilé resserré.

Nous attendons plus d'une heure le cocher et les chevaux.

Le pays aujourd'hui présente un contraste frappant avec la contrée que nous avons traversée hier. Hier des bois épais, des eaux, des fleurs.

Aujourd'hui, plus un arbre, plus une plante; des rochers et des pierres, sans fin.

Il y a encore quelques champs de seigle bleu, d'avoines légères qui frissonnent au vent du matin; ces champs se cachent dans le creux de la vallée, près de la rivière où poussent quelques peupliers tremblants dans le jour clair de l'aube, d'une verdure neuve, riche, intense, dont il semble qu'on n'ait jamais vu la pareille.

Au-dessus de la vallée élargie, ce sont des montagnes arides, cratères éteints, coulées de lave, pics déchirés ou mamelons arrondis, crêtes déchiquetées avec furie, aiguilles menaçantes, tout un monde volcanique, tourmenté par la mort, baigné d'une lumière cristalline, implacable, d'une pureté sans égale qui laisse lire à des lieues de distance les accidents précis du terrain. D'immenses parois de rocher d'un rouge sombre comme le porphyre donnent un aspect tragique à la vallée que nous remontons lentement; parfois des coulées de soufre d'un jaune aigu sont cristallisées sur la pente et les flancs d'un pic isolé.

Nous restons des heures et des heures dans ce paysage d'une stupéfiante grandeur morne qui nous accable; la route grimpe en lacets attachés à la montagne.

A Resht, le ciel était plein de beaux nuages; des vapeurs flottaient dans l'atmosphère. Ici, pas un nuage, pas une brume, une sécheresse inconnue dans laquelle tout s'électrise; les cheveux brossés crépitent. Le soleil tombe d'aplomb sur nous et nous en éprouvons l'intensité nouvelle. En moins d'une demi-heure, ce matin, nous avons quitté plaids, manteaux, vestons, gilets, maillots de laine et nous voilà en manches de chemise, serrés tous deux sous une ombrelle qui ne nous protège qu'insuffisamment de l'ardeur du soleil.

Nous aurions dû fermer la capote de notre antique berline. Mais nous étions des voyageurs inexpérimentés, nous ne savions pas.

Tant d'heures au soleil nous engourdissent; parfois nous nous assoupissons; la tête s'incline sur l'épaule; le soleil en profite alors pour nous manger le nez ou l'oreille, ce qu'il fait en moins d'une minute.

Nous voulons arriver ce soir à Kaswyn. Cela nous fait près de cent kilomètres dans la montagne. Nos chevaux changés toutes les deux heures sont en général lents et sages. Une seule fois, nous sommes emportés hors de la route; la place manque; nous voici très près du précipice. Mais le cocher ramène ses chevaux dans le droit chemin.

Nous sommes stupéfiés par la chaleur au point que ce petit incident ne nous émeut guère.

La route est déserte. Comme je l'ai dit, en cette saison les caravanes ne circulent que de nuit.

A chaque relais, nous buvons trois ou quatre petits verres de thé léger que nous trouvons toujours chantant sur les braises. Et nous mangeons des œufs durs que l'on nous offre partout.

Vers cinq heures du soir, nous sommes à cent cinquante kilomètres de Resht. Le pays change d'aspect; la vallée s'élargit; de vastes plans de terrains s'étendent autour de nous; nous quittons la chaîne principale des montagnes qui montent à notre gauche; les pentes deviennent moins raides; de nouveau nous retrouvons des champs de seigle et d'avoine. La lumière ne cesse d'être incomparablement pure et cristalline.

Nous arrivons enfin au point culminant de la route. Nous sommes à seize cents mètres d'altitude, et, soudain, découvrons devant nous tout un pays nouveau qui s'étend à perte de vue; c'est le haut plateau de l'Iran que nous avons tant désiré.

A gauche, le protégeant au nord et le séparant du Turkestan russe, une chaîne prodigieuse de montagnes, l'Elbourz s'en va se perdre vers l'est jusqu'à l'Himalaya qui la continue. Les cimes blanches, glorieuses dans le soleil baissant, montent vers le ciel. Au

Un *Tazieh* ou représentation d'un mystère persan à Resht.
Nous avons juste le temps de le photographier avant que le *mollah* s'indigne et nous oblige à quitter la place.

Vieux pont à Resht sur la rivière de Piré-Bazar.

loin étincelle le pic conique du Demavend, la montagne sacrée, le cratère endormi dans les neiges éternelles. Au pied du Demavend, c'est Téhéran. Devant nous, la route redescend sur Kaswyn.

A droite c'est le haut plateau persan d'une altitude qui varie de onze à douze cents mètres; des chaînes de montagnes peu élevées le traversent de l'est à l'ouest. Il s'étend, désert monotone, dans la lumière grise et bleue qui le baigne. Le voilà cet antique empire des Perses! Il est à nous, enfin!

Le même crépuscule affaibli descend sur nous et sur lui.

Nous nous redressons dans la voiture, nous ne sommes plus fatigués.

La nuit, qui vient vite en Orient, nous surprend sur la route. A dix heures seulement, nous faisons notre entrée dans la grande ville de Kaswyn, centre ancien de culture, où naquit cette « Gourret-oul-Ayn » (La consolation des yeux), dont Gobineau nous a raconté la vie ardente et la fin tragique dans les troubles bâbystes (1).

Nous suivons une allée d'arbres épais et arrivons au relais, *chapar khané*, où nous passerons la nuit.

Le chapar khané de Kaswyn est une hôtellerie.

Il est unique de son espèce en Perse. On y trouve des chambres, des lits, et à toute heure de la nourriture à des prix vraiment modiques. On nous y sert une poule au riz pour quatre-vingts centimes. C'est une chose qu'on n'oublie pas quand on vient de quitter les hôtels du Caucase où nous avons connu d'autres prix.

Extérieurement, il se donne des allures de palais avec le péristyle à colonnes qui l'entoure et le jardin qui l'enclôt. Du reste les plus simples constructions prennent volontiers, en Perse, une allure monumentale ; les murs sont le plus souvent en pisé, mais de beaux portiques sont dessinés évoquant le souvenir lointain des palais du Grand Roi.

A Kaswyn, il règne ce soir une vive agitation, car demain matin Sa Majesté le Chah, qui a quitté Téhéran voilà une quinzaine de jours pour se rendre en Europe, fera ici une entrée solennelle. Le Chah voyage avec toute sa cour.

---

(1) Sur l'histoire du Bâb et de la réforme religieuse qu'il tenta au milieu du XIXe siècle, lire les belles pages de Gobineau dans *Les Religions et les Philosophies dans l'Asie centrale*.

Un grand spectacle se prépare pour nous.

On nous a retenu une chambre. Ce soir, nous déployons nos lits de camp et prenons de sévères précautions contre les attaques nocturnes et sournoises qui sont plus redoutables en Perse que celles des voleurs de grand chemin.

Nous dormons fort bien. Merci.

**

L'entrée du Chah a Kaswyn. — *Vendredi 13 mai*. — Dès six heures du matin, le bruit nous réveille.

Nous sortons dans le jardin du chapar khané. Il fait une lumière claire et heureuse; l'air du matin est d'une fraîcheur sèche exquise. Sur un ciel bleu d'outre-mer, la brise agite lentement les feuillages des peupliers et des grands et séculaires platanes qui bordent l'avenue. Ah! le clair matin de fête!

Devant notre jardin c'est l'avenue ancienne et vraiment royale qui mène au palais du gouverneur.

A gauche, près de nous, un coin d'ombre épaisse sous les ormeaux qui abritent l'entrée principale d'une grande mosquée. On aperçoit sous l'arche de la porte aux carreaux de faïence émaillée, un peu de la cour principale, le bassin des ablutions, des troncs d'arbres énormes. Au-dessus des murs, parmi les feuillages frais, fusent les minarets qui flanquent la coupole centrale.

Le cortège impérial passera dans la cour même du chapar khané, en longera le jardin, puis prendra la grande avenue pour se rendre chez le gouverneur.

Je m'installe sur le toit d'un pavillon bas qui borde la grille. Je serai là à merveille pour voir et pour photographier.

Il règne déjà dans l'avenue une grande animation.

Des groupes d'hommes circulent vêtus d'une robe, brune le plus souvent, parfois bleue. Une ceinture de couleur serre la tunique de dessous à la taille; ils sont coiffés pour la plupart de la calotte de feutre ras.

Les mollahs ou prêtres, seuls, portent un turban blanc. Ils sont nombreux. Kaswyn est une ville de prêtres; ils ont de belles figures régulières et fines, le front bombé, le nez allongé et mince.

D'autres montrent une ceinture et un turban verts; ceux-là sont des séides. Ils descendent du Prophète, ou du moins l'affirment, ce qui en ces pays où l'état civil est incertain, revient au même.

Des femmes, vêtues d'un grand voile noir qui les enveloppe, passent par groupes. Elles ont, sous leur voile, la figure couverte d'un mouchoir blanc à travers les à-jour duquel elles regardent sans être vues.

Tout ce monde se promène avec dignité, sans impatience, conversant ainsi qu'il sied à des gens de sens rassis. Aucun cri aucune bousculade; des marchands circulent offrant de petits blocs de glace pour le prix de deux centimes; d'autres vendent des culots de pipe, d'autres des fruits secs.

Au pied du pavillon, sur le toit duquel je me tiens, sont assis une demi-douzaine de gens assez misérables; ils font cercle et se racontent des histoires ou des bons mots. Je suis frappé de la dignité simple de leur tenue. Deux ou trois fois des agents du gouverneur, armés de grandes baguettes, viendront les disperser. Ils se séparent sans résister et cinq minutes plus tard, ils sont là de nouveau, reprenant leur conversation interrompue. Autour d'eux jouent des enfants qui imitent les jeux équestres et les combats à la lance de l'héroïque Rustem.

Des arroseurs jettent de l'eau sur la poussière épaisse de l'avenue. Ils la puisent dans les fossés qui longent ce qui serait chez nous les trottoirs. Comme la plupart des villes persanes, Kaswyn a des conduites d'eau qui viennent des montagnes. Les Persans se sont toujours entendus à merveille à capter les sources et à les mener sous terre à des distances considérables.

Sur les toits des maisons basses, des petits enfants ont grimpé, et des femmes aussi.

Dès sept heures, de longues files de chameaux commencent à arriver du camp impérial qui était à vingt kilomètres de la ville. Ils sont attachés les uns derrière les autres par groupes de six. Les chameliers crient pour que la foule se range; la clochette que les chameaux ont au cou tinte, et ils avancent sans s'arrêter jamais, le cou tendu comme pour une supplication. Du premier jour, je m'intéresse passionnément à cette bête étrange, et je ne cesse de l'observer.

Ceux qui passent là sont chargés de tentes, de ballots de tapis, de sacs d'orge ou d'avoine. Des mulets, par centaines, les suivent, puis des fourgons de bagage où sont entassées d'innombrables malles, les unes européennes, les autres persanes, bariolées de couleurs vives. Des domestiques de la cour, en livrée écarlate aux brandebourgs d'or, des soldats débraillés, des agents des postes impériales avec le lion d'argent sur le haut bonnet d'agneau frisé escortent les bagages. Il en défile ainsi pendant trois heures et plus ; il doit avoir passé quinze cents chameaux et autant de mulets. Les objets les plus bizarres s'entassent sur leur dos. Je vois une chaise roulante à siège d'osier, coiffant la bosse d'un dromadaire ; une boîte à musique colossale sur un mulet qu'elle écrase, un gramophone, un globe terrestre.

Arrive aussi un petit être gris, barbu, pointu, portant bésicles, à califourchon sur un diminutif d'âne, chargé d'un bissac énorme dont les poches sont gonflées d'objets mystérieux, et d'où sort, menaçante et pointée vers le ciel, une immense lunette ; c'est l'astrologue de Sa Majesté.

Pour ajouter au pittoresque et à l'animation de la scène, des chefs des tribus montagnardes, les gouverneurs des gros villages voisins entrent dans Kaswyn pour saluer le Chah à son passage. Ils sont montés sur de vifs petits chevaux bellement harnachés, ont la carabine en bandoulière et, par groupes de douze ou vingt, caracolent dans l'avenue.

Le Chah, qui nous vaut ce spectacle, voyage aujourd'hui comme voyageaient jadis Xerxès ou Darius. Rien ou presque rien n'a changé depuis deux mille cinq cents ans, et quand il se met en route, c'est toute une affaire.

Il ne lui suffit pas d'avoir avec lui une douzaine ou deux de courtisans. Il emmène une suite de près de cinq mille personnes. C'est la population d'une petite ville, qui se déplace, qu'il faut loger et nourrir. Les ministres et les hauts fonctionnaires ne se séparent pas du souverain, non plus que les courtisans qu'il est habitué à voir chaque jour. Le harem reste à Téhéran ; les femmes persanes ne voyagent pas à l'étranger.

Comme ceux qui partent avec le Chah sont des personnages d'importance, ils ont une suite digne de leur rang. Chacun de ces seigneurs est accompagné d'un nombreux domestique. En Perse, un homme

140 *bis*

Rencontre d'une carcasse de chameau au sortir de Resht. — Voiture dans le fossé.

Un admirable pouilleux sur la route entre Kaswyn et Téhéran.

Habitations persanes dans la montagne entre Mendjil et Kaswyn.

La *Zastava* où le Chah dormit.

Au matin, on lève le camp du Chah.

PL. 18

de qualité a une vingtaine de gens au moins dont la seule occupation est de s'accroupir sur leurs talons pour se raconter d'interminables histoires. Il faut à chaque courtisan deux tentes, l'une dans laquelle il couche, l'autre qui est envoyée en avant pour le camp du lendemain; ses domestiques ne se passent pas de tentes non plus. Il emmène plusieurs chevaux de selle, et autant de palefreniers que de chevaux, des chameaux, des mulets pour porter les tentes et le mobilier des tentes, de nombreux tapis, luxe de tous le plus indispensable à un Persan, tapis de Kerman, d'Yesd ou d'Ispahan, qu'à la halte on étendra sur le sol ; deux ou trois malles sur lesquelles sont peints en couleurs vives des ornements ou des fleurs. Et comme le voyage se fait à travers le désert, des provisions doivent êtres emportées. Enfin un millier de soldats veille sur la sécurité du Chah.

Le voyage pour arriver au chemin de fer russe demande deux mois, car Sa Majesté n'aime pas faire plus de vingt kilomètres par jour. Encore, à ce train-là, elle s'essouffle. Lorsqu'elle arrive dans des villes comme Kaswyn ou Resht, elle s'y repose pendant plusieurs jours.

Au bord de la Caspienne, le Chah ne prend pas le bateau. Il craint la mer et, d'une façon générale, l'eau. Une diseuse de bonne aventure, voulant sans doute s'amuser aux dépens de Sa Majesté, lui a prédit qu'il mourrait par l'eau. Et dès lors le Chah évite la mer, les rivières et même les ruisseaux. Nous avons traversé le Mourdab; le Chah n'ose s'y risquer. Il prend une route sablonneuse qu'on vient de tracer et qui mène avec un immense détour à Enzeli. Notre automobile en profitera.

La diseuse de bonne aventure doit rire lorsqu'elle voit le Chah renoncer à traverser sur Bakou par un des excellents vapeurs de la compagnie russe et entreprendre par terre le pénible voyage le long de la Caspienne sur une route à peine tracée, à travers le pays le plus fiévreux de Perse. Il faudra au Chah trois semaines pour arriver d'Enzeli à Bakou où un bateau l'aurait mené en quinze heures.

C'est à la frontière russe qu'il laissera quatre mille cinq cents personnes, sans compter les chameaux et mulets. Il ne restera qu'une cinquantaine de ministres et courtisans pour l'accompagner en Europe. Cette armée de courtisans, de domestiques qu'il traîne avec lui est redoutée par les populations des pays qu'il traverse. Les domestiques du Chah portent un uniforme éclatant, mais ils ne sont que rarement payés. Sans doute estime-t-on qu'endosser l'uniforme impérial est un honneur suffisant. A eux de se tirer d'affaire. Aussi quand on les voit arriver, les habitants s'enfuient; et les chameliers quittent la route avec leurs chameaux et leurs mulets.

La note moderne et délicieusement baroque de ce tableau est donnée par l'automobile du Chah, car le Chah a un automobile à vapeur et deux mécaniciens français.

A quoi lui sert son auto?

Rien ne serait plus satisfaisant que de voir « le Pôle de l'Univers » adopter la façon la plus rapide et la plus nouvelle de voyager, monter en auto à Téhéran pour faire en une journée les trois cent cinquante kilomètres qui séparent la capitale de la mer Caspienne. Il serait beau que Sa Majesté fût l'homme le plus « vite » de son empire. On peut imaginer les légendes que créerait ce peuple crédule autour d'un souverain qui aurait l'extraordinaire pouvoir d'être le matin à Téhéran et le soir à Resht.

Le Chah n'a pas compris cela. En outre, il a mal aux reins.

Il se sert de l'automobile comme vous et moi nous servirions d'une petite voiture à bras pour malade. Il se promène dans ses jardins. Sur route, il ne couvre que vingt ou vingt-cinq kilomètres par jour. Encore ne les fait-il pas en une demi-heure. Il faut que les soldats qui l'entourent puissent suivre la voiture au pas....

Ainsi le Chah, parti à sept heures du matin en automobile pour un voyage de huit cents kilomètres, s'arrête à dix heures en ayant parcouru une vingtaine.

Du reste il alterne et ne prend l'auto que de deux jours l'un. Je pense qu'il sera en voiture aujourd'hui pour ne pas effaroucher ses fidèles sujets de Kaswyn.

Vers dix heures, enfin, un coup de canon retentit. Le Chah a franchi la porte de la ville. Aussitôt après nous voyons arriver une nuée de gens à pied et à cheval armés de longs bâtons. Ce sont les ferraches de Sa Majesté qui rangent la foule, laquelle se laisse faire de bonne grâce. Elle ne témoigne du reste que d'une curiosité modérée.

Puis défile un peloton de gens de la maison impériale en livrée écarlate à brandebourgs d'or; à leur tête marche un majordome, court, énorme, espèce de pot à tabac à grands favoris, qui brandit maladroitement une haute et lourde canne de tambour-major à pomme d'argent; puis vient une fanfare à cheval, puis des cosaques persans avec, à leur tête, un général rouge comme une écrevisse, puis enfin, dans une voiture à six chevaux dont la capote d'arrière est fermée, le Roi des Rois...

Il est vêtu à l'européenne; il est assis de travers, très affaissé; il semble un vieux notaire de province, fatigué.

Le canon tonne, mais la foule ne crie pas. Elle reste indifférente. Il paraît qu'il en est toujours ainsi. Les Persans n'ont jamais été enthousiastes des rois ou des chahs qui, depuis vingt-cinq siècles et plus, les gouvernent.

*
* *

DE KASWYN A TÉHÉRAN. — Les portes de Kaswyn sont assez pittoresques, mais les pilastres émaillés, modernes et sans valeur. A midi, au plus fort de la chaleur, nous sommes sur route de nouveau. Nous rencontrons l'arrière-garde du Chah et ne cessons de croiser des chameaux et des mulets. La route qui mène à travers le désert jusqu'à Téhéran, est d'une redoutable monotonie. Pendant des lieues et des lieues elle s'en va droit devant elle. A gauche, au loin, c'est la chaîne de l'Elbourz. Là-haut, dans les montagnes, s'élevait autrefois le château du Vieux de la montagne, du chef de ces Haschichins ou Assassins qui jouèrent un rôle dans les guerres entre musulmans et croisés. Là était ce Jardin du Paradis où ses fidèles goûtaient les subtiles et artificielles délices de l'opium.

A droite s'étend le plateau sans fin de l'Iran. Pas une forêt, pas un arbre; des pierres et des sables à perte de vue. A gauche, les poteaux du téléphone et du télégraphe russe; à droite, ceux du télégraphe indo-européen, qui arrive de Tabriz et d'Odessa.

Tous les vingt-cinq ou trente kilomètres, un relais de poste avec quelques bosquets d'arbres. On perd à chaque fois près d'une heure à changer les chevaux. Malgré le passage du Chah, nous sommes assez heureux pour trouver partout des chevaux. Mais les malheureuses bêtes sont exténuées de fatigue; nous avançons avec lenteur.

Pourtant, nous comptons couvrir sans nous arrêter les cent cinquante kilomètres qui nous séparent de Téhéran.

Au départ de Kaswyn, nous espérions arriver à Téhéran avant minuit. Maintenant, il est cinq heures; nous ne pensons voir la capitale qu'au petit jour. Mais nous nous affermissons dans notre résolution de ne coucher dans aucune zastava, dans aucun chapar khané.

La chaleur, le rayonnement du soleil sur la route et sur les sables, nous fatiguent extrêmement. Nous nous abritons tous deux sous l'ombrelle blanche de mon compagnon. En vain promettons-nous des pourboires royaux à nos cochers (car nous savons déjà assez de persan pour faire comprendre que si l'on va vite, il y aura un bakchich, et, si lentement, des coups), nous n'avançons jamais à plus de dix kilomètres à l'heure.

A chaque relais, nous descendons pour nous dégourdir les jambes. Une fois, nous rencontrons un coupé dont on est en train de changer les chevaux. Un vieux Persan l'occupe; à la portière, un jeune homme. Il s'approche de moi et me salue. Il essaie d'expliquer quelque chose et n'y parvient pas. Enfin il trouve trois mots qui lui suffisent et me dit solennellement, en montrant le coupé où repose le vieux monsieur :

— Mon père, Altesse.

Et il sourit complaisamment.

Sur quoi, je m'incline et, dans le même langage, je lui dis :

— Moi, Altesse.

C'est à son tour de saluer. Après ce charmant échange de vanités dans le désert, nos Altesses reprennent chacune leur chemin.

Kischlag. — Devant la maison de poste aux murs en pisé, quelques ormeaux jeunes frémissent au vent du soir, seuls arbres dans l'étendue visible et bleue. Un bassin est creusé dans la terre près duquel un homme prie.

Il a la face tournée au sud vers la Mecque. Agenouillé, il s'incline, touche la terre du front, se relève, s'incline encore. Sa robe est déchirée; il est pouilleux et misérable; la souffrance d'une vie difficile se lit sur ses traits usés. Ses yeux mornes et fiers sont creusés; il n'a rien que lui-même.

Pourtant il ouvre les mains pour remercier le Munificent qui

L'allée royale à Kaswyn.

Dans l'allée royale de Kaswyn, le gouverneur se rend à la rencontre du Chah.

Les bagages de Sa Majesté défilent à dos de chameaux pendant trois heures.

l'a dépouillé. Il baise la terre et confesse la splendeur de Dieu unique et de Mahomet son prophète.

* * *

La nuit descend alors que nous sommes sur route. A chaque relais nous mangeons, pour nous soutenir, un œuf dur et buvons du thé léger.

Nous avons, paraît-il, une grande rivière à traverser à gué. Une des arches du pont a été emportée par une crue subite.

Là, les cochers déclarent qu'ils ne veulent pas chercher le gué de nuit. En vain Emmanuel Bibesco promet au maître de poste, qui comprend le russe, un pourboire énorme; aucun cocher n'ose monter sur le siège. Ils déclarent que c'est impossible, que nous serons emportés par le courant.

Et nous voilà obligés de descendre les bagages pour une nuit hasardeuse dans un chapar khané.

Nous sommes de très mauvaise humeur.

Le relais est, ici, un monument considérable. Dans la nuit, nous passons sous une voûte profonde; à gauche, des cochers sont rassemblés autour d'un feu de braises; puis nous entrons dans un jardin entouré de bâtiments; une lune amie nous montre de beaux arbres et des fleurs endormies. Nous gravissons un escalier aux marches trop hautes et arrivons sur des terrasses baignées d'une lumière argentée. Là, après un trajet assez long, on nous ouvre la porte d'une petite chambre carrelée, dont les murs sont passés à la chaux et qui semble d'une parfaite propreté. Elle a, chose remarquable, deux lits de fer et deux paillasses, une table et deux chaises.

Nous sommes accablés de fatigue par le long trajet sous le soleil sur la route dure. Nous demandons le samovar, sortons des conserves et montons nos lits de camp. Il fait humide; nous devons être au bord d'un étang ou d'un marais.

Il est passé minuit avant que, enveloppés dans nos châles, nous soyons couchés. Malgré châles et manteaux, nous grelottons.

Mais nous ne pouvons dormir, car, sous la terrasse, c'est un coassement éperdu de grenouilles. Leurs couacs vibrent dans la nuit; il y a des soli et des chœurs; jamais je n'entendis des voix si fortes et si hautes. Et je comprends maintenant les seigneurs qui, au moyen âge, faisaient battre la nuit par leurs serfs l'eau des fossés entourant leur château afin que les grenouilles ne les empêchassent pas de dormir. J'avais vu jusqu'ici dans cette précaution un abus capricieux de tyrannie, le sentiment égoïste, néronien, d'un maître qui s'endort en sachant que d'autres veillent. Les grenouilles persanes qui, dans la nuit, chantent éperdûment à la lune, justifient les mesures les plus féroces que l'on prit jadis pour imposer le silence à leurs sœurs européennes.

Pourtant la fatigue plus forte l'emporte. Nous nous assoupissons.

Il ne doit pas y avoir une demi-heure que nous dormons lorsque nous sommes réveillés par du bruit dans la chambre.

Qu'est-ce ? Des voleurs ? Nous sommes plongés dans une telle torpeur que nous nous laisserions voler pourvu qu'on le fasse avec douceur.

Non, c'est le maître de poste avec une primitive lanterne à la main. Il essaie de nous expliquer quelque chose en persan. Nous ne voulons rien écouter. Nous le chassons et nous rendormons.

Pour peu de temps, car une heure plus tard cet homme obstiné revient à la charge.

De nouveau nous nous réveillons pour le trouver devant nous brandissant sa lanterne et racontant avec force gestes une histoire que nous finissons, comme il la répète pour la troisième fois, par comprendre. Il explique évidemment qu'il faut partir pour être au petit jour au gué, qu'à mesure que le soleil montera, l'eau montera aussi et que si nous attendons, nous ne pourrons passer.

Comme il ne sort pas, nous nous résignons à nous lever.

Nous sommes transis; l'humidité a déposé une couche de gouttelettes fines dans la chambre ; j'avais laissé dehors une feuille de notes au crayon qui sont entièrement effacées. Frissonnants, nous nous faisons mélancoliquement une tasse de thé bouillant.

Puis il faut démonter les lits, les plier, les mettre dans leur étui, rouler les châles, rentrer les provisions, refaire les valises, les porter sur les terrasses, descendre les escaliers aux marches trop hautes !

Nous sommes dans la voiture, mais les chevaux ne sont pas

attelés. Et, finalement, levés avant le jour, ayant à peine dormi, il est six heures lorsque nous quittons le relais.

Samedi, 13 mai — Après quelques kilomètres pendant lesquels nous assistons au lever du soleil derrière les montagnes enveloppées de vapeurs, nous voici au bord de la rivière.

Elle coule, assez impétueuse, ma foi, entre des rives escarpées. Un pont la franchit, mais la pile centrale a été emportée par les eaux. On a établi en l'honneur du Chah une passerelle de bois que l'on traverse à pied. Pour les voitures, on a ouvert une large et rapide tranchée ; elles descendent la rampe, arrivent sur la grève, remontent le courant sur une centaine de mètres et trouvent un gué. On attelle des chevaux de renfort ; les cochers crient et agitent l'embryon de fouet qu'ils tiennent à la main ; l'eau jaillit autour des roues, et notre voiture traverse la rivière tandis que nous la regardons du haut de la passerelle.

Toute la journée, nous nous traînons lentement sur la route monotone. Le paysage est sans accidents ; c'est, à gauche, les montagnes, à droite, le désert ; la route file sans un crochet pendant des lieues et des lieues. On met deux heures à se rapprocher d'une petite colline qui semblait, tant l'atmosphère est pure, à trois kilomètres, et derrière laquelle nous pensions voir enfin Téhéran. Mais derrière la colline, c'est toujours le désert grisâtre écrasé sous un soleil de plomb.

Nous sommes hébétés de chaleur. Le peu d'air qu'il y a souffle de l'ouest. Comme nous marchons vers l'est, nous ne le sentons qu'aux arrêts. Toutes les heures à peu près, on passe un caravansérail, ou un village ou un relais. Des Persans allongés sur des nattes, boivent, à l'ombre, du thé ou de l'arak, fument le kelyan et, immobiles, nous regardent passer dans la chaleur du jour alors que toute la Perse engourdie fait la sieste.

Nous contournons une petite colline et voilà devant nous un cône parfait de neige montant très haut dans le ciel. Le cocher se retourne : « Demavend », dit-il. C'est la plus haute montagne de la chaîne ; Téhéran est à ses pieds.

Dans un relais, vers une heure, nous nous arrêtons pour manger des œufs frais. Nous sommes assis sous un portique qui donne sur un petit jardin fleuri d'iris admirables. En face de nous, un peu à droite le Demavend, à gauche des montagnes neigeuses aussi ; des rochers élevés, derniers contreforts de la chaîne, viennent jusqu'à nous.

Un grand Persan, vêtu proprement, fume, étendu sous le portique. Il s'approche de nous ; la conversation s'engage et nous prenons notre première leçon de persan où il nous enseigne les mots indispensables à la vie, c'est-à-dire ceux par lesquels on demande la nourriture. Nous apprenons à dire : œufs, sucre, pain, thé, sel, cuiller, poule, puis : chevaux, voiture, cocher. Nous savons déjà dire : vite *(zoud)*. C'est le premier mot que nous ayons employé et on m'appellera par la suite : « Monsieur Zoud. » Il nous dit aussi les nombres.

Une fois que nous savons cela, il nous raconte une histoire et, grâce au langage universel des gestes, nous le comprenons. Il montre mes grosses bottines américaines et nous explique qu'il a chassé dans les montagnes en face avec un Anglais qui avait des bottines semblables et que la chasse est très belle.

Nous quittons à regret le repos parfumé de ce portique pour reprendre le chemin de Téhéran.

Bientôt le cocher nous montre une ligne d'arbres, c'est Téhéran. Les villes d'Europe s'annoncent au voyageur par des maisons et des monuments ; dans les villes d'Asie, au contraire, les arbres hauts cachent les maisons basses et de loin, alors que le guide vous signale une cité, on ne voit que de la verdure.

Au lieu des faubourgs misérables qui font une ceinture de pauvreté à nos villes, ce sont des jardins qui entourent les villes d'Orient.

Le soleil nous a plongés dans une telle torpeur que nous n'avons plus la force de nous réjouir.

Nous approchons de la ville avec lenteur. La route est encombrée. Des soldats à pied ou à cheval reviennent du camp du Chah ; des âniers poussent des troupeaux de petits ânes gris chargés de bois à brûler, de broussailles ou de poutres ; un cavalier porte sur son poing un faucon encapuchonné. Une poussière se lève qui fait mal aux yeux.

Une heure encore, puis nous arrivons aux portes de Téhéran, qui sont de construction assez pittoresque, mais recouvertes de plaques émaillées modernes sans aucune valeur.

Le cocher nous mène à travers des rues larges, bordées de murs pleins, sans une fenêtre, désertes. C'est affreux ! Est-ce cela que nous sommes venus chercher si loin ? Est-ce cela Téhéran ? Nous avons quelques minutes de désespoir.

Voici quelques boutiques enfin. Elles ne sont pas persanes. Nous apprenons que M. Bedrossian nous taillera un habit à l'européenne, en payant, cela s'entend, et que M. Elijan nous arrachera une dent à l'américaine.

Emmanuel Bibesco est plongé dans une noire mélancolie.

Nous arrivons enfin à l'hôtel. On entre dans une charmante petite cour intérieure, plantée d'arbres épais, fleurie de roses, et entourée, sur ses quatre faces, de portiques où donnent des chambres.

C'est l'hôtel anglais, tenu par Mme Reitz (il va sans dire qu'on l'appelle l'hôtel Ritz).

Nous nous y installons. Il y a des lits, des domestiques, de l'eau chaude. Nous commençons à connaître le prix des choses.

A peine baigné, je monte en voiture pour aller à la légation de France. Je m'aperçois alors avec inquiétude que j'ai oublié le nom de mon compagnon de voyage, ou plutôt, comme en rêve, il a changé de nom et de personnalité, c'est un autre de mes amis qui est là à l'hôtel anglais. Je ne me souviens pas qu'il ait voyagé avec moi ; je trouve à la fois étrange et naturel qu'il soit à Téhéran. Et je me félicite de n'avoir pas oublié mon nom, ce qui me gênerait singulièrement lorsque je réclamerai ma correspondance à la Légation.

Tels sont les effets de la grande force et cuisson extrême du soleil sur les méninges de jeunes imprudents qui voyagent de jour dans une voiture ouverte, au mois de mai, à travers le désert persique.

CHAPITRE VI

HUIT JOURS A TÉHÉRAN

13-21 mai. — Un tambour dans le lointain, une musique guerrière, lointaine aussi. J'ouvre les yeux : la colonne d'un portique devant ma fenêtre que je n'ai pas fermée de la nuit ; des feuillages frais et touffus que le vent agite sur un fond de ciel si bleu, si intense, qu'il semble laqué ; une brise légère qui soulève les cachemires clairs dont la chambre est tendue et arrive jusqu'à mon lit ; une paix de toute la maison que ne troublent pas les sonneries martiales au loin ; l'engourdissement de dix heures de sommeil, après les fatigues de la route et les repos incertains dans les chapar khanés, engourdissement si voluptueux et palpable qu'on croit le toucher de la main ; quelque chose de trouble et de délicieux dans l'esprit qui fait que, de nouveau, je ne sais avec qui je suis en Perse, — tel est mon premier réveil à Téhéran.

Il n'est plaisir que de vivre à son aise.

Nous avons gagné ce plaisir et nous organisons lentement notre vie nouvelle. Emmanuel Bibesco veut s'en tenir à la vue qu'il a eue du faubourg européen de la ville. Il déclare Téhéran une imposture, s'installe à l'hôtel, lie connaissance avec les jeunes Anglais de la Banque et du Télégraphe indo-européen, parle anglais le jour durant et se refuse à rien voir. Il ne faut pas lui parler d'Ispahan. Il ne la connaît pas, il ne veut pas la connaître ; ce qu'il sait de la Perse, ce sont les fatigues certaines qu'on éprouve à y voyager. Cela lui suffit, et il abonde en raisonnements captieux pour me démontrer que les plus courtes folies sont les meilleures.

Quant à moi, je vis dans une sorte d'ivresse fatiguée où je sens le prix de chaque minute qui s'écoule.

Les matins sont exquis.

Je ne quitte pas le portique sur lequel donne ma chambre ; dès sept heures, le domestique persan, Mahmoud, que j'appelle en frappant mes mains l'une contre l'autre, apporte de l'eau pour le bain ; je reste en pyjamas, nu-pieds, à déjeuner et à attendre les marchands. Devant moi, c'est le jardin minuscule, touffu et fleuri de roses rouges. Le ciel est par-dessus les arbres imperturbablement bleu. Une brise légère agite lentement les branches et m'évente. L'air est frais, d'une fraîcheur sèche, crispée, inconnue, dont je ne me lasse pas de sentir les caresses.

Combien je goûte la paix fleurie de ce jardin clos !

Dans ma chambre, il y a des nattes, de clairs cachemires et déjà des morceaux d'étoffes précieuses que j'ai achetés.

Vers huit heures, les marchands d'antiquités ou *dellals* commencent à arriver, car notre présence à Téhéran a été vite connue.

Ils laissent leur âne à la porte de l'hôtel et apportent le lourd bissac bariolé. Ce qu'ils en sortent est un mélange étrange d'objets comme ramassés au hasard. Il y a là des coupes en cuivre ciselé, des vases, des faïences de toutes espèces et formes, des morceaux de briques émaillées, des poignards et des fusils. Un tri sévère s'impose. Neuf objets sur dix sont sans valeur, modernes et grossiers ; quelques-uns s'efforcent d'imiter, assez bien parfois, les presque introuvables reflets métalliques dont le prix est connu en Perse aussi bien qu'à Paris. Le dixième objet est ancien, oh ! pas très ancien, du dix-huitième siècle peut-être, ou du dix-septième ; mais cela suffit, il est charmant, car les Persans eurent l'art plastique le plus raffiné, le plus somptueux qui se puisse, et, jusque dans leur décadence, une sûreté et une hardiesse de goût qui n'ont jamais été égalées.

Je demande aux marchands de me trouver des reflets métalliques à fond crême ou blanc de l'époque mongole, ou plus anciens s'ils en ont ; je me satisferai aussi des reflets à fond bleu qui datent de l'époque de Chah Abbas, fin xvıe siècle. Ils promettent de m'en apporter. Ils savent où il y a une pièce *khelly antic!* (vraiment ancienne), qui vaut des centaines de tomans.

Et le lendemain ils arrivent, portant une boîte qu'ils ouvrent avec d'infinies précautions ; ils en sortent un objet enveloppé d'ouate ; je frémis d'impatience. Ils enlèvent l'ouate... et je vois un objet faux, sans valeur. Ils en demandent quatre cents francs, somme énorme à Téhéran, je leur en offre un franc. Alors ils rient et s'écrient tout de suite : « Ah ! monsieur s'y connaît. » — Ils sont assez gentils pour ne pas m'en vouloir d'avoir découvert la fraude, et demain ils recommencent avec une autre pièce non moins fausse.

Un jour pourtant, un vieux marchand me présente une coupe qui est assez belle. J'en examine minutieusement la qualité crémeuse du fond, la valeur des reflets, la précision sèche du décor. Elle paraît bonne, et pourtant... Il en demande soixante tomans ; je la garde à examen. Ce prix de soixante tomans (240 francs) est inquiétant. S'il la savait bonne, il en demanderait deux cent cinquante tomans, quitte à la laisser pour quatre-vingts ou cent. Quelques jours après, je la montre à un connaisseur, qui ne peut prendre sur lui de la déclarer bonne ou mauvaise et me conseille de l'acheter si je puis l'avoir pour une quarantaine de tomans.

Lorsque le marchand revient, je lui déclare tout net que sa coupe est fausse. *Nist antic* lui dis-je sévèrement. Sur quoi, sans essayer d'en prouver l'authenticité, il s'en empare, file, et je ne l'ai jamais revu.

Ce que l'on trouve, ce sont des pots et des vases à décor bleu, sans reflets, qui ont cent cinquante ou deux cents ans. Je les achète, non sans de laborieux marchandages, pour un ou deux tomans. J'en ai bientôt une cheminée et une table garnies. Emmanuel Bibesco découvre une faïence blanche, montée en cuivre, d'une qualité exquise.

Les vieilles étoffes sont nombreuses et splendides. C'est une joie de voir et de toucher ces anciens cachemires de laine à beaux décors de fleurs, ces gilets subtilement nuancés, ces camisoles de femme à palmettes hardies ; un des motifs favoris des anciennes soieries est un perroquet haut en couleurs, perché dans une touffe de feuillages. Je le trouve sur des corsages de différentes époques, brodé ou broché. Voici des petits tapis couverts de feuilles

A Kaswyn. L'auto devant la porte du palais du gouverneur.

Entre Kaswyn et Téhéran. Une arche du pont écroulée dans la rivière.

aiguës, d'autres en soie lamée d'argent, des velours irisés à la palme persique, des bandes richement brodées, des soies passées, séduisantes encore par l'harmonie rare où s'accordent leurs tons divers ; quelques morceaux anciens de Boukhara, les uns et les autres perdus au milieu d'étoffes modernes sans valeur. Une des pièces les plus belles est un morceau de brocart de Gênes, du XVII° siècle, petites palmes sur fond d'or assourdi, encadré à la persane dans une bande de soie rouge à petits bouquets jaunes, bordée elle-même d'un liséré bleu vif.

On ne saurait imaginer le goût, la hardiesse de ces tons et la qualité raffinée des tissus.

Du reste, les moindres morceaux sont montés d'une façon charmante et l'envers d'un tapis est aussi plaisant à l'œil que l'endroit.

On nous apporte aussi des turquoises et des perles.

Les heures se passent ainsi dans l'ombre sèche du portique cependant que le soleil monte dans le ciel et que la chaleur commence à se faire sentir.

EN LISANT HÉRODOTE. — Sous le portique, le soir, lorsque je rentre fatigué des courses de l'après-midi, je lis Hérodote sur les anciens Perses.

Beaucoup de choses sont allées d'ici en Europe dont nous avons vécu longtemps.

Je lis ces phrases : « Ce fut Dejocès, roi des Mèdes, qui le premier institua le cérémonial qui défend de pénétrer jusqu'au roi et de le consulter autrement que par message. Nul ne peut le voir. Rire ou cracher devant lui fut réputé l'action la plus injurieuse. — Il s'entoura de cet appareil imposant de peur qu'en le fréquentant, ses concitoyens, jadis ses compagnons, élevés avec lui, ne lui cédant en rien ni par la naissance, ni par les grandes qualités, ne vinssent à conspirer contre lui par jalousie, et afin que, ne le voyant pas, ils finissent par le croire d'une autre nature que la leur ».

Et voici une coutume des Perses qui fut étrange.

« Ils délibèrent, ivres, dit Hérodote, sur les affaires les plus dignes d'attention ; le lendemain, le maître de la maison où ils étaient réunis leur soumet, lorsqu'ils sont à jeun, ce qu'ils ont résolu la veille. S'ils l'approuvent, alors ils l'exécutent. S'ils le désapprouvent ils y renoncent. Et au contraire, ce qu'ils ont décidé à jeun, ils le revisent ivres ».

Ainsi les Perses savaient-ils la relativité de toutes choses, même de la raison humaine qu'un peu de vin trouble.

J'aime aussi les Perses de ceci que raconte Hérodote et qui témoigne d'un noble orgueil.

« Ils honorent le plus, après eux-mêmes, ceux qui demeurent à côté d'eux, puis les voisins de ceux-ci, et ainsi de suite, selon la distance. Ils honorent le moins ceux qui sont les plus éloignés, s'estimant eux-mêmes de beaucoup et en toutes choses les plus excellents des hommes et accordant aux autres d'autant plus de vertu qu'ils sont rapprochés d'eux, d'autant moins qu'ils en sont éloignés ».

Il nous apprend aussi comment ces Perses fiers élevaient leurs enfants : « L'éducation consiste en trois seules choses : monter à cheval, tirer de l'arc et dire la vérité ».

Ils avaient des idées très nettes sur le bon et l'utile. « Les choses qu'il ne leur est pas permis de faire, il leur est interdit d'en parler ».

Mais j'arrive à une phrase d'Hérodote qui m'enchante : « Les pays habités les plus lointains ont en partage les plus belles productions... L'Arabie est, du côté du midi, le dernier pays habité ; c'est le seul qui produit l'encens, la myrrhe, la cannelle, le cinnamome, le lédanon... Toute l'Arabie en répand comme une odeur divine...».

Là-bas, au sud, c'est Ispahan, et plus loin encore l'Arabie.

Je suis en Perse et je voudrais aller où je ne suis pas, plus loin, voir ces contrées lointaines qui sont les plus belles.

Déjà les étoiles piquent de points lumineux le ciel. Ces étoiles, je les connais. Voici les Ourses, la grande et la petite, et, rampant entre elles, le Dragon sinueux, voici Arcturus éclatant, toutes celles que j'ai appris à nommer dans mon ciel d'Occident au-dessus d'une petite ville dont des peupliers gardent l'entrée. J'ai été si loin pour les retrouver.

Et pour quelqu'un qui, de Véga, regarderait la terre, la même minute s'achèverait sur nous qui commença sur Darius, roi des Perses, et mort depuis vingt-cinq siècles.

L'air du soir caresse les feuilles ; les roses parfument le jardin strict où la nuit est descendue.

Des Chameaux, des Anes, des Hommes et des Femmes. — L'après-midi, nous sortons souvent sans autre but que de flâner et de jouir paresseusement de la nouveauté si grande du spectacle, de goûter le charme subtil et profond de l'Orient.

Je prends un plaisir extrême à des choses qui laissèrent peut-être d'autres voyageurs indifférents. Il me semble que les gens qui ont passé ici avant moi n'ont pas décrit et n'ont pas aimé les seules choses qui m'attirent pour l'instant. Visiter des palais et des jardins c'est le devoir dont chaque touriste s'acquitte. Mais voir passer la vie multiple autour de soi est une jouissance plus forte et plus rare.

Dans la foule où je me perds, je m'intéresse surtout aux chameaux, aux ânes, aux hommes et aux femmes.

Des Chameaux. — Le chameau est un animal que je ne me lasse pas de contempler.

Il avance la tête en la dandinant et, sous ses sourcils en broussaille, vous regarde de l'air d'un myope distingué et dédaigneux. Sa lèvre inférieure pend. Quand il mange, il a un mouvement de mâchoire de droite à gauche et de gauche à droite, comme pour dire : « Je n'y toucherai pas » ; il n'en perd pas un morceau. Il est chauvin et porte un bonnet à poil même aux genoux. Quand il est accroupi, il semble avec son cou allongé une autruche sur ses œufs.

Il ne lui faut pas moins de quatre articulations aux jambes pour avancer à l'allure d'un âne ; en outre il exige une clochette à son cou pour rythmer une allure difficile, car il est cagneux, a les pieds plats et les écarte en marchant.

Comme j'aime cette démarche lente, heurtée, inimitable !

J'aime ce hochement de tête d'un qui en a vu beaucoup dans ses voyages et qui en raconterait si cela n'était pas fatigant et inutile, l'air indifférent et supérieur qu'il promène à travers la foule, la façon dont il porte les cheveux en houppe et la barbe en bouc, dont il a du poil aux pattes et particulièrement aux genoux.

Le chameau rit en découvrant ses dents jaunes et longues. On croit à première vue qu'il est dolent, qu'il souffre. Il est ironique, se moque de tout et refuse de travailler pendant le jour. Avec un art infini et une longue patience, il a perfectionné le balancement de sa démarche jusqu'à la rendre insupportable à l'homme ; ce n'est qu'au Jardin d'acclimatation que l'on grimpe pour son plaisir sur des chameaux. En Orient les chameliers se gardent de pareille imprudence. Ils craignent le mal de mer; ils vont à âne. Et derrière eux, le chameau qui les suit relève sa lèvre supérieure et cligne de l'œil, plaisamment. En Europe, il se fait passer pour un animal des pays chauds ; en réalité il ne supporte pas la chaleur. Seuls en Orient les Européens, comme nous l'avons démontré par nos œuvres, peuvent voyager impunément de jour en été. Le chameau est un passionné noctambule, il a tous les vices de la civilisation. Il ne marche que de nuit. Dès le soleil levé, il se couche, et il est si grand qu'il se met à son ombre.

Cet animal feint aussi d'être maladroit. Mais lorsqu'il en trouve l'occasion, il vous marche sur les pieds sans s'excuser. Il est alors très habile et ne vous manque pas. Il se couche avec des mouvements saccadés comme se coucherait un chameau mécanique. Mais une fois qu'il est chargé et qu'il s'agit de se relever, la mécanique est détraquée. Ah ! quel chameau !

Il sent le chat mouillé, et comme il est très grand, c'est gênant.

J'ai beaucoup cultivé la société des chameaux et j'ai appris à leur parler. Dans notre bande j'ai été nommé interprète délégué aux chameaux. Ce titre dont je ne suis pas médiocrement fier a excité la jalousie de celui de nos compagnons qui a été notre interprète auprès des Russes. Mais il a dû reconnaître qu'il ne pouvait parler aux chameaux comme je le faisais. Quand, en auto ou en voiture, nous en rencontrions la nuit une caravane, je criais à tue-tête : « Kabardar ! Kabardar ! » et mes chameaux prenaient leur droite, comme un homme.

Des Anes. — J'aime aussi beaucoup les ânes gris, petits, modestes, dont les yeux sont doux et pacifiques. Leurs maîtres leur fendent, tout jeunes, les narines, afin qu'ils respirent mieux. On ne leur met à l'ordinaire ni mors, ni brides, mais un frontail de petites lanières de cuir tressées auxquelles sont mêlées avec un goût charmant quelques verroteries de couleur. Leur harnachement est orné de la façon la plus agréable. Ils ont sur le dos un large bissac en grosse étoffe de laine de couleurs variées. Les poches en sont gonflées par les provisions de route. Ou bien on entasse sur leur dos de lourdes charges de foin, de paille ou d'aromates, des sacs de blé ou d'orge, ou encore des poutres dont une des extrémités traîne à terre.

L'âne sous ces fardeaux marche gentiment, la tête un peu inclinée; il ne s'arrête pas; ses jambes fines sont infatigables. L'âne est très candide; il ne sait pas se diriger dans la vie. Il est inutile d'apprendre sa langue; il ne comprend pas. Si vous arrivez sur lui en voiture, il se laisserait écraser tant il est simple. Il faut le pousser de côté comme on ferait d'un colis encombrant.

Souvent ces petits ânes portent de gros hommes. C'est un spectacle charmant qu'un gras et digne Persan assis sur son âne. Le bât est tellement large que notre Persan a les cuisses horizontales; seuls les tibias pendent et, au bout des tibias, les pieds dans de belles babouches persiques qu'on appelle des guivets. Il se tient ou sur le cou de la bête, ou sur la croupe, mais jamais à la place où vous et moi nous asseyons quand nous montons à âne. Il est grand, gros, sa robe flotte au vent; il semble qu'il va écraser le petit animal. Mais celui-ci galope de son mieux et secoue tant qu'il peut le Persan enturbanné qu'il a sur le dos.

L'âne en Orient est un animal sympathique; il ne l'ignore pas. Ce n'est pas de son nom qu'on appelle dans les écoles les petits enfants qui font des fautes en lisant le Coran.

J'ai rencontré quelque part dans le désert un petit âne. Il portait une femme bellement drapée et voilée. Cette femme avait sur les bras un enfant qui dormait. A côté d'eux, marchait un homme, une ceinture autour des reins, le bâton à la main. L'âne allait à travers les sables infinis et blonds à pas menus, attentif à éviter les pierres du chemin et à ne pas secouer son précieux fardeau. Il ne tenait la tête ni haute ni basse, mais comme il fallait. C'était un âne très bien. Il savait qu'il représentait pour nous à ce moment l'âne de *La Fuite en Egypte*.

Des Persans. — Je regarde aussi les Persans. Je ne connais rien à l'ethnologie, science décevante, mais je vois qu'il y a en Perse des types, sinon des races, bien différents. Voici des gens plus noirs que les Hindous, d'autres sont Mongols, d'autres Turcs. Les vrais Persans (je n'en juge que d'après l'idée que je me fais des Persans, c'est mon seul critérium et il ne faut pas m'en demander davantage) sont grands et élancés ; ils ont les traits réguliers, le visage ovale, le front un peu bombé, les yeux beaux et en amande, un cou haut ; ils marchent bien.

Leur costume est resté ce qu'il était jadis, exception faite des Persans européanisés qui s'habillent de redingotes à plis. Les autres ont une espèce de justaucorps maintenu par une ceinture, par-dessus lequel ils mettent une robe flottante qui tombe jusqu'à terre. Comme je l'ai dit, les seïdes ou descendants du Prophète (sur Lui la paix) ont seuls le droit de porter robes, ceintures et turbans verts. Si l'on demande comment ces seïdes prouvent leur descendance de Mahomet, je dirai qu'ils l'affirment sans la prouver, et c'est bien plus simple. Grâce à Dieu unique, la postérité du Prophète a été bénie, car elle est innombrable, et les robes vertes font dans la foule persane un effet charmant. Les Persans non seïdes ont à l'ordinaire une robe de laine brune ; quelques-uns sont vêtus de bleu clair. Ils ont tous un des deux bonnets nationaux. Seuls, les mollahs se coiffent d'un turban blanc.

Je les regarde aller, venir, s'arrêter, causer, vendre ou acheter. Il paraît n'y avoir entre eux aucune morgue, aucun souci du paraître. Dans une foule européenne, plus de la moitié des gens veulent passer pour ce qu'ils ne sont pas ; l'employé de commerce tient à être pris pour un clerc de notaire, et celui-ci pour un clubman. Ces soucis sont étrangers aux Persans. Ils ne se donnent pas des airs. Je crois qu'il y a entre eux une égalité plus réelle qu'entre nous. Rien ne distingue dans l'habit et dans la façon de vivre au dehors un homme à son aise d'un autre qui n'a rien.

Ils s'abordent dans la rue ou au bazar, causent ensemble, se promènent ; ils s'amusent aux mêmes choses, tandis qu'en Europe un homme riche considère comme inférieur de paraître prendre du plaisir là où se divertit le peuple. Dans le commerce des Persans entre eux, on voit de la simplicité et de la bonhomie. Je ne comprends pas ce qu'ils disent, mais j'entends bien que ce marchand parlant à un riche client n'a pas le ton d'un Anglais snob lorsqu'il s'adresse à un duc et pair.

Travaillent-ils? Le moins possible. Ils flânent et bavardent beaucoup, au bazar, dans les rues, sur les places à l'ombre des platanes. Vers cinq heures, ils aiment à se promener; souvent, ils vont deux par deux en se tenant par le pouce, comme de grands enfants. Au dehors, on ne les voit jamais avec des femmes qui sortent seules.

Vers le soir, ils s'acheminent vers les jardins qui entourent les villes; ils circulent sous les arbres frais, s'asseyent au bord d'un ruisseau et causent.

Ils ne sont ni fiévreux, ni agités. Ils paraissent satisfaits de ce qu'ils ont. Nous disons que c'est peu. Mais pourquoi leur imposer nos goûts et nos besoins? Ils sont indifférents à une foule de choses qui nous passionnent.

Le comte de Gobineau, qui fut ici voilà cinquante ans, raconte à ce sujet des anecdotes que je veux croire vraies parce qu'elles sont charmantes. Le patriotisme, assure-t-il, n'est pas une de leurs vertus. Ils auraient vu sans déplaisir et presque sans curiosité les Russes ou les Anglais, maîtres de Téhéran (c'est du moins ce que dit Gobineau). Mais nous avons éprouvé par nous-mêmes qu'ils sont fanatiques. Il est difficile à un Européen d'approcher seulement d'une mosquée; s'il y pénètre, c'est la mort certaine. Et leur haine de l'étranger n'est-elle que fanatisme? Fanatisme et patriotisme ne sont-ils pas ici tout voisins?

Des observateurs éclairés m'assurent qu'à Téhéran la présence d'une colonie européenne nombreuse, au lieu d'amener un apaisement, a surexcité la haine de l'étranger. Téhéran est plus fanatique aujourd'hui qu'il y a cinquante ans.

Quoi qu'il en soit, on lit plus de paix sur leurs figures que sur les nôtres. Je passe devant eux à pied ou en voiture, souvent sous un soleil cuisant. Je vois ces Persans couchés sur des nattes dans l'ombre d'un portique, fumant le kelyan, un verre de thé à côté d'eux. Ils me regardent aussi. Ils ne comprennent pas mon agitation et se demandent pourquoi je suis venu de si loin en leur pays. Ils s'amusent de moi à moins de frais que moi d'eux.

Des Femmes. — Comme il est naturel, je regarde les femmes avec plus de curiosité et d'intérêt encore. Je les regarde et je ne vois rien.

Elles sont plus strictement voilées qu'aucunes femmes d'Orient. Elles ne sortent qu'enveloppées d'un grand voile noir, d'étoffe légère et sans beauté, qui les couvre de la tête aux pieds. Il s'entr'ouvre sur la figure, mais les femmes persanes ne veulent même pas montrer leurs yeux et portent sur le visage un mouchoir brodé à jour.

Le voile des femmes n'est pas prescrit par la religion.

Le Coran, qui règle tout, ne dit rien sur ce point. C'est seulement une coutume de bon ton, venue des femmes riches autour du Prophète et des chefs arabes. De même qu'en Angleterre une femme du peuple ne sortirait pas en ville sans chapeau (qui n'a vu à Londres devant certains bars d'effroyables ivrognesses redresser sur leur crâne chauve un vieux chapeau à fleurs?) de même en Orient, il est convenable que les femmes soient voilées.

Ainsi passent les Persanes avec leur voile noir et leur voile blanc, pareilles à de grands dominos. Sont-elles belles ou laides, vieilles ou jeunes? Cette énigme voilée est au premier abord assez irritante. Ces femmes ne nous donnent rien d'elles-mêmes, alors nous leur prêtons beaucoup. Puis, à la réflexion, on pense qu'il y en a beaucoup plus de vieilles que de jeunes, car la femme ici se fane vite ; que la plupart sont ridées et décrépites ; que, même parmi les jeunes, les jolies sont l'exception, et on finit par aimer ce voile qui, bien qu'il cache le plus souvent des visages sans beauté, met toutes les femmes au bénéfice du doute et leur prête l'attrait du mystère.

J'ai vu pourtant deux visages de femmes persanes. C'était à Kaswyn, le jour où le Chah y fit son entrée. Je me promenais dans la grande avenue lorsqu'un remous de la foule nous isola, deux femmes et moi, derrière le tronc d'un énorme platane. Là, comme si elles étaient seules, elles découvrirent leur visage pour arranger leur voile. J'aperçus des yeux noirs et brillants fendus en amande, un arc net et allongé de sourcils, la ligne sans défaut d'un nez droit, un teint mat et ambré et le commencement de l'ovale d'un visage dont j'aurais bien voulu que mes yeux pussent achever de parcourir la courbe charmante. Elles étaient, en vérité, comme deux sœurs ; je les regardais avidement. Alors, m'ayant aperçu, elles recouvrirent sans hâte du reste, leur visage admirable.

L'automobile dans la rivière.

L'automobile dans le bazar à Téhéran.

Palais d'Echreta Bad à Téhéran.

PL. 21

Elles étaient très belles, mais je n'imiterai pas le voyageur connu qui déclarait qu'en France, pour une qu'il avait rencontrée de cette couleur, toutes les femmes étaient rousses. Je ne pense pas que toutes les Persanes soient belles. C'est, au contraire, parce qu'elles étaient sûres de leur beauté qui passait l'ordinaire, que mes deux Galatées ont voulu se laisser voir, avant de se cacher derrière le platane de Kaswyn.

Les femmes, en Perse, paraissent jouir d'une grande liberté. Elles sortent, comme il leur plaît, et le plus souvent sans être accompagnées. On en est réduit à supposer que l'uniforme voile qui les masque et sous lequel aucun mari ne les reconnaîtrait, favoriserait les intrigues si elles en voulaient nouer. Mais de ceci, nous ne savons rien et nous nous taisons.

Une phrase d'Hérodote est tout ce que j'ai sur le sujet : « Dans l'opinion des Perses, dit-il, ravir une femme est une iniquité ; s'empresser d'en tirer vengeance, une folie. Pour les sages l'enlèvement d'une femme ne mérite pas qu'on s'en occupe, car il est évident que si elle ne s'y était pas prêtée, on ne l'eût point enlevée ».

Le Métier de Touristes... — Ceux qui vont chercher des monuments anciens à Téhéran courent au-devant d'une déception certaine. Il n'y a pas dans Téhéran une faïence ancienne. Celles qui recouvrent les portes de la ville sont du goût persan moderne le pire : elles ont été faites à Vienne. Téhéran n'est capitale que depuis l'avènement de la dynastie des Kadjars dont le fondateur fut un eunuque.

La place aux Canons où l'on nous mène est laide. Non, il ne faut pas chercher de beaux monuments à Téhéran.

Mais on peut passer quelques heures agréables au bazar. Il est voûté et, au sommet des voûtes, un trou laisse passer un peu de lumière. Le bazar est frais, poussiéreux et sombre étrangement. Il faut quelques minutes pour s'habituer à cette obscurité. Comment vivre et travailler sans lumière ? D'ici quelques siècles sera formée une race de Persans aux yeux si délicats qu'ils ne pourront supporter le grand jour.

Pourtant on déploie dans le bazar une activité qui étonne. Accroupis, le derrière sur leurs talons, les ouvriers et apprentis dans le fond des arcades martèlent le cuivre, cisèlent l'argent ou l'or, découpent des peaux, font des harnachements, des bonnets, des broderies, comme s'ils y voyaient. Le marchand est assis sur le devant de l'arcade. Une femme strictement voilée se fait montrer des étoffes. Est-ce une jeune dame de la cour ou une vieille commère décrépite? Que ce voile est anonyme !

Des cavaliers passent, des ânes bien harnachés et aussi de grands diables de chameaux qui clignent de l'œil comme s'il y avait du soleil et profitent de l'obscurité pour nous marcher sur les pieds.

Des cuisiniers préparent des mets savoureux dont ils envoient des portions à leurs clients, du pilaf, du kebab, ou des ragoûts de viande à l'oignon ou au fenouil. Des odeurs fades ou violentes, désagréables toujours, emplissent les bazars.

On ne voit ici que des Persans. Il n'est pas de bon ton pour les Européens de se montrer au bazar. Nous dérogeons aux lois de l'étiquette et compromettons le prestige européen : nous nous promenons à pied dans le bazar.

Au Palais de la Montagne aux Lièvres. — Le Palais, à quelques kilomètres de Téhéran, s'élève en gradins sur une colline rocheuse. Au pied de la colline, nous visitons le jardin, une longue allée de platanes et d'acacias, des corbeilles de primevères roses sur le gazon, deux ruisseaux parallèles à l'allée ; au carrefour des allées, des bassins d'eau dormante ; des arbres taillés les ombragent d'une frondaison si touffue que j'ai peine à reconnaître en eux des ormeaux. Au bout des allées sont des pavillons de briques émaillées qu'il vaut mieux voir de loin. Derrière les pavillons, la ménagerie du Chah. Les pluies, ce printemps, ont été fortes ; sous un soleil d'Orient nous trouvons des verdures anglaises. Dans un mois, tout sera grillé ; nous sommes arrivés à l'heure précise où cueillir ce jardin dans sa gloire jeune et précaire.

Nous rencontrons un vieux jardinier guèbre. Il est grand et magnifique. Les rois sculptés sur les pierres de Persépolis ont ce visage régulier, ces yeux larges, ce nez droit, la barbe bien plantée et la dignité de ce port que nous admirons. Ce représentant de la plus vieille race persane est digne de ses ancêtres.

A mi-flanc d'une colline dénudée, voici la Tour des Guèbres, car il reste quelques adorateurs du feu au milieu de ces musulmans shyytes. Comme leur religion l'ordonne, ils exposent leurs morts sur des tours, car ils ne veulent souiller de leur contact ni la terre, ni l'eau, ni le feu. Les oiseaux viennent les déchiqueter. Ainsi le Guèbre joue dans la nature le rôle du Dieu que vante le petit Joas.

Aux petits des oiseaux il donne leur pâture.

Pareil au pélican, pour assurer leur nourriture, il s'offre lui-même.

Le soir vient; une lumière douce et précise, bleue dans les lointains, dorée sur les collines voisines dont les rochers montrent leurs arêtes sèches, enveloppe le paysage, caresse les sables pierreux de la plaine où quelques taches de verdure, champ de blé ou d'orge, sont comme des tapis étalés à nos pieds. Tout de suite, presque sans transition, c'est la nuit; à l'Occident, le couchant empourpré, à l'Orient, Mars qui brille rouge dans un ciel déjà sombre.

* * *

Il est, dans Téhéran, une avenue plantée de très vieux arbres. Des échoppes ouvertes la bordent, et des Persans travaillent là, devant leur échoppe, en plein air, assis sur des tréteaux bas qui sont tout à la fois table et chaise.

Le soir, lorsqu'on flâne, on passe parfois devant une porte étroite qui donne sur une salle brillamment éclairée. Cette salle ouvre sur un jardin où des lampes nombreuses sont attachées aux arbres. Des Persans boivent du thé, de l'arak, ou des boissons acidulées qu'ils rafraîchissent de petits morceaux de glace. On passe devant ces jardins étincelants qui paraissent amenés dans notre promenade comme par un truc de féerie.

* * *

Voici huit jours que nous avons quitté nos amis à Resht et que, quotidiennement, nous les attendons. Une grève a-t-elle éclaté à Bakou? L'automobile a-t-elle subi un irréparable dommage?

Tandis que nous sommes à attendre des nouvelles, une dépêche nous parvient. Elle est écrite en persan, nous la donnons à

Mahmoud qui la regarde et nous dit : « C'est quatre amis qui vous annoncent leur arrivée pour dîner. »

Et nous voilà enchantés à l'idée de voir nos deux ménages. L'heure du dîner sonne, d'amis point. L'automobile est en retard, cela s'est vu. Georges Bibesco avait compté sans les caniveaux.

Pourtant, dans la soirée, quelques doutes nous viennent sur l'exactitude de la traduction fournie par Mahmoud et nous envoyons la dépêche à un mirza, ou homme lettré du voisinage.

Une heure plus tard, il nous envoie, avec ses compliments, la traduction suivante qui nous laisse stupides : « Musketov Féringar. — Ai traversé March terribles difficultés, bateau échoué, retourné Caravan, gagne Resht par la montagne, arrive mercredi soir. Léonore. »

Pourquoi ce télégramme incompréhensible nous a-t-il été remis ? Avons-nous, l'un ou l'autre dans notre vie, une dame du nom de Léonore qui nous aime assez pour risquer, à seule fin de nous retrouver, de si terribles dangers ? Cette supposition a quelque chose de flatteur, mais nous sommes forcés de convenir que nous ne connaissons aucune dame du nom de Léonore. Gagné par le fatalisme oriental (arrive qui arrive), je chasse de mon esprit l'idée de l'errante Léonore et m'occupe, sous un laurier rose, à suivre les méandres de la fumée de ma cigarette.

Emmanuel Bibesco, qui aime déchiffrer les rébus, s'enferme dans sa chambre avec du papier, un crayon et la dépêche. Une heure plus tard, il m'arrive congestionné et triomphant. Il a trouvé. — « Musketov Féringar » c'est, contre l'apparence, nous. Il y a ainsi en toutes choses un point de départ qui échappe à l'analyse et qu'il faut accepter. Le reste est limpide « Léonore » c'est notre ami Léonida, qui est sur la route Erivan-Tabriz. Il n'a pu passer. Il a pris le bateau à Bakou, le bateau a échoué ; il a gagné Lencoran (Caravan est pour Lencoran) et arrive par Resht. Quant aux montagnes, on les supprime. Ainsi a-t-on un sens clair et intelligible.

Je me déclare satisfait et continue à fumer. Cependant, le lendemain, je porte la dépêche à la légation de France où M. Nicolas, qui sait le persan autant qu'homme du monde, nous fournit une troisième version. Les noms sont les nôtres « Bibesco Phérékyde » : « Caravan » est pour « Erivan » ; « March » pour « Arax », « bateau échoué » pour « essieu brisé » et « Resht » pour « Tabriz ». La dépêche se lit ainsi : « Ai traversé Arax avec terribles difficultés, retourné Erivan pour essieu brisé, gagne Tabriz par la montagne, arriverai mercredi soir. — Léonida ».

Et voilà !

Moralité : Télégraphiez en anglais, français, russe, allemand, italien ou tchèque, de préférence au persan, et servez-vous du télégraphe indo-européen.

Au mercredi annoncé, ce n'est pas Léonida qui arrive, mais nos jeunes ménages de Resht. Ils ont fait un raid automobile magnifique. L'auto n'était débarqué que le mardi matin à Enzeli, après un embarquement difficile à Bakou où les ouvriers du port faisaient grève. A quatre heures de l'après-midi, les deux ménages, Keller, et le Tcherkesse Hassan avaient quitté Resht entassés à six dans la grande Mercédès. Cette fois-ci, ils n'avaient plus droit les uns et les autres qu'à un sac de toilette, car il fallait mettre dans l'auto les quatre lits de camp et des couvertures. Les genoux remontés jusqu'au menton, les voilà donc partis à l'ascension du haut plateau, dîner à Mendjil et arrivée à Yusbachaï vers les onze heures. Le Chah y campait et un médecin anglais qui accompagnait Sa Majesté voulut bien prêter pour la nuit sa tente aux voyageurs. Ils quittèrent le camp vers huit heures, déjeunèrent à Kaswyn et mirent, de Kaswyn ici, un peu plus de cinq heures (il nous en fallut vingt-quatre), traversée de la rivière comprise. Des photographies ont été prises de l'auto dans l'eau.

Enfin, nous voilà tous ensemble. On pense si nous avons des histoires à nous raconter. Nous leur disons nos aventures, mais comme il est écrit dans les *Mille et une Nuits*, il n'y a pas d'utilité à les répéter. Ils nous décrivent leurs journées de Resht, les promenades dans la voiture que leur envoie Azodos Sultan, et qui est munie d'un taximètre, les dîners et divertissements persans qu'on leur a offerts, le bouffon autour de la table, la visite que les dames ont faite d'un harem et la grande désillusion qui les y attendait.

Nous restons à causer jusque tard avant dans la nuit sous le portique de la maison que le gouvernement a aimablement mise à notre disposition et que gardent des soldats basanés, bons enfants et dépenaillés. Nous parlons du voyage d'Ispahan et l'enthousiasme des jeunes femmes réchauffe même le récalcitrant

Emmanuel Bibesco. Nous décidons de partir pour Ispahan dimanche. En attendant, nous courons Téhéran.

Nous allons à une dizaine de kilomètres du sud-est de la ville, aux ruines de Rei ou Rhagès. Ce fut sous les Seljoucides une des plus importantes villes d'Asie, c'en est une des plus anciennes. Les Juifs y furent exilés lors de la captivité. Haroun al Raschid y naquit et aimait à y résider. Une civilisation admirable fleurit à Rhagès entre le huitième et le douzième siècles de notre ère ; les rares pièces que l'on y a trouvées, faïences à reflets métalliques, sont d'une qualité incomparable. La ville fut pillée par Gengis Khan lors de la conquête mongole en 1221 et plus tard par Timour. Elle ne se releva jamais. Les ruines sont enfouies sous des couches épaisses de sable que le vent du désert apporte. Seule une tour subsistait en ruines que l'on a reconstruite voici quelques années. Il y avait aussi une sculpture de l'époque sassanide sur un rocher dans un site magnifique. Elle a été détruite stupidement pour être remplacée par un bas-relief de Fath Ali Chah, arrière-grand-père du Chah actuel.

Il ne reste rien à Rhagès. Mais il est certain que si l'on voulait y entreprendre des fouilles sérieuses, on y trouverait des œuvres d'art du plus haut prix. Rhagès est à quelques minutes de Téhéran ; aucune difficulté à vaincre ; il faudrait seulement un peu d'argent. Espérons que le gouvernement français qui a déjà fait de beaux travaux à Persépolis et qui en continue dans la Suziane, pourra un jour explorer le sol où dort Rhagès.

Nous visitons le palais du Chah. Les voyageurs qui nous ont précédés se sont crus obligés de parler avec révérence et admiration du palais du Chah. J'en parlerai librement.

On aurait tort de s'imaginer que le Chah, descendant du Roi des Rois, monarque absolu et oriental, vit d'une façon somptueuse dans un palais des *Mille et une Nuits*. Il se loge à l'européenne, et ce monarque persan a un fort mauvais goût qui lui fait préférer les articles de bazar viennois à dix-neuf sous aux objets d'art fabriqués en Perse.

La Perse a eu l'art le plus raffiné, le plus exquis qui soit. En Europe, en Amérique, on se dispute les miniatures, les reflets métalliques, les cuivres et jusqu'aux bouts de tapis anciens de Perse. Chez le Chah, on ne trouve pas une œuvre d'art persane.

Dans son musée si vanté, on voit, sous vitrines, de petits éventails de papier, article de Paris, et pour que personne ne s'y trompe, le prix est resté marqué o fr. 65. Ils voisinent avec une glace à main de 3 fr. 45.

Il est vrai que l'on montre le fameux trône des Paons, mais il ne vient pas de Delhi, comme on le raconte, et jamais le Grand Mogol ne l'honora de sa présence sacrée. Il a été fait à Ispahan au commencement du xix° siècle et l'on assure que beaucoup des pierres précieuses, dont il fut alors orné, ont été remplacées par des pierres moins précieuses.

Je préfère, et de beaucoup, le trône en albâtre que l'on voit au rez-de-chaussée du palais et qui est d'un assez beau travail hindou.

Il y a enfin dans le musée quelques pièces de Sèvres et d'autres manufactures d'Etat européennes, dont divers souverains se débarrassèrent, sagement, au profit de Sa Majesté persane.

On nous promène aussi pendant plus d'une heure dans des salles remplies à déborder par les objets les plus détestables. Des tableaux couvrent les murs. C'est en vain qu'on veut me faire croire que ces peintures ont été envoyées en cadeau au Chah par les rois et empereurs d'Europe. Je ne sache pas que jamais nos trônes aient été occupés par d'aussi implacables mystificateurs que ceux qui fournirent ces toiles au Chah de Perse. Jamais on ne me fera admettre que les augustes souverains qui veillent au bonheur du monde se jouent entre eux de tels tours. Je garde le souvenir d'une photographie où dans un jardin, assise sous des arbres, rêve une dame modelée en relief et coloriée.

Dans les appartements privés du Chah ce sont des meubles en velours ou en peluche qui rappellent les pires souvenirs des années dix-huit cent soixante-dix à quatre-vingts. Et partout des boîtes à musique, des pianos mécaniques, des orgues de barbarie, des harmoniums automatiques, des chaises musicales et des tables qui chantent ! Dans la chambre à coucher pleine de ces instruments sonores, je cherche le lit. Je ne le trouve pas. Le « Centre de l'Univers », l' « Escalier du Ciel » couche à terre sur deux coussins plats jetés sur un tapis.

Au-dessus du coussin sur lequel il appuie sa tête, une étagère. Sur l'étagère quatre photographies autour de son propre portrait. A côté de la photographie de Mouzaffer-ed-Dine, à gauche et à droite Edouard VII et sa gracieuse épouse ; à l'extérieur, moindre faveur, le tsar et la tsarine. Ces souverains et leurs épouses veillent sur le repos du Chah.

Il paraît que Sa Majesté a des nuits agitées.

Mais les jardins du Palais, qu'on appelle le Gulistan, sont délicieux. Des eaux vives les traversent qui courent sur des briques émaillées bleues ; ils ont de grands bassins couleur de jade, des parterres immenses d'iris de teintes diverses et de lis nuancés, des platanes vivaces et frissonnants, des haies de roses...

Le Chah étant en Europe, nous sommes reçus en audience par le Valyat, prince héritier, gouverneur de Tabriz et chargé de la régence pendant le voyage de son père. Il faut des pourparlers préalables pour régler la question de notre tenue. Selon l'étiquette, nous devrions porter la redingote et le chapeau haut de forme. De chapeaux de soie, il est inutile de dire que nous n'en avons pas. Alors on négocie, et comme nous sommes arrivés en automobile, et que toute la Perse le sait, Son Altesse consent à nous recevoir coiffés de nos casquettes d'automobile. Cette question des chapeaux est plus importante qu'elle ne le paraît à première vue, car il a été réglé, par le traité de Turkman-chaï, en 1827, que les Européens ne se découvriraient pas devant Sa Majesté qui, elle, ne quitte jamais le bonnet d'agneau frisé.

Donc nous arrivons au palais du Valyat accompagnés par l'aimable ministre de Russie qui nous présente. On nous introduit, conformément à l'étiquette orientale, dans un premier salon où l'on nous sert des rafraîchissements tandis que nous sommes censés nous reposer des fatigues du voyage. Puis nous entrons dans un salon immense ; à l'angle opposé à la porte est assis le Valyat qui se lève. C'est un homme de trente-huit ans, je crois, qui en paraît quarante-cinq, petit, gros, très gêné, le regard clignotant sous ses lunettes d'or.

Un interprète russe est là. Brève conversation dénuée de tout intérêt, puis l'audience est finie — nous n'avons pas quitté nos casquettes — et nous nous retirons. Mais on ne sort qu'à reculons et nous voilà tous six exécutant une figure de quadrille à travers le salon immense, les yeux fixés sur le Valyat, la main à la visière de la

Les marchands sous le portique de notre maison à Téhéran.

Palais Chamsel-Emaret, Téhéran.

casquette, évitant de notre mieux les obstacles dont notre chemin est semé, titubant sur les chaises et tables, et très anxieux, à chaque instant, à l'idée que nous ne retiendrons pas le fou rire qui nous gagne lorsque l'un ou l'autre de nous se heurte contre un meuble...

Dans les légations où l'on nous reçoit de la façon la plus hospitalière, je me renseigne sur la position actuelle de l'empire des Chahs et sur la politique des deux grandes puissances qui ont un intérêt de premier ordre dans les affaires persanes actuelles.

Je ne crois pas inutile de donner ici un bref aperçu de la question persane qui sera, un de ces jours prochains, la grande actualité de la politique internationale.

Les Anglais et les Russes en Perse. — « Aux officiers civils et militaires des Indes, dont les bras supportent la plus noble conquête que jamais le génie d'une grande nation acheva, je dédie ce livre, hommage indigne de ma plume à une cause que leur haute mission est de défendre par la justice ou par le sabre, mais dont l'ultime défenseur est l'âme même du peuple anglais. »

C'est par ces mots grandiloquents que M. G. Curzon ouvre son livre sur la Perse, qui a paru en 1900. Depuis, M. G. Curzon est devenu lord Curzon, et il a été vice-roi des Indes, où il a eu toute licence de surveiller de près les affaires persanes et d'exciter le zèle de ses subordonnés.

La Perse a deux voisins qui s'intéressent vivement à sa santé : la Russie et l'Angleterre.

La Perse est malade. Voilà un État grand trois fois comme la France et qui n'est peuplé que de huit millions d'habitants. Le gouvernement y est absolu, ce qui ne signifie pas qu'il fait tout ce qu'il veut.

Il n'a à peu près aucun pouvoir, et ne subsiste que par la grande raison qu'il est là et que l'indifférence des Persans en matière politique est telle qu'ils ne verront jamais d'avantage à en changer. Qu'une autre famille remplace les Kadjars, actuellement régnants, à quoi bon ? Cela n'intéresse vraiment que « l'autre famille » et les Kadjars. Pour le peuple, il en sera toujours de même.

Si le pouvoir absolu devenait tyrannique, il serait odieux. Mais il ne peut rien. Il a d'abord en face de lui, le corps des prêtres, ou « mollahs ». Au milieu d'une population ignorante et dont ils excitent le fanatisme, ils sont tout puissants. Pour les moindres choses, il faut négocier avec les mollahs. Ce n'est qu'avec leur permission et après de longs pourparlers, que le Chah a pu venir en Europe en 1900. D'autre part, la classe marchande a ses privilèges, ses franchises, et administre elle-même ses affaires. Les mollahs, au besoin, la protégeraient contre le gouvernement, car il est toujours utile d'être en bonnes relations avec la classe qui a la richesse. Reste, comme bête taillable et corvéable à merci, le paysan.

Mais le pouvoir central n'a pas une prise bien forte sur le paysan. Si les impôts sont trop lourds, le paysan refuse de les payer. Alors enverra-t-on des troupes? Grande affaire. D'abord il faut avoir des troupes. Ensuite il faut qu'elles veuillent bien marcher. Et cela coûte cher. Enfin, dans beaucoup de districts, il est indifférent au paysan de quitter sa demeure, si on lui rend la vie trop dure. Il n'aura pas grand mal à en reconstruire ailleurs une autre aussi luxueuse, et il trouvera sans difficultés un coin de terre où faire pousser le peu qui lui est nécessaire pour vivre.

Voilà donc encore une illusion qui tombe. Le despotisme d'un souverain oriental tel que le Chah est bien peu de chose. Il peut faire couper, sans trop de formalités, quelques têtes. Cela ne mène pas loin. Il est le souverain sans puissance réelle d'un pays sans ressources.

La Russie et l'Angleterre sont pourtant assurées que sous leur tutelle intelligente, ces maigres ressources enfleraient merveilleusement. En outre, par sa position géographique, la Perse leur paraît, à l'une et à l'autre, nécessaire à la sûreté et à la consolidation de leurs empires.

La position de la Russie est extrêmement forte. Elle est frontière de la Perse sur des milliers de kilomètres. Depuis presque la mer Noire jusqu'à l'Afghanistan, elle pèse d'un poids lourd sur son voisin persan. Ses chemins de fer, ses routes, ses bateaux à vapeur arrivent à la frontière persane, au Caucase, sur les rives de la Caspienne et en Transcaspie. La Russie a seule accès dans le nord de la Perse, et, comme on sait, elle interdit le transport d'aucune marchandise européenne à destination de la Perse à travers ses Etats. Elle a donc un avantage immense sur ses rivaux, qui ne peuvent se défendre que par la qualité supérieure et le bon marché plus grand de leurs produits.

L'Angleterre ne peut introduire ses marchandises que par le golfe Persique ou par le Seïstan et le Béloutchistan.

Mais il n'y a pas de rivalité que commerciale. La Russie, qui pousse continuellement vers le sud, espère-t-elle avoir un jour, comme port en mer libre, Bouchir ? L'Angleterre ne pourrait laisser l'ours russe s'installer ainsi à côté des Indes. Si Bouchir, si le sud de la Perse cessent d'être persans, ils doivent devenir anglais.

Dans la lutte politique qui est engagée en Perse entre Anglais et Russes, ce sont ces derniers qui ont le meilleur. Ils n'ont cessé durant le cours du dix-neuvième siècle d'améliorer leur position. En 1827, on envahit à Téhéran la légation de Russie et on mit à mort tous ceux qui l'habitaient. Alors, la Russie s'empara de quatre provinces persanes et les annexa au Caucase. La frontière russe aujourd'hui descend jusqu'à l'Arax, et sur la mer Caspienne, jusqu'à Astara. Depuis, la Russie a conquis le Turcoman transcaspien et y a construit des chemins de fer. Elle a prêté de l'argent au Chah. L'histoire de cet emprunt est typique et indigne encore les impérialistes anglais.

Le Chah, en 1900, s'adressa aux Anglais, leur demandant la bagatelle d'une cinquantaine de millions qui lui étaient nécessaires. Les banquiers anglais ne voulurent consentir aucun prêt sans la garantie du gouvernement. A son tour, le gouvernement exigea le contrôle des douanes persanes par des fonctionnaires anglais. Le Chah refusa. La Russie intervint alors. Elle prêterait ce que son ami le Chah désirait. Il lui était même très agréable, à elle qui emprunte beaucoup, de connaître la douceur du rôle de créancier. Entre voisins, ne faut-il pas se rendre de mutuels services? Une fois l'offre acceptée, la Russie demanda seulement l'insertion de deux clauses au contrat : l'une spécifiant que si l'intérêt de cet argent n'était pas payé, elle serait autorisée à s'emparer des douanes, l'autre disant que la Perse s'engageait à ne pas rembourser l'emprunt avant dix ans, et que, pendant ce laps de temps, elle n'emprunterait aucune somme d'argent à aucune autre nation. C'est ainsi que l'Angleterre fut privée de l'influence et des moyens d'action que l'argent prêté donne au créancier.

Les publicistes d'outre-Manche crient très haut que la Russie abuse de sa situation privilégiée pour empêcher toute mise en valeur de la Perse. C'est elle, selon eux, qui s'oppose aux projets magnifiques et divers de chemins de fer dus à l'esprit d'initiative anglais. Voici les lignes dont on a parlé pour la Perse :

La ligne Erivan-Tabriz-Kaswyn-Téhéran ; la ligne du sud se raccordant à la ligne que les Allemands doivent pousser jusqu'à Bagdad. Et on aurait Bagdad-Kermanchah-Sultanabad-Koum-Téhéran, avec une seconde ligne de Sultanabad-Ispahan-Kerman-Kuhak, à la frontière du Béloutchistan, pour rejoindre le chemin de fer anglais de Kurrachee à Kandahar. Il va sans dire qu'on construirait aussi une ligne allant du nord au sud, d'Askabad, station du chemin de fer transcaspien, à Bender-Abbas, sur le golfe Persique. On voit la Perse sillonnée de trains lents ou rapides. Seule, la Russie s'oppose à la construction de ces lignes.

Il est vrai que la Russie a une convention secrète, signée le 9 novembre 1900, par laquelle le gouvernement persan s'engage à ne construire aucun chemin de fer et à ne donner aucune concession à cet effet, cela pour une durée de dix ans, à l'expiration de laquelle les deux parties contractantes discuteront du renouvellement de la dite convention.

Mais je ne crois pas qu'il suffirait d'abolir la convention de 1900 pour que l'on se mît à construire des chemins de fer en Perse. Le public anglais, quelque patriote qu'il soit, passe pour savoir que les affaires sont les affaires. Avant de jeter quelques centaines de millions dans les chemins de fer persans, il voudrait connaître les ressources du pays, les dividendes à espérer. Que dirait-il lorsqu'il apprendrait que les trois quarts de la Perse sont un désert pierreux, incultivable, que l'agriculture suffit juste à nourrir les habitants, et que l'on n'exporte guère que de l'opium ; que l'industrie, à part celle des tapis, n'existe pas ? On parle de prodigieuses richesses minières, mais de renseignements certains sur cette question, personne n'en a.

Il n'y a qu'une ligne peut-être qui pourrait payer ses frais, ce serait Erivan-Tabriz-Kaswyn-Téhéran. Mais cette ligne-là, seule la Russie pourrait la construire, et la Russie, pour des raisons à elles connues, n'est pas pressée.

La Russie dit ceci : « Il n'y a aucune urgence à hâter la construction de chemins de fer en Perse. Voilà vingt-cinq siècles que le pays

180 bis

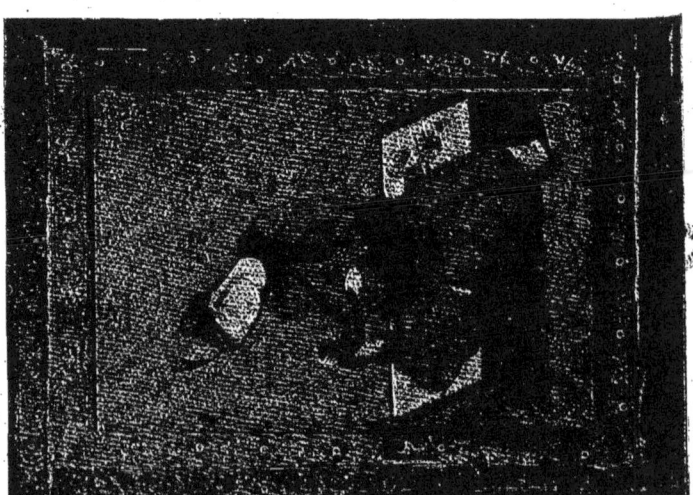

A. Jeune femme jouant avec un singe. — Miniature persane du xvi⁰ siècle. (Collection de l'auteur.)

B. Miniature persane du xvi⁰ siècle achetée à Ispahan. (Collection de l'auteur). — Les vers, au-dessus du personnage, disent : « Emmenez mes amis si loin de moi que, si je les rencontre, je ne les reconnaisse pas, et qu'ils ne me reconnaissent non plus. »
Et au-dessous : « Faites que je ne puisse plus ni être peiné, ni charmé par elle. »

Petites tasses persanes, XVIIIe siècle. — Collection de l'auteur.

Plaque de revêtement à reflets métalliques de l'époque mongole, fin XIIIe siècle.
Trouvée à Kachan. — Collection de l'auteur.

Petites tasses persanes, XVIIIe siècle. — Collection de l'auteur.

s'en passe fort bien ; il continuera à s'en passer pendant quelques années encore. Les moyens de transport que son commerce et son agriculture ont à leur disposition sont presque suffisants. Nous ne nous refusons pas à les améliorer. Nous venons de construire une belle route de Resht à Téhéran. C'est déjà un immense progrès. Autrefois le trajet entre la mer Caspienne et la capitale se faisait à cheval, à travers des montagnes difficiles, dangereuses. Maintenant on voyage en voiture entre Resht et Téhéran aussi sûrement que sur n'importe quelle route des Alpes. Seuls les journalistes anglais, gens à imagination et vite effrayés, parlent des prodiges de valeur qu'il faut accomplir pour parcourir cette route. Nous allons faire un port à Enzeli. Nous préparons, lentement, c'est vrai, mais à notre loisir, une seconde route carrossable qui mettra en communication Tabriz d'un côté avec Erivan, de l'autre avec Téhéran. Nous n'empêchons personne de travailler comme nous dans d'autres parties du royaume. Ce n'est pas notre argent qui s'est dépensé pour la route Ispahan-Ahwaz-Mohammerah. Plus tard, lorsque le besoin s'en fera réellement sentir, on verra à mettre des rails le long des routes que nous construisons. »

Il ne manque pas de sagesse dans ces raisonnements. Mais les Anglais, Français, Allemands, Autrichiens et Américains disent avec justesse à la Russie : « C'est vrai, vous avez fait une bonne route pour Téhéran. Mais vous êtes seule à en profiter, puisque vous fermez l'accès de la Perse à nos produits. Votre route Erivan-Tabriz-Téhéran, à qui servira-t-elle ? A vous seulement. Grâce à ces routes et à vos mesures prohibitives, seul votre commerce se développe, seule votre influence politique augmente en Perse. La partie n'est pas égale. »

Cela est exact, la partie n'est pas égale. Mais qu'y faire ? La Russie est là, couchée tout au long de la Perse, couvrant sa frontière nord, personne ne peut changer cet état de fait.

Je croyais, en arrivant à Téhéran, trouver le prestige russe fort endommagé par la désastreuse guerre avec le Japon et par les troubles intérieurs, et j'en causai avec l'homme qui connaît le mieux l'histoire contemporaine de la Perse. Lorsque je lui exprimai ces pensées, il se mit à rire :

— Le prestige de la Russie affaibli, sa force en Perse diminuée ?

Ne croyez pas cela. Sans doute dans les cercles persans où l'on n'aime pas la Russie, on a vu sans déplaisir ses malheurs en Extrême-Orient et les troubles politiques qui ont suivi. Mais la Russie faible est encore trop forte pour la Perse. La Perse n'a aucune puissance ; elle ne peut s'opposer à rien. Son seul rôle est de tâcher de neutraliser l'une par l'autre la Russie et l'Angleterre mais c'est difficile. Quant à opposer une résistance matérielle il n'y faut pas songer. Dix mille cosaques, réunis à Erivan, prendraient Tabriz, Téhéran, tout le royaume. La patte de l'ours est sur nous, elle ne nous lâchera pas. Soyons heureux seulement que pour l'instant il ne puisse resserrer son étreinte. Aux yeux des Anglais, la Russie représente une moindre civilisation. Mais, comparée à la Perse, la Russie a atteint un état de civilisation infiniment supérieur, auquel la Perse, du reste, n'arrivera jamais...

Ainsi parla cet homme sans illusions.

Faisons, pour terminer ce chapitre, un compte sommaire de ce que les Russes et les Anglais ont en Perse à l'heure actuelle.

Les Anglais ont « The imperial bank of Persia » à Téhéran, avec des succursales dans les grandes villes du royaume. Elle a seule le droit d'émettre de la monnaie-papier. Le télégraphe indo-européen arrive par Tabriz jusqu'à Téhéran ; le télégraphe indien le continue par Ispahan, Chiraz, Bouchir. Les Anglais ont pour eux la proximité des Indes, la qualité de leurs produits, leur bon marché, l'activité de leurs négociants. Malgré l'infériorité de leur position géographique, ils font un chiffre d'affaires annuel (plus de cent millions de krans) presque égal à celui de la Russie. Ils ont la plus belle légation à Téhéran, de superbes lanciers du Bengale au consulat général d'Ispahan et à Bouchir. Leur influence dans le sud est grande. Lord Curzon a fait des manifestations navales dans le golfe Persique. Une mission anglaise vient de parcourir le sud de la Perse pour étudier ce qu'on appelle en Europe « les besoins du marché ». Maigre marché ! Des officiers étaient adjoints à la mission. On appelle, en manière de plaisanterie, le consul anglais à Bouchir le vice-roi de Bouchir. Il est vrai que l'on appelle vice-roi de Resht, le consul général de Russie dans cette ville.

La Russie, elle, a sa force et son poids. Elle est le puissant voisin qui n'entend pas qu'on se passe de lui. Elle a à Téhéran et dans plusieurs grandes villes une banque d'escompte et de prêts, qui est une filiale de la Banque d'Etat à Saint-Pétersbourg. Elle a sa grande route, sa belle route, la seule. Elle a son télégraphe aussi, sa poste, et même son téléphone entre Enzeli et Téhéran. C'est un colonel russe qui commande le seul régiment de cosaques persans qui ait une valeur militaire. Elle est en excellents termes avec le Chah. Elle est la créancière de la Perse, mais pour peu d'argent : elle lui a prêté soixante-quinze millions. Ce n'est rien ; elle voudrait bien lui en prêter davantage. On l'accuse d'inertie. Elle se hâte lentement. Le grand mot de la politique extérieure russe est : Patience. Elle a voulu aller trop vite en Extrême-Orient, elle s'en repent cruellement. En Perse, elle ne fera pas la même faute. Elle attend.

Et nos amis les Belges.

Les Anglais et les Russes ennemis se disputaient la Perse. Un troisième larron survint et s'empara de l'âne. Qu'était la Belgique en Perse il y a dix ans ? Rien. Qu'est-elle aujourd'hui ? Tout. Et cela arriva de la manière suivante :

Il ne faut pas croire que les Persans manquent d'intelligence. Ils en ont beaucoup. Il y a longtemps par exemple que le gouvernement sait que s'il avait des employés honnêtes, les impôts rentreraient dans les caisses et que les affaires de l'Etat seraient meilleures. Mais une fois ce raisonnement fait, les Persans se satisfont à en admirer la justesse théorique. A quoi bon en donner une preuve expérimentale ? Avant tout, il faut vivre tranquille. Mais il y a deux administrations qui causaient beaucoup d'ennuis aux Persans, car elles étaient en contact quotidien avec les étrangers, gens difficiles qui, à la moindre irrégularité, à la plus petite escroquerie, s'en vont crier aux oreilles de leurs consuls ou de leur ministre. Ces administrations sont celle des postes et celle des douanes.

Les conseillers attitrés de la Perse lui disaient : « C'est bien simple. Mettez des fonctionnaires européens dans les douanes et dans les postes. » Les Anglais ajoutaient : « Les fonctionnaires les meilleurs, c'est nous qui les fournissons. » Les Russes disaient : « Prenez notre ours. »

La Perse ne prit ni les uns ni les autres. Donnez un doigt à ces voisins-là, ils s'emparent de toute la main. Où chercher des gens qui ne soient pas dangereux ? Elle trouva les Belges. Elle fut aidée dans son choix par les conseils d'un Belge fort intelligent et actif, fixé à Téhéran depuis quelques années, et qui a fait une fort belle fortune dans les administrations d'Etat.

Depuis cinq ans, les Belges font marcher les douanes et les postes persanes à la satisfaction générale. Sur toutes les frontières du royaume on trouve des employés belges.; leur chef est M. Nauss, ministre des postes et télégraphes, directeur des douanes impériales et de la Monnaie. Il porte, en outre du bonnet d'agneau national sur sa grosse tête de Flamand blond, le titre d'Excellence.

La Belgique fait aujourd'hui beaucoup d'affaires en Perse. Toutes les commandes d'État sont pour elle; elle vient de fournir le matériel complet de la Monnaie. L'Angleterre et la Russie montent la garde attentivement peut-être auprès d'une ombre. Les Belges réalistes ont saisi la proie.

On ne voit pas bien pourquoi la France n'a pas bénéficié du fait qu'elle ne pouvait porter aucun ombrage au Chah. Elle avait une position commerciale en Perse. Une belle place était à occuper. Elle n'a pas su la prendre.

Nos derniers jours a Téhéran. — Nous sommes ici cosmopolites. On nous reçoit si bien dans les légations que nous nous laissons aller à voyager paresseusement autour de l'Europe en quelques heures. Nous déjeunons en Russie, prenons le thé chez Sa Majesté britannique, dînons gaiement en France à la table du comte d'Apchier, chargé d'affaires, et faisons un tour de valse chez le Grand Turc.

Nos malles ont bien voulu nous rejoindre à Téhéran.

Nous circulons en automobile à la grande surprise des Persans. Grâce à nos amis de la Banque russe et de l'Imperial Bank of Persia, nous trouvons quelques litres de benzine. Nous voyons les jardins qui environnent la ville. Les matinées se passent toujours avec les *dellals*.

Et nous ne nous lassons pas du spectacle de la rue et des bazars, des promenades dans les environs avant la nuit, de la rentrée dans l'animation de Téhéran alors que le soir est tombé sur

Ensablés dans le désert. Quarante degrés à l'ombre!
Mais il n'y a pas d'ombre.

Vautour tué dans le désert entre Téhéran et Koum.

la ville et que là-bas, derrière les premières montagnes déjà sombres le pic conique du Démavend étincelle encore dans la lumière.

Depuis que nous sommes dans l'Iran, nous n'avons pas vu un seul nuage dans le ciel. Le jour, une voûte immuablement bleue s'étend au-dessus de nous, qui, la nuit, se change en un dôme violet crevé d'étoiles d'or. Et le contraste est vif entre ces journées radieuses de Perse et celles du premier mois de notre voyage où nous n'avons connu que des cieux tristes et bas, les brumes, les nuages, la pluie.

L'éclat de la lumière, la caresse des brises le matin et le soir, la chaleur sèche des midis ont tant de charme pour nous que nous nous amollissons dans cette vie calme, uniforme et que, si nous restons encore ici quelques jours, nous n'aurons plus la force de partir pour Ispahan.

Et nous voulons voir Ispahan.

Lorsque nous déclarons notre intention, il y a une stupeur dans la colonie étrangère. Aller à Ispahan! Qui jamais à Téhéran y songea. Et l'on nous énumère les fatigues de la route, le manque de vivres, de logements, le désert à traverser. Jamais ces jeunes femmes ne supporteront pareille épreuve. C'est folie que de l'entreprendre. On nous regarde avec surprise, avec un peu de pitié aussi.

Mais nous ne sommes pas venus si loin pour nous arrêter à quelques journées du but et pour rester dans la ville à demi-européenne qu'est Téhéran. Il nous faut de plus mâles aventures que celles rencontrées jusqu'ici.

On compte de Téhéran à Ispahan environ quatre cent quatre-vingts kilomètres par la route que suivent les voitures. Nous avons fait tant de chemin depuis Bucarest que les quatre cent quatre-vingts kilomètres qui restent ne sont plus pour nous qu'un dessert. Nous sommes surpris de voir qu'aucun membre des légations (sauf les Anglais) n'a jamais eu l'idée de s'offrir ce dessert.

Nous pensions qu'on allait à Ispahan passer une semaine ou deux dans la saison des roses. Mais non, cela ne se fait pas.

Nous le ferons tout de même et préparons notre départ.

C'est toute une affaire.

Cette fois-ci, nous sommes prévenus. Il faut avoir des vivres pour les six personnes que nous sommes. Nous ne trouverons rien en route. Nous comptons, largement, mais il vaut mieux se tromper en bien, quatre jours pour aller à Ispahan. Cela fait huit jours dans le désert. Nous complétons donc le grand panier de conserves acheté à Tiflis. Et il importe de ne rien oublier, car une fois partis, il sera trop tard.

Un domestique est nécessaire. Le tcherkesse Ḥassan, amené jusqu'à Téhéran, a prouvé qu'il ne savait pas plus le persan que le français. Alors nous le renvoyons au Caucase.

M. d'Apchier nous trouve un domestique interprète, protégé français. Il a dix-huit ans et en paraît douze. Il traîne misérable dans Téhéran dont il connaît les moindres ruelles et où il exerce toute espèce de métiers qui obligent la légation de France à s'occuper souvent de lui. Il est vêtu d'une redingote persique déchirée sur un maillot de coton à trous, d'un pantalon en cotonnade à carreaux également déchiré, de bottines jaunes dont les semelles baîllent et laissent voir des pieds sans chaussettes, d'un haut bonnet noir qui ne quittera jamais sa tête. Il ne se lave que rarement, a un accent et des idiotismes qui font notre joie. Il est fin, adroit, actif, prêt à tout supporter pour le plaisir de voyager ; il a été deux fois déjà à Ispahan. Il s'appelle Aimé, a des yeux clairs de jeune coquin ; tout ce qu'il fait, il le fait bien ; il nous devient indispensable et son souvenir restera toujours attaché pour nous à celui de l'extraordinaire voyage que nous avons fait de Téhéran à Ispahan, à travers le désert.

Puis il nous faut des voitures.

Nous n'avons plus qu'un automobile et nous sommes sept, en comptant Aimé. En outre, il est nécessaire d'emporter avec nous les vivres et les bagages dont nous aurons besoin chaque jour ; en outre, il faudrait une grande provision de benzine, et la certitude d'en trouver à Kachan et à Ispahan.

Nous déplorons que Léonida soit toujours dans les montagnes de Tabriz, mais enfin nous voilà obligés de laisser la grande Mercédès derrière nous à Téhéran où Keller aura le loisir de la démonter et de la nettoyer à fond.

A la poste nous apprenons que nous ne pouvons prendre trois landaus, car il n'y en a que deux, qu'au-delà de Koum, nous ne trouverons que huit chevaux aux relais (bien heureux quand nous les trouverons), et qu'ainsi notre troisième voiture, comme on attelle à quatre chevaux, resterait en arrière. Et le maître de poste nous offre ce qu'il appelle un break.

Alors les plus courageux d'entre nous sentent glisser le long de leur épine dorsale le frisson de la mort.

Ce break est une antique caisse en bois massif avec deux banquettes larges de moins d'un pied, sans coussins ni capitonnage. Il est recouvert d'une toiture que supportent quatre grosses tiges de fer qui vacillent.

Des morceaux de toile trouée nous protégeront contre l'ardeur du soleil et le vent froid de la nuit.

A cette vue, nous reculons d'horreur. Jamais nous n'avons été si près de renoncer à Ispahan. Mais le maître de poste nous assure qu'à Koum, nous trouverons une diligence confortable que nous pourrons prendre si nous ne sommes pas satisfaits de notre break.

Honteux à l'idée d'avoir été retenus par un simple souci de confort, nous louons le break pour le prix de cent vingt tomans, douze cents francs persans, quatre cent quatre-vingts francs de France.

Nous décidons de partir le dimanche matin 21 mai.

Comme la chaleur commence à se faire sentir et que nous en avons éprouvé la mortelle chaleur au milieu du jour entre Kaswyn et Téhéran, nous projetons de voyager, chaque jour, de quatre heures du matin à dix heures, de nous arrêter alors, de déjeuner et de faire une longue sieste au relais, puis de repartir à quatre heures de l'après-midi et de marcher jusqu'à dix heures du soir. Ainsi ferons-nous sans fatigue les quatre cent quatre-vingts kilomètres qui nous séparent d'Ispahan, et cela en quatre jours.

Nous sommes très satisfaits de nos décisions. Nous en prendrions d'autres encore, si c'était nécessaire.

Sur quoi nous nous rendons à un dîner que nous offre le Mouchir ou ministre des affaires étrangères. Nous sommes dans un grand état d'excitation à l'idée du départ prochain.

A onze heures du soir, nous nous retirons en nous donnant rendez-vous le lendemain matin à quatre heures, bien exactement.

CHAPITRE VII

DE TÉHÉRAN A ISPAHAN OU LA DILIGENCE PERSANE

Dimanche 21 mai. Première journée. — Nous dormons peu. A trois heures, je suis réveillé. La pensée que nous partons pour Ispahan me donne la force de me lever.

A quatre heures, la diligence n'est pas là. J'envoie Aimé à la poste. La voiture arrive avec un grand retard. Peu importe, car nos jeunes ménages sont restés endormis dans leur maison persane. Ils ne sont prêts qu'à six heures. Cependant le soleil qui se lève tard en Perse brille déjà dans le ciel.

Nous attachons nos valises, nos lits de camp, les paniers de vivres sur le toit branlant du break et apprenons qu'il faut pour ce faire une bonne demi-heure.

Vers sept heures enfin, nous voici partis. Avant que d'avoir roulé, nous prenons une décision nouvelle; nous votons de ne pas nous reposer au milieu du jour et de ne coucher qu'à Koum (150 kilomètres) où nous comptons arriver dans la nuit, « *in'ch'Allah,* » si Dieu veut.

La sortie de Téhéran se fait lentement. Nous apprendrons dans le break la patience. Dès que nous avons franchi la porte de la ville, nous longeons un cimetière d'où se dégage la plus terrible des odeurs. Les Persans enterrent leurs morts à fleur de terre. D'épouvantables miasmes filtrent à travers la couche légère de sable.

Nous passons au pas le long de ce cimetière; nous sommes sur la route bordée de vieux arbres qui va à Chah Abdul Azim.

C'est là que nous faisons une découverte terrifiante. Notre diligence n'a pas de ressorts ! Pourtant nous lui en avions vus dans la cour de la poste.

Un éfrit les aurait-il retirés pour nous punir de la curiosité sacrilège qui nous entraîne vers Ispahan ? Nous descendons.

Les ressorts sont là, mais, pour les empêcher de jouer, le maître de poste prudent a mis, à l'intérieur du ressort, un énorme rondin de bois. Au moindre cahot, le ressort tape sur le rondin et transmet par contre-coup la tape à la caisse, laquelle nous la communique sans retard par l'intermédiaire de la banquette non rembourrée.

La route n'est que bosses et trous. Nous recevons ainsi trois cent soixante coups de rondins à l'heure.

Comme nous n'avons pas été habitués à un pareil traitement, nous le trouvons dur.

Nous sommes, sans repos, secoués sur les planches étroites, et chaque secousse est une souffrance. Nous ne pouvons ni étendre les jambes, ni appuyer la tête ; alors les jambes s'engourdissent, les pieds meurent, les clavicules s'écorchent, les bras se tordent, l'épine dorsale fléchit, le cerveau est en bouillie ; on découvre qu'on a des reins et on ne l'oubliera plus. Tel est ce supplice auquel nous nous sommes bénévolement soumis, le supplice de la diligence persane. Et nous ne sommes qu'à quelques kilomètres de Téhéran !

Comment les deux jeunes femmes que nous avons avec nous supporteront-elles ces fatigues ? Mais personne n'oserait leur proposer de regagner Téhéran. Du reste, pour l'instant, un grand enthousiasme nous anime. Nous sommes partis pour Ispahan !

La route s'en va à travers le désert que ponctuent les milliers de touffes d'une plante aromatique d'un gris vert qui seule pousse dans les sables.

Nous franchissons de petites chaînes de collines rocheuses dont les pentes sont brusques.

Parfois la route se divise en deux ou trois branches entourant un groupe de rochers, comme une rivière fait d'un îlot. Les caniveaux, qui ne sont pas dus à l'art du cantonnier, mais à la seule nature, alternent avec les bosses.

La chaleur aujourd'hui n'est pas insupportable. Nous marchons à une allure intermédiaire entre le pas et le petit trot. A chaque quart d'heure, le cocher s'arrête pour siffler à ses malheureux chevaux une petite marche nationale persane que nous connaissons déjà. Nous passons un relais toutes les deux ou trois heures.

Vers le milieu de la journée, nous nous arrêtons pour déjeuner. Il faut descendre de la diligence, en plein soleil, le panier des vivres et les valises. C'est très fatigant.

Le chapar khané, où nous sommes, nous offre une chambre nue pleine de mouches. Il n'y a ni table, ni chaises ; nous commençons à apprendre les manières persanes. Nous mangeons, assis sur nos valises, des conserves cuites au soleil et découvrons que les sardines à l'huile ne supportent pas cette température et demandent à être dégustées dans des climats plus frais.

Mourant de soif, nous buvons du thé léger.

Nous repartons. Toute l'après-midi nous nous traînons sous un soleil de plomb, à travers un paysage désolé. Nous franchissons encore une chaîne de montagnes arides, puis retombons dans les sables rocailleux du plateau.

Nulle végétation, nulle rivière. Seules, nous accompagnent dans l'immensité morne du désert les petites touffes de la plante aromatique, dont les feuilles d'un vert grisâtre s'harmonisent délicatement avec les gris bleus des sables.

La distribution des coups de gourdins ne cesse pas. Nous sommes plongés dans une torpeur douloureuse et la poussière fine s'abat sur nous et nous enveloppe.

A chaque relais, nous perdons une heure pour changer les chevaux. Ni promesses, ni menaces n'ont d'action sur les cochers. Il faudrait les battre ; nous n'en sommes pas encore là.

Un seul épisode rompt la monotonie de l'après-midi. Là-bas, à quatre cents mètres dans le désert, une bande de vautours dépèce la carcasse d'un chameau. Georges Bibesco en tire un d'un coup de carabine et le joyeux Aimé, pareil à un jeune chien, va le chercher.

A sept heures du soir, nous sommes dans un petit village, Aliabad. Nous nous y arrêtons pour dîner. Il y a là un jardin charmant et, grand luxe, une table et des escabeaux. Aimé s'occupe de nous faire du thé et de réchauffer des légumes, dans notre marmite, car les habitants d'Aliabad nous regardent avec dégoût.

Ils n'auraient peut-être pas la même répugnance pour le contenu de nos valises et l'un de nous est obligé de monter la garde près de la diligence.

Nous mangeons dans le jardin, aux bougies. Là, Emmanuel Bibesco nous déclare qu'à la suite de cette terrible journée, il se sent peu bien, qu'il ne continuera pas avec nous, mais qu'il attendra que nous lui envoyions une voiture de Koum pour le ramener à Téhéran.

Et nous voilà au désespoir ! Impossible d'abandonner notre ami seul dans ce village dont les habitants ne veulent même pas nous fournir de l'eau ; d'autre part, nous n'osons prendre la responsabilité de l'emmener avec nous jusqu'à Koum.

Alors nous le décidons à nous accompagner jusqu'au prochain relais. Si nous trouvons de quoi nous loger, nous y coucherons, car nous ne sommes (à quoi bon nous le dissimuler ?) qu'à mi-chemin de Koum, et déjà nous n'en pouvons plus.

Nous repartons dans la nuit. Nous sommes meurtris et moulus. L'excès de notre malheur amène une crise de gaîté folle, et c'est riants que nous arrivons au relais.

Des gens qui ont l'air de brigands nous montrent une chambre de trois mètres carrés où l'on peut à la rigueur mettre quatre lits. Une autre chambre est occupée par des Persans qui ont fait, au milieu de la pièce, un feu de charbon, sur lequel ils cuisent un ragoût mal odorant. En vertu des lois simples qui sont fondées sur la raison du plus fort, nous expulsons gentiment les Persans qui s'en vont à l'écurie, et nous prenons leur chambre. Il faut d'abord la balayer et l'aérer. Puis nous dressons nos lits de camps (combien cette manœuvre était simple à Tiflis ! combien elle est difficile le soir dans la chambre sombre et puante d'un chapar khané persan !). C'est tout un art que de savoir arranger son lit. Il faut faire attention à ce qu'aucun châle ne pende jusqu'à terre, car il offrirait un passage à l'armée redoutable des insectes parasites. Puis il faut verser de la poudre insecticide sur chaque pied du lit, il y en a huit. Une fois ces précautions prises et bien prises, les habits jetés sur le lit, les valises fermées, nous sommes en sûreté.

Emmanuel Bibesco et moi découvrons que les murs de notre chambre que nous croyons noirs de saleté le sont de mouches qui pour l'instant dorment.

Il est passé minuit, étendons nos corps douloureux sur nos durs lits de camp, et dormons aussi.

Seconde journée, 22 mai. Kusch y Nusret. — A cinq heures nos murs s'envolent et le réveil est sonné par trois mille mouches bourdonnantes.

Je me lève et découvre, enclos par les murs du relais, un jardin d'oliviers trapus, à travers lequel court joyeusement un ruisseau qui va se jeter dans un grand étang. Personne n'est debout ; les femmes persanes qui sont arrivées hier soir en pèlerinage pour Koum, dorment dans leur voiture. Je cours à l'étang, me déshabille et pique une tête dans l'eau fraîche. C'est la première pleine eau de l'année ; il est amusant de la faire au milieu du désert persan. Il semble que je m'y délasse de toutes les fatigues d'hier. Mes amis me rejoignent et se baignent avec moi.

Nous déjeunons près du ruisseau. Nous sommes gais et heureux ; nous avons oublié les coups de gourdins.

Nous irions au bout du monde. Emmanuel Bibesco décide de nous accompagner jusqu'à Koum.

Le paysage est ici charmant. Nous sommes dans les montagnes au-dessus du grand lac salé qui montre ses eaux bleues et inattendues dans le désert. Les oliviers, sous lesquels nous nous abritons, sont robustes de tronc et délicats de feuillage ; il fait une claire lumière matinale. Le vent qui descend de la montagne nous caresse légèrement.

Vers huit heures, nous repartons pour Koum qui est à soixante kilomètres. Nous n'avons pas besoin de rouler plus d'une minute pour retrouver le supplice de la diligence persane !

Et nous avons déjà vingt-quatre heures de retard sur l'horaire qui devait nous amener en quatre jours à Ispahan !

Nous allons à une désespérante lenteur le long du grand lac salé. La chaleur devient plus forte. Nous nous arrêtons à chaque relais pour boire du thé ou manger un œuf dur.

Nous espérons être à Koum vers le milieu du jour. Mais, voici midi, et c'est en vain que nous cherchons à l'horizon la coupole dorée de Sainte-Fatmeh vers laquelle s'aimante l'espoir de tant de pieux

La diligence persane ; le cinquième jour du supplice.

Le bain de pieds au relais.

Persans. Koum fut-elle jamais désirée par de plus passionnés voyageurs que nous le sommes ?

Au bord du chemin, depuis une heure, s'élèvent des petits tas irréguliers de quatre ou cinq pierres. Ce sont les pèlerins qui dressent ces pierres lorsqu'ils aperçoivent, pour la première ou la dernière fois, la coupole de la mosquée où dort la très sainte Fatmeh, sœur de l'imam Réza, enseveli à Mesched. Secoués et malheureux dans le break infernal, nous interrogeons Aimé, assis sur le siège à côté du cocher. Il ne voit rien. Les pèlerins persans ont de très bons yeux ; ce sont sans doute ceux de la foi.

Enfin, vers trois heures, on aperçoit des arbres à l'horizon, d'où sortent des minarets hardis flanquant une coupole qui brille au soleil. C'est Koum.

KOUM. LA HALTE. — Nous descendons au chapar khané qui possède un grand jardin de fleurs et d'arbres. Aussi décidons-nous sur l'heure de nous accorder un repos bien gagné. Nous ne repartirons que demain matin à quatre heures, « *in'ch'Allah* ».

Nous envoyons Aimé au bazar chercher des vivres et de la glace ; nous trouvons dans la cour du relais une diligence qui est de même construction que notre break, mais d'une disposition différente et plus spacieuse. Elle a un compartiment de six places sur le devant et un de quatre sur le derrière. Les cloisons sont massives, les banquettes non rembourrées ; il y a les mêmes bouts de toile déchirés pour protéger du soleil et, chose plus grave, le même rondin entre les ressorts.

Pourtant nous retenons la diligence. Rien ne pourrait nous obliger à remonter dans le break. Nous le brûlerions plutôt dans la cour pour qu'il ne fasse plus souffrir personne.

Ceci fait, nous nous installons dans le jardin à l'ombre épaisse de mûriers et, couchés sur le dos, attendons que les fruits nous tombent dans la bouche.

Les bagages sont amenés là et les lits de camp. En Perse, il est prudent de ne jamais perdre sa valise de vue.

Il n'y a qu'une chambre au chapar khané. Mais nous sommes si ravis de notre installation en plein air que nous décidons de coucher à la belle étoile. Seul, Emmanuel Bibesco préfère la chambre du relais.

Et d'abord nous mangeons un exquis plat de riz au lait que nous a fait cuire Aimé et que nous inondons de confitures. Puis nous jugeons que notre repos est la chose la plus importante et décidons de faire la sieste pendant deux heures avant d'aller visiter Koum.

Nous déployons nos lits de camp et nous voilà étendus voluptueusement à l'ombre des mûriers.

Les uns dorment comme mouches au soleil, d'autres rêvent, d'autres écrivent. L'air est chaud et sec ; du vent passe sur nous ; le soleil baisse, éclaire un grand mur qui clôt le jardin et, derrière le mur, étincelante d'or entre ses quatre minarets, la coupole de la mosquée où repose sainte Fatmeh qui rend Koum ville sainte. Mesched, seule, où dort l'imam Réza, est plus sacrée pour les Persans.

Dans le ciel montent et voguent de grands nuages blancs qui se lèvent du sud, viennent pour la joie de nos yeux de l'Arabie fabuleuse et s'en vont, hauts, candides et glorieux vers un Thibet lointain.

Là-bas, derrière les arbres, une flûte module presque indistincte ; le soleil rase l'horizon, les oiseaux se pourchassent dans les branches que le vent agite lentement ; un grand calme descend sur nous.

Où suis-je !

Je ne sais, et la paresse de mon esprit me pousse par une pente naturelle à ne me pas poser de questions en ce moment. Accablé par trente-six heures passées dans le désert, je constate seulement que je suis étendu dans un jardin qui pourrait être un jardin de l'Ile-de-France par une chaude journée. Je suis si las que j'accepte comme faisant partie du décor ordinaire de ma vie ce jardin clos, les arbres épais, le mur qu'éclaire le soleil couchant et les taches rouges des fleurs dans la verdure. Ce n'est qu'en me raidissant que j'arrive à recréer, dans la torpeur où je m'endors, la réalité du lieu où m'ont amené six semaines de voyage. Je suis en Perse ; pourtant il me faut un grand effort pour l'imaginer. Il faut que je me répète à chaque minute :

« Je me repose dans un pays éloigné de celui où je suis né. Enfant, j'en ai rêvé souvent ; je l'ai gagné pas à pas ; j'ai traversé pour l'atteindre beaucoup de contrées. Maintenant j'ai atteint le haut plateau de l'Iran où fleurit une civilisation immémoriale. Je suis là où passèrent Darius et Alexandre, Haroun al Raschid, le bon calife, Gengis-Khan et Timour, le fléau du monde. Cette mosquée, sur laquelle je laisse errer mes regards indifférents, est un lieu de pèlerinage depuis des siècles pour les Persans. Je rêve seul dans une ville fanatique, à mille lieues des miens. Ma vie, je l'ai laissée derrière moi pour cette minute de fièvre où je me dis : « Je suis à Koum, au centre de la Perse ; dans quelques heures, je quitterai ces lieux et je ne les reverrai jamais ».

Au crépuscule, nous sortons du jardin ; nous arrivons à la rivière qui coule brune et rapide sur les sables. Sur l'autre rive, en face de nous, s'élève la mosquée sainte derrière de petites constructions au bord de l'eau. Des mollahs au turban blanc se promènent sur les terrasses. Deux grands minarets, hardis de forme et de couleur, et deux plus petits flanquent la coupole centrale qui, au-dessus d'une grande arche revêtue de faïences émaillées bleues, brille sourdement, dans la lumière mourante, de tout l'or battu dont elle est recouverte.

A l'intérieur, on voit sans doute des bronzes anciens de Mossoul, des tapis du seizième siècle qui valent leur poids d'or, des faïences émaillées à reflets métalliques, ce que l'art persan a créé depuis dix siècles de plus raffiné ; ces objets, que les collectionneurs d'Europe s'arracheraient à des prix fabuleux, ces richesses que nos yeux, hélas ! ne contempleront jamais, dorment là, derrière les murs infranchissables du sanctuaire.

Nous allons au bazar couvert et obscur. Quelques injures nous sont jetées au passage. Koum, qui vit de sainte Fatmeh, est fanatique. La foule n'aime pas à voir des Européens et surtout des femmes non voilées. On regarde nos compagnes avec curiosité et mépris. Des gamins nous suivent. Le bazar est si étroit que, par moments, un cavalier survenant, il y a encombrement et l'on ne peut passer.

Nous quittons le bazar, nous voici dans un cimetière.

La foule est nombreuse autour de nous, enfants, marchands et mollahs ; nous excitons trop de curiosité.

Nous avançons pourtant vers la grande mosquée au fond de la place ; s'en approcher seulement est un sacrilège aux yeux des habitants de Koum. Une ruelle à droite nous ramène à la rivière par une rue où logent les pèlerins qui viennent au tombeau de la sainte. La nuit est sur nous. Un ânier pousse devant lui six petits ânes gris et doux aux beaux yeux pacifiques; ils sont chargés d'énormes bottes de lavande qui débordent et barrent le passage. Nous nous arrêtons dans l'odeur fraîche de leur caravane...

Puis c'est la rentrée dans le grand jardin sombre du chapar khâné, la table mise sous les arbres, le dîner joyeux, les bougies qui piquent l'ombre de points lumineux.

La Nuit de Koum. — Nous nous installons pour notre première nuit en plein air. Les ménages prennent l'abri de deux mûriers voisins; j'en choisis un plus éloigné. Les châles sont étalés sur les lits de camp; nous nous offrons même le luxe de coucher dans nos draps. Par crainte des voleurs, nous attachons les valises aux lits.

Un grand chien à peu près sauvage erre dans l'ombre, attendant que nous soyons endormis pour attaquer nos provisions. Nous nous déshabillons à l'incertaine lueur des bougies dont la flamme vacille au vent; argent et revolver sont placés sous l'oreiller, les habits sur le lit.

Puis nous voici couchés; nous nous souhaitons une bonne nuit et les bougies sont éteintes.

L'excitation du voyage, la nouveauté de camper en plein air, au centre de la Perse, chassent le sommeil loin de moi. Je reste à rêver les yeux ouverts. Le chien erre autour de nous. Deux fois je le chasse.

A droite, sur les quatre minarets de la mosquée brillent des lumières pour montrer aux pèlerins qui s'acheminent dans la nuit le but de leur voyage.

Aimé s'est étendu sur une couverture et, à peine couché, ronfle. Un vent chaud passe sur nous, agite les branches; des mûres se détachent et tombent; la nuit est pleine de bruits inconnus.

Il doit y avoir des nuages dans le ciel, car je n'aperçois plus d'étoiles.

Soudain une rafale de vent plus forte et une série régulière

Un relais entre Kachan et Ispahan.

Un village persan près de Natanz.

La dernière étape : Le départ de Murchakhar.

L'arrivée à Ispahan. — Les landaus de gala ; les Cosaques rouges.

de petits chocs sur les feuilles, puis une goutte, deux gouttes sur ma figure. C'est la pluie !

Désespoir ! Va-t-il falloir se lever dans la nuit, se rhabiller ?

Ah ! que la pluie ne cesse-t-elle ! Une minute ou deux d'attente ; non, les gouttes arrivent plus pressées sur les feuilles et tombent sur moi.

Et c'est, dans l'obscurité, sous la pluie qui fouette, un désordre, une confusion, une fuite, chacun de nous à moitié habillé, les femmes enveloppées dans des châles, les hommes transportant les lits de camp sur lesquels on entasse les valises. En chemise ou en pyjamas, nous courons à travers le grand jardin sombre sous les arbres qui, à chaque rafale de vent, nous envoient une cinglée de pluie dans la figure.

Au chapar khané, les Bibesco vont réveiller leur cousin et s'installent à trois dans une chambre minuscule. Le ménage Phérékyde et moi, nous arrangeons de notre mieux sous le portique du relai. Bagages et provisions sont empilés entre les lits. Pourrons-nous dormir maintenant ? Il est minuit déjà. Dans trois heures et demie, il faudra se lever. Près de nous, le vieux gardien du relais, couché sur une natte, ronfle effroyablement. Aimé s'est jeté à plat ventre dans une voiture et dort.

Sous la lampe suspendue, nous essayons d'attraper le sommeil. Un petit bruit inquiétant et tout voisin nous alarme. On dirait des souris qui grignotent. Ce sont, en effet, des souris qui attaquent les provisions. Deux fois, trois fois, nous les chassons ; elles reviennent et lassent notre vigilance. Nous nous couchons, résignés aux dégâts qu'elle pourront faire, résolus à leur laisser la paix pourvu qu'elles ne s'attaquent pas à nos oreilles.

Patatras ! un grand fracas nous fait sursauter. Un chat a renversé trois boîtes de conserves et cassé deux verres, puis il s'est mis au pillage. Il est vrai qu'il a préalablement chassé les souris. Assis sur nos lits, nous regardons le chat sans colère.

Mais il est bien difficile de dormir sous le portique. Des gouttes de pluie chassées par le vent arrivent jusqu'à nos figures. Une voiture entre dans la cour. Deux Persans en descendent, nous regardent et se mettent à discuter avec leur cocher.

Ils s'en vont enfin.

Maintenant c'est le tour du chien qui était dans le jardin. Il nous a suivis. Au moment où je m'assoupis enfin, je sens une haleine chaude sur mon visage.

Je repousse le chien qui, quelques minutes après, prend la la place du chat auprès du panier aux conserves. Tout nous est indifférent, tant la fatigue pèse sur nous.

Comme je suis dans une torpeur à demi-éveillée, j'aperçois une tête d'âne allongée vers les vivres, et qui demande sa part. Qu'il la prenne ! Nous ne nous dérangerons pas pour un âne !

Un peu plus tard, un grand bruit de cloches sonnantes. Une caravane de chameaux quitte le caravansérail ; l'un d'eux, plus curieux, se détache et vient voir comment sont faits des Européens qui ne dorment pas. Il a l'air d'un bon vieux chameau radoteur ; il doit raconter d'interminables histoires à ses compagnons. Nous lui laissons emporter en souvenir de nous ce que l'âne, le chien, le chat et les souris ont laissé de nos provisions.

Ainsi gagnons-nous sans sommeil, mais non sans distraction et agrément, trois heures et demie du matin. Au moins serons-nous prêts pour quatre heures. Nous nous levons et constatons les dégâts. Notre ménagerie a mangé une boîte de foie gras entamée, du riz, le pain, et vingt-quatre œufs durs préparés pour l'étape d'aujourd'hui. Que la digestion leur en soit légère.

Mercredi 22 mai. — Troisième journée. — Bien que nous n'ayons pas dormi, nous partons en retard, car dans l'affolement de la course à travers le jardin pendant la nuit, nous avons égaré des petits colis. Il faut les retrouver. Le ciel est de nouveau imperturbablement bleu.

Nous nous installons dans la diligence. Comme elle est à deux compartiments, nous pourrons nous rendre des visites en cours de route et nous donner l'illusion que nous nous choisissons...

La diligence est suspendue comme l'était le break. Aussi, dès le départ, avant d'avoir été battus, nous votons d'enthousiasme la suppression de la halte au milieu de la journée et décidons d'arriver coûte que coûte à Kachan dont cent kilomètres nous séparent. Comme on va le voir, il nous en coûtera beaucoup.

Nous mettons d'abord une heure à traverser le bazar de Koum, qui est d'une telle étroitesse qu'on est obligé de dételer deux chevaux sur quatre. Nous démolissons avec les roues de la diligence, les devantures des échoppes, arrachons les planches qui les ferment, dégradons les murs, déplaçons les bornes, défonçons le four d'un boulanger et écrasons les pieds imprudents qui se risquent dans le bazar. Aussi notre passage est-il accompagné d'une litanie continue d'injures et de malédictions que les Koumains appellent sur nos têtes.

Une fois sortis du bazar, nous nous trouvons devant de nouveaux obstacles.

Le système d'irrigation, en Perse, a été entendu merveilleusement depuis un temps immémorial. Des canaux profonds et couverts amènent l'eau des montagnes dans les villes et dans les jardins qui les entourent.

Mais, depuis des siècles aussi, les Persans dégénérés ont renoncé à entretenir les canaux. La voûte qui les recouvre est effondrée en mainte et mainte place. Ailleurs la conduite est obstruée et l'eau déborde sur le chemin.

Aussi sommes-nous obligés de descendre de la diligence qui traverse de véritables lacs, franchit des fossés profonds, escalade des remblais de terre. Et nous perdons une heure encore. Deux heures après le départ, nous ne sommes qu'à trois kilomètres de Koum et, à quelque distance devant nous, la route s'engage dans les montagnes où nous n'avancerons pas à une allure bien rapide.

Pourtant nous sommes pleins de courage et d'enthousiasme, nous déclarons que nous avons fait la partie la plus dure du trajet (innocence !) que nous arriverons maintenant à Ispahan sans peine et sans fatigue.

Le soleil monte dans le ciel ; nous commençons à gravir la montagne dénudée. De nouveau, pas un arbre, pas un champ, pas un bout pelé de pré.

La diligence nous est aussi dure que le break. C'est la même distribution ininterrompue de coups de gourdin, et nous constatons mélancoliquement qu'on ne s'habitue pas à être battu. Au contraire, le corps devient plus sensible et la moindre secousse est une douleur.

Notre désert aujourd'hui est montagneux. Nous faisons connaissance avec une plaie nouvelle, celle des mouches. Elles s'acharnent par milliers sur nous. Pourtant nous ne sommes pas encore morts.

Au milieu de la journée, nous nous arrêtons à un relais pour déjeuner. Les chapar khanés sont ici plus misérables qu'entre Koum et Téhéran ; il n'y a point de chambre, il n'y a même pas les braises de charbon de bois et le samovar primitif que nous avons trouvés partout jusqu'ici. Nous nous installons au bord d'un petit étang, dans les eaux tièdes duquel nous laissons pendre nos jambes. Quelques saules l'ombragent mal. Nous faisons du thé dans nos bouillottes dont le vent agite la flamme. Nous finissons par entourer les bouillottes avec les jambières de cuir des jeunes femmes. Maigre déjeuner et grande fatigue.

Toute l'après-midi nous roulons dans les montagnes. Le vent chaud nous énerve. Nous sommes traînés par d'apocalyptiques rosses au dos écorché, dont les blessures envenimées répandent une abominable puanteur.

A chaque relais, nous trouvons un ruisseau et quelques arbres. Quelques-uns d'entre nous se précipitent vers l'eau courante et en boivent à pleins verres sans se soucier de son impureté certaine. Une fois sur deux l'eau est salée. Les autres prennent trois ou quatre verres de thé persan, une infusion légère de feuilles dont le goût flotte entre le thé et la paille.

Voici de nouveau la nuit et nous ne sommes pas à Kachan. Nous y arrivons enfin vers neuf heures. Kachan, que nous avons eu tant de peine à gagner, est la ville qui donna le jour à Zobéïde, femme première, légitime et préférée d'Haroun al Raschid. Kachan est, en outre, célèbre par l'activité de ses habitants qui travaillent le cuivre et la soie, par une mosquée ancienne de l'époque mongole, et par ses scorpions.

Nous logeons, grâce à l'intervention du ministre d'Angleterre à Téhéran, dans la maison du télégraphe indien. Le chef du poste nous reçoit fort bien, nous buvons des boissons glacées et mangeons du pilaf excellent. Mais notre hôte ne peut faire que la température ne soit torride et qu'il n'y ait des moustiques. Aussi

Ispahan. — Jardin et Palais au Chahar-Bagh.

Les champs de pavots blancs aux portes d'Ispahan.

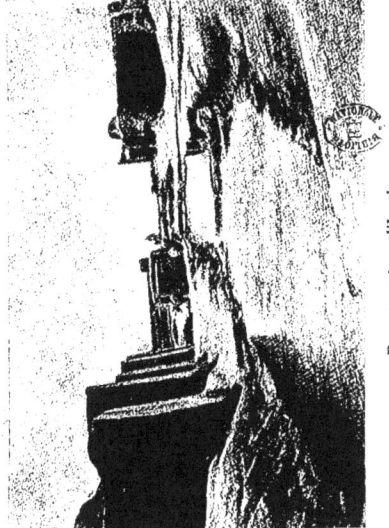

Rues en ruines d'Ispahan.

passons-nous une très mauvaise nuit, après avoir fait le serment de partir demain, avant l'aube.

Jeudi 23 mai. — Quatrième journée. — C'est avec une peine extrême que nous nous levons. Et nous partons avec près de quatre heures de retard.

Comment pourrait-il en être autrement ?

Que le lecteur réfléchisse et, au lieu de s'irriter, il prendra pitié de nous. Après une nuit entière de veille et une journée de coups de bâton reçus dans la diligence, nous arrivons à l'étape. Vers minuit seulement, nous sommes couchés. La chaleur, les moustiques, l'énervement nous empêchent de dormir ; enfin la fatigue plus forte l'emporte et le sommeil nous prend pour peu de temps, sommeil agité, sans cesse interrompu, sur la sangle dure des lits de camp. Aimé, qui doit nous réveiller, dort. Un de nous, consciencieux, regarde sa montre. Il peut à peine ouvrir les yeux. Il est quatre heures du matin ; il faut se lever. Alors il pense qu'un instant de plus ne changera rien à la journée qu'il a devant lui ; puis il songe aux jeunes femmes qui dorment peut-être et qui, plus que lui encore, ont besoin de repos.

Il s'attendrit sur leur sort infortuné, sur leur vaillance, et tandis qu'il s'attendrit, l'aiguille fait un tour de cadran et voici cinq heures.

C'est à ce moment qu'Aimé, couché dans quelque coin sur une natte, se réveille et s'étire sans hâte. Il lui faut pour ce faire trente minutes au bout desquelles il s'assied, pousse un « Ackk » guttural et étouffé, qui est un bâillement, et, avec des gestes lents de vieillard, se met debout sur ses jambes vacillantes. Aimé est levé ; il n'a pas à s'habiller et sa toilette est sommaire.

Il vient nous éveiller dans les différentes chambres et sous les portiques où nous dormons. Chacun de nous se dit alors : « Je suis le plus leste à m'habiller ; je peux rendre un quart d'heure à celui-ci et une demi-heure à celle-là. » Et il reste dans son lit.

Ainsi, l'un attendant l'autre, arrive-t-on facilement à une nouvelle heure de retard. Puis préparer les bagages et les charger sur le toit de la diligence est long, et l'eau ne bout pas pour le thé...

Enfin nous partons vers huit heures de Kachan, dont nous ne voyons que la coupole pointue de la mosquée et des rues en partie ruinées. La voiture de gala du gouverneur nous emmène avec une escorte de cavaliers. Nous la quittons à l'entrée du désert.

Et là, nos tribulations commencent. Nous ne sommes plus dans les montagnes; la chaîne court à une certaine distance à notre droite. Nous avons devant nous un infini désert de sable, fin, roux, sans une pierre, qui s'en va au loin avec de molles ondulations. Les roues de la diligence enfoncent de quinze centimètres dans le sol; parfois nous traversons le lit très large d'une rivière à sec. Les malheureux chevaux travaillent tant qu'ils peuvent, mais par moments s'arrêtent épuisés.

Alors, sous le soleil déjà ardent, nous descendons et poussons aux roues de la diligence. Nous progressons ainsi avec une lenteur extrême. A dix heures, nous ne sommes pas à six kilomètres de Kachan et le premier relais à atteindre est encore à près de vingt kilomètres de nous.

C'est à ce moment que la diligence s'ensable définitivement et que les chevaux refusent de tirer. Il faut attendre qu'ils soient reposés.

Nous regardons le lieu où notre fortune a échoué.

Nous sommes en plein désert; le soleil tombe d'aplomb sur nous et le rayonnement sur les sables amène des vibrations légères au ras du sol.

A gauche, des dunes peu élevées; à droite, nous découvrons une échappée sur une oasis charmante. Des arbres verts se penchent au souffle de la brise. Puisqu'il y a des arbres, de l'eau court à leurs pieds. Nous mourons de soif; les boissons glacées d'hier soir et la chaleur affreuse nous ont desséché la gorge. Deux d'entre nous dételent un cheval et se dirigent vers l'oasis qui n'est pas à un kilomètre de nous. A peine ont-ils marché cinq minutes qu'ils reviennent. L'oasis, les verdures fraîches, la brise ne sont qu'illusion; nous sommes entourés de sables brûlants.

La fatigue nous accable. L'un de nous dort couché sous la diligence. D'autres descendent un instant; le sable maintenant est si chaud qu'on ne peut le tenir dans la main. Il faut rester à l'abri de la voiture.

Nous envoyons Aimé, à cheval, chercher des bêtes de renfort à Kachan, car nos chevaux sont incapables du moindre effort.

Voici qu'à gauche au pied des dunes, des rivières se forment, se réunissent et coulent limpides et frissonnantes sous les arbres qui se reflètent en leurs eaux. Nous sommes entourés de mirages, mais la vision est si nette, si forte qu'elle crée à chaque fois l'illusion.

Aimé ne revient pas. Depuis plus de deux heures nous sommes immobilisés, dans la partie la plus chaude du désert, au milieu du jour, alors que personne en Perse n'oserait se risquer au dehors.

Autour de nous, c'est l'immensité morne des sables et les mirages décevants. Il n'y a pas un souffle d'air. Immobiles, nous cuisons sous le toit protecteur de la diligence.

Vers midi, Aimé revient avec trois chevaux et un second cocher.

Après maintes ruades, traits cassés, et secousses vaines, la diligence s'ébranle. Mais nous ne cheminons qu'au pas. Il nous faut deux heures pour gagner le relais.

Propos alternatifs pendant la quatrième étape. — Au relais.

— Aimé, y a-t-il une chambre ?

— Non, monsieur.

— Un portique, au moins ?

— Non, monsieur.

— Alors pas moyen de se reposer ?

— Non, monsieur.

— Ah ! voici, au bord d'un ruisseau, un saule qui nous abritera.

— Maigre abri, ce saule n'a qu'un tronc et deux branches.

— Je n'ai pas mieux à vous offrir.

— Nous en mourrons.

— Pas encore.

— Laissez-moi un peu de place près du tronc ; chacun a droit à avoir au moins la moitié du corps à l'ombre.

— Aimé, apporte les provisions.

— Le ruisseau a l'air très propre.

— Voyez les chèvres qui s'y lavent.
— « Un agneau se désaltérait... ». Si vous croyez que ça m'empêchera de boire.
— J'ai faim !
— Je sors du jambon...
— A bas le jambon !
— Des confitures et des biscuits.
— Il y a deux œufs durs par personne. Si vous en prenez trois, je vous assure que j'en mangerai quatre.
— Cette cuiller n'a-t-elle été dans la bouche de personne ?
— Oh ! si vous en êtes là !
— J'ai les pieds dans la boue et la tête au soleil.
— Job avait au moins son fumier.
— Permettez que je vous verse un peu d'eau sur la tête.
— Tiens, mais c'est très agréable.
— Un verre dans le dos entre les vêtements et la peau ?
— Les passe-temps innocents du désert.
— J'ai encore faim.
— Vous êtes vraiment exigeant.
Tous ensemble :
— Aimé, donne-moi un verre de thé.
— Aimé, lave mon couvert.
— Aimé, fais cuire les petits pois.
— Aimé, dis qu'on attelle.
— Aimé, du citron.
— Aimé, du sucre.
— Aimé, donne-moi les confitures.
— Aimé, descends ma valise (trente kilos).
— Aimé, que fais-tu ? Tu restes à rêver, tu n'es pas là pour t'amuser.

En route : il est trois heures ; dans le désert.
— Appuyez votre tête sur mon épaule, comme si vous m'aimiez. L'épaule d'un ami est un mol oreiller pour une tête bien faite.
— Mes jambes vous gênent-elles ? Dites-le moi, car je ne me gênerai pas pour vous avertir si les vôtres sont dans mon chemin.

— Il n'y a pas de route, mais il y a des caniveaux.

— Ce serait une erreur de croire que le sable amortit les secousses. Il ne sert qu'à dissimuler les trous. La roue tombe dans le trou, le sable fuit, les voyageurs et la diligence gémissent.

— Nous avons moins de mouches qu'hier. Elles ne supportent pas la chaleur.

— Ce désert est nu.

— Cela est propre au désert.

— Pas un arbre, pas un homme, pas un oiseau, pas un reptile, pas même un chameau.

— Le chameau est bien trop intelligent pour se risquer en plein jour dans les sables brûlants.

— Il n'y a vraiment que nous!

— C'est bien mon avis.

— Il est entendu que c'est pour notre agrément que nous sommes ici.

— Dire qu'à cette heure des gens se promènent au Bois de Boulogne et qu'ils ignorent leur bonheur!

— Pour l'instant, nous sommes dans le lit d'une rivière. J'ai découvert que la Perse est un pays de rivières à sec.

— Comme vous dites.

— Vous avez l'épaule d'une dureté! Je ne l'aurais jamais cru. Vous trompez bien votre monde.

— Quelle bizarre idée d'avoir emporté ce fusil gênant et inutile!

— Ah non! ne faites pas arrêter pour tuer un sale vautour.

— Pourquoi nous suit-il?

— C'est le requin du désert. Il court l'accident.

— Trouverons-nous un gîte ce soir?

— Je ne veux plus continuer, j'en ai assez, je décide que je ne vais pas plus loin.

— Vous n'avez pas besoin de prendre une décision. Nous voici en panne de nouveau.

Et c'est vrai, nous sommes ensablés encore, à mi-distance entre les deux relais, dans le désert monotone que coupent de petits monticules de sable. Nous sommes là dans une chaleur sèche, qui pique, à attendre que l'on nous ramène des chevaux de renfort. Le temps coule lentement. Quand arriverons-nous, de ce train, à Ispahan? Nous serons bien heureux si nous faisons, aujourd'hui, quarante kilomètres.

Dans le coupé de la diligence, pour passer les longues heures d'attente, nous causons. En quelques mots, l'un de nous évoque un bord de mer gris et bleu où soufflent des brises fraîches, où meurent sur le sable des vagues crêtées d'argent; ou bien c'est l'intimité close d'un chez soi, tentures passées, fleurs sur la table, feu de bois dans la cheminée, bibelots rares et familiers, un coup de timbre qui vous fait tressaillir... Ah! que tout cela devient émouvant à être raconté si loin de l'Europe, au centre de l'Iran, dans ce désert immémorial et brûlant, où ni plantes, ni hommes ne poussent. Avec quelle intensité, pour échapper aux tortures présentes, nous revivons les heures de jadis!

Vers cinq heures, la force du soleil est moins grande. Nous descendons et voulons aller à pied au relais. Nous voici dans le désert, marchant au cri de « Vers Ispahan! » mais le sable épais est si fin qu'il roule sous les pieds; la marche est impossible. Alors nous revenons à la diligence. Sous une ombrelle Emmanuel Bibesco se couche à l'ombre illusoire d'un arbuste nain et déclare qu'il finira ses jours là; d'autres s'installent sur le sable au ras des roues; il semble qu'on soit assis sur un four.

A droite, nous avons des montagnes neigeuses et lointaines.

Le soleil baisse, les sables et les pierres s'assombrissent, le désert devient violet autour de nous, les montagnes bleues; le ciel est jaune à peine au couchant; puis des mauves tendres passent au lilas foncé au-dessus de nos têtes. Et c'est tout de suite la nuit.

*
* *

Nous sommes changeants et divers. Parfois la lassitude nous accable, personne ne parle, nous nous regardons avec des yeux mornes, nous n'avons que la force de ne pas échanger les tristes réflexions que nous faisons intérieurement sur notre folie. Puis, soudain, pour un mot heureux, c'est un fou rire général, nous voilà gais et triomphants. Il y a ainsi des moments charmants dans cette grande voiture abominable qui nous emmène au prix de souffrances continuelles vers un Ispahan inaccessible.

*
* *

Le cocher revient au galop, amenant deux chevaux. Nous repartons enfin. A huit heures et demie, nous sommes au relais de Mahommadab. Là, grande dispute avec le maître de poste, car nous exigeons six chevaux au lieu de quatre. Nous ne voulons pas rester en panne une troisième fois. Aimé, qui semble une fillette, bouscule des hommes trois fois gros comme lui.

Pendant que les autres se querellent, nous entrons sous la voûte pour prendre le thé léger qui nous est devenu indispensable.

L'arcade est profonde, le sol dallé à deux pieds au-dessus du niveau de la cour. Accroupi sur lui-même, le dos au mur, un vieil homme, la barbe et les ongles acajou, remue de ses doigts secs des braises dans un réchaud sur lequel sont posées deux ou trois théières. Il prépare des verres d'une infusion qu'il appelle thé et qui a le goût de paille d'écurie. Il ne faut point songer à toucher nous-mêmes à la théière. Pour ce crasseux, nous sommes malpropres; notre contact souillerait les ustensiles dans lesquels il cuisine pour les « purs » qui sont, comme on le sait, les seuls musulmans. Il prend du sucre dans un vieux mouchoir et nous tend le verre d'un air dégoûté. Nous sommes si affaiblis que nous restons assis sur une natte pouilleuse à attendre le breuvage détestable qu'il nous prépare.

Plus loin, sous l'arcade, rangés en demi-cercle, une bande de bougres en haillons sont accroupis sur leurs talons; leurs visages sont bruns, presque noirs; leur crâne est rasé du front à la nuque; sur les deux côtés seulement, une touffe de cheveux sombres; les uns ont des faces d'Hindous, d'autres sont voisins des nègres. Ils se passent sans mot dire une pipe au tuyau de bois énorme et nous regardent à peine. Une lampe au centre du cercle éclaire fortement leurs figures immobiles et leurs guenilles orgueilleuses.

Au fond de l'arcade, un gamin, presque nu, active, au moyen d'un éventail de palmes, un feu de braises qui rougeoient.

***

De neuf heures à une heure, nous roulons dans la nuit. A chaque instant nous nous assoupissons et, chaque fois, un cahot nous réveille d'un coup plus dur. Nous espérons trouver un gîte à la prochaine étape et nous remettre de l'accablante journée que nous avons eue. Aimé nous y promet un abri.

Il fait une nuit glorieusement belle; l'air est sec; le ciel criblé d'étoiles si brillantes qu'on ne peut croire que ce soient elles qui luisent si pâles au-dessus de nos pays d'Europe. Ici les nébuleuses de la voie lactée, à peine visibles à Paris, ont l'éclat des étoiles de seconde grandeur dans nos climats. C'est un spectacle prodigieux que celui du ciel vu du haut plateau persan.

Nous nous arrêtons vers minuit devant un portail monumental. Les Persans ont le goût des monuments; bon nombre de relais ont ainsi une porte magnifique, qui ne mène nulle part. Une façade leur suffit. C'est insuffisant pour nous.

Aimé nous assure que nous pourrons coucher au village suivant. Nous nous résignons donc, puisqu'il n'y a pas moyen de faire autrement, à passer la nuit dans la diligence.

Assis sur des pierres, à la clarté de la lune qui se lève, nous mangeons des œufs durs, des biscuits et, en attendant que les chevaux soient prêts, faisons du thé dans nos bouillottes dont le vent agite la flamme. Nos membres sont ankylosés par tant d'heures de diligence.

CINQUIÈME JOURNÉE, 25 *mai*. — Nous avons donc trouvé aujourd'hui, cinquième jour de notre voyage dans le désert, le seul moyen de partir de bonne heure : c'est de ne pas nous coucher.

Nous arrangeons de notre mieux les banquettes du coupé pour que les jeunes femmes puissent s'y étendre, et nous voilà roulant de nouveau sur un sable inégal. Nous sommes très fatigués, mais au moins ne souffrons-nous plus de la chaleur. Et puis nous faisons du chemin et approchons d'Ispahan.

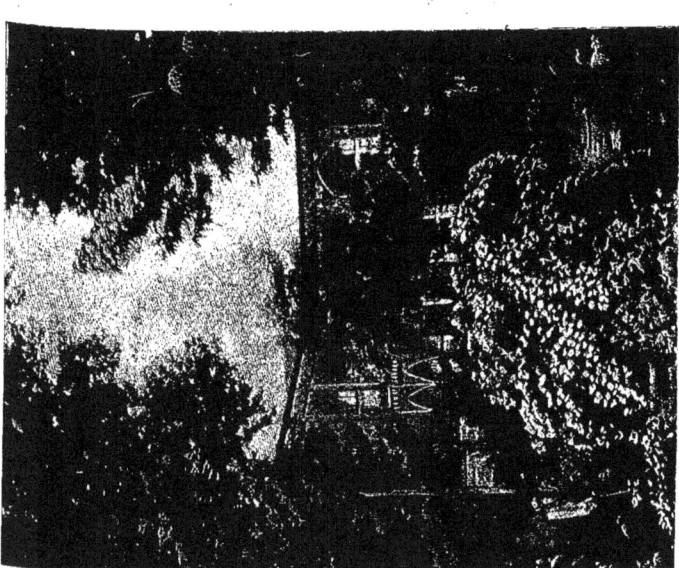

Ispahan. — Les jardins de la Medresseh.

PL. 30

Dans le compartiment d'arrière de la diligence, nous changeons de position toutes les cinq minutes; nous nous prêtons un mutuel appui et déployons alternativement nos jambes sur les genoux de nos compagnons. Quant à dormir, il n'y faut pas songer. Nous nous rattraperons à l'étape prochaine.

Les minutes coulent lentement. Enfin, vers cinq heures, l'aube naît dans le ciel. Vénus brille comme un pur diamant à l'Orient; les autres étoiles pâlissent. Le petit jour nous montre une oasis, délicieuse et réelle celle-ci, des champs d'orge, de seigle, de pavots blancs, des ruisseaux d'eau claire le long de la piste, et bientôt un village pittoresque, dont les maisons aux murs à créneaux semblent des châteaux-forts. A distance, elles produisent un effet imposant; de près, nous découvrons que ces maisons sont en ruine, et les murs en pisé, qu'un coup de pied abattrait.

Nous sommes au relais. Nous sautons de voiture pour nous reposer et dormir, enfin! Désespoir, il n'y a qu'une écurie souterraine et pas de chambre, pas le moindre abri, pas la plus petite cahute, pas un arbre pour nous protéger des rayons du soleil!

Quelques minutes désolées, et quelque colère! Des phrases de ce genre sont entendues. « Si on veut nous faire arriver sans manger et sans dormir à Ispahan, qu'on le dise. Il est évident qu'on veut notre mort. » Le « on », c'est moi sans doute, qui me résigne philosophiquement à l'inévitable, c'est-à-dire à ne pas dormir et à continuer notre marche, puisqu'on ne peut faire autrement. C'est moi, doué évidemment des pouvoirs d'un éfrit rencontré dans le désert, qui ai fait disparaître par un acte de ma toute-puissante volonté les chapar khanés somptueux qu'on se promettait.

Mais, devant cette simple constatation qu'il n'y a rien, l'accès de mauvaise humeur finit par passer.

Nous sommes heureux de trouver un beau ruisseau où nous nous baignons, et du lait de chèvre que l'on trait devant nous, de petites chèvres noires qui descendent de la montagne.

Vers sept heures, nous voilà repartis. Depuis vingt-quatre heures, nous n'avons guère quitté la maudite diligence.

Nous nous engageons dans les montagnes.

Les chevaux tirent tant qu'ils peuvent ; la piste que nous suivons monte par pentes brusques. Deux fois, trois fois déjà, nous avons été obligés de descendre pour pousser aux roues, et maintenant les chevaux s'arrêtent et se refusent à nous mener plus loin.

Après l'ensablement d'hier, arrêt dans les montagnes aujourd'hui. Nous connaîtrons toutes les émotions d'un voyage en diligence en Perse.

De nouveau nous dételons un cheval et envoyons Aimé chercher du renfort. Nous sommes à une heure du relais.

Nous voici donc pour quelque temps tranquilles.

Le soleil monte dans le ciel et commence à nous chauffer brutalement.

On est morne ce matin dans le coupé de la diligence. Quand verrons-nous Ispahan?

Les chevaux frais arrivent. Ce sont des bêtes vicieuses qui ruent au lieu de tirer. Nous avons un cocher sur le siège et un autre devant les chevaux qui ne se laissent pas conduire. Alors le cocher qui est à pied empoigne le timon et le pousse à droite et à gauche, suivant l'occasion. Nous suivons ainsi le plus difficile et le plus dangereux des chemins en pleine montagne.

Le paysage est d'un caractère impressionnant. Cette fois-ci nous voyageons dans la lune; ce sont des montagnes de lave, des mamelons arrondis, des cirques réguliers, des séries de cratères éteints, des pics sur les flancs desquels sont de grandes traînées de soufre jaune vif, des crêtes déchirées, des parois de rochers de toutes couleurs allant des rouges et des bruns au violet et au jaune; pas un arbre, pas une pousse verte; une désolation complète et tourmentée, une aridité pierreuse, un monde surpris par la mort et pétrifié dans les convulsions d'une atroce agonie.

C'est à travers ces montagnes farouches, convulsées, que nous avançons lentement, avec mille difficultés. Nous gravissons de petites côtes très dures suivies de descentes plus raides encore. Le cocher lance ses chevaux au galop pour la montée et fait la descente au pas.

Mais voilà que, comme nous atteignons ainsi au galop le sommet d'un col en miniature, le cheval de tête s'emballe, fait à toute allure un tournant à angle aigu, se précipite en bas d'une pente rapide; les quatre chevaux derrière lui le suivent tant qu'ils peuvent, le cocher hurle, la diligence oscille, les roues de droite quittent le sol, la lourde voiture se penche sur deux roues vers un précipice à gauche; nous voyons au-dessous de nous les rochers sur lesquels nous allons être écrasés, ils sont de couleur violette...; une seconde seulement... et voilà que la diligence, au lieu de verser, se remet d'aplomb sur ses quatre roues qui nous mènent à une allure folle jusqu'au bas de la descente. Ouf! jamais nous ne verrons la mort de plus près jusqu'au jour où son heure sera venue.

Après une alerte si vive, nous nous arrêtons; l'un de nous chasse le cocher du siège et conduit à sa place. L'autre cocher continue à courir devant les chevaux.

A onze heures, enfin, nous arrivons au relais. Ici, il y a des bâtiments, des arbres, un ruisseau. Ici nous ferons enfin la sieste que nous attendons depuis trente-six heures.

Nous sommes à Imanzadé-Sultan Ibrahim.

IMANZADÉ-SULTAN IBRAHIM OU LES DOUZE VOLEURS. — Comme nous descendons de la diligence, nous voyons dans la cour du chapar khané un homme vêtu de noir, une carabine sur l'épaule, qui nous regarde.

L'ayant vu, Aimé me tire à part et, très ému, me dit :

— Monsieur, cet homme-là est un grand voleur. Je le connais bien; il est Bakhtyare. Il faut faire attention.

Les Bakhtyares sont des tribus qui habitent les montagnes de cette région; elles sont indisciplinées et pillardes.

Je communique cette nouvelle sensationnelle à mes amis et nous nous promettons de faire attention aux bagages qu'on est obligé, du reste, de mettre tous à terre. Il n'y a qu'une chambre minuscule; nous l'offrons aux deux jeunes femmes et à un des maris. Les trois hommes restant arrangent leurs lits de camp dans un grenier à paille, plein d'une poussière qui vous prend à la gorge, et de souris très hardies.

On installe les valises dans le grenier. L'homme vêtu de noir s'intéresse à nos allées et venues, et bientôt le voilà qui m'aborde en anglais.

Ce chef de brigands sait l'anglais! Il en connaît au moins dix mots, et la conversation, après les quelques civilités d'usage, s'arrête faute d'aliments.

Cependant nous nous baignons dans un ruisseau clair, tandis

que nos compagnes procèdent à leur toilette dans leur chambre, et nous nous trouvons réunis pour le déjeuner sous un beau platane.

Le maître du poste nous a donné un samovar et un réchaud. Il a même du pain et des œufs ! Nous déjeunons de grand appétit.

Près de nous, l'homme noir s'est installé ; avec lui sont assis quatre ou cinq bakhtyares vêtus à la persique. Mais des gens plus couverts de cartouchières, de dagues, de poignards, nous n'en avons jamais vus. Georges Bibesco, pour leur montrer que nous sommes armés, va chercher son fusil et sa carabine, qui servent enfin à quelque chose.

Un concours de tir s'ouvre dont quelques magnifiques guêpiers aux ailes bleues et jaunes sont les innocentes victimes. Puis nous allons nous reposer, en ayant soin de fermer de notre mieux les portes qui n'ont jamais eu de serrures. Le maître du relais nous avertit qu'il faut partir à quatre heures, car nous avons encore, dans les montagnes, deux heures de trajet aussi difficile que celui de ce matin, et on ne peut le faire que de jour.

Enfin nous dormirons tout de même.

Nous dormons fort peu dans notre grenier à rats trop habité ; mais enfin, nous avons pris un bain, nous sommes allongés, nous nous délassons. Les images vives et nombreuses que nous avons emmagasinées ces jours derniers repassent devant nous comme dans un rêve éveillé. Et nous pensons à Ispahan, inaccessible.

Si nous y parvenons jamais, dire qu'il faudra s'en revenir par cet identique chemin sur lequel nous avons tant souffert, et nous songeons à rester en Perse...

Aimé arrive en coup de vent dans le grenier.

— M'sieur, m'sieur, dit-il, nous sommes perdus, nous sommes perdus !

L'émotion l'empêche de parler. Enfin il reprend.

— Oui, le voleur a profité de votre sommeil ; il a réuni une dizaine d'hommes, tous armés de carabines et de poignards. Et ils sont partis nous attendre dans les montagnes où nous devons passer!

Diable !

Aimé continue.

— Il en a laissé un ici pour l'avertir lorsque nous partirons.

Je sors sous l'arche d'entrée. C'est vrai, un homme à cheval, la carabine sur l'épaule, des cartouches lui cuirassant le ventre se promène devant la porte.

Et je rentre dans le grenier à foin.

Premier conseil de guerre à trois. La nouvelle que nous apporte Aimé est grave. Nous sommes dans les montagnes, loin de tout secours, à cent kilomètres de la station la plus proche du télégraphe indien. Nous avons deux femmes avec nous. Que faire? Rester au relais à attendre? Attendre qui? Il ne passe jamais personne sur cette route. Revenir sur nos pas? jamais. Alors tenter de passer tout de même. Ils sont douze, mais nous sommes des Européens et, comme tels, bénéficions d'un prestige incomparable. Nous allons être reçu par le frère du Chah à Ispahan; nous avons été les hôtes du gouvernement persan à Téhéran ; nous sommes des gens bien considérables pour des brigands persans. Aussi décidons-nous de risquer la partie. Et, cette décision prise, nous nous félicitons de notre héroïsme. Maintenant nous envisageons gaiement les conséquences possibles d'une rencontre avec les brigands. Emmanuel Bibesco nous offre de nous prêter de l'argent. Un autre déclare qu'il vendra sa vie cher. Quant à moi, je tire mon portefeuille et compte mes billets. J'ai sur moi deux cent cinquante francs et une lettre de crédit inutilisable pour les brigands ; je dis alors que si peu que j'estime ma vie, elle vaut pour moi plus que cette somme, et que je la donnerai sans retard au cas où on me la demanderait, même impoliment. Malgré notre gaieté, nous sommes préoccupés. C'est une très vilaine aventure que nous avons devant nous. Nous voudrions en rire, mais c'est difficile. Nous interrogeons le maître de poste. Il est inquiet aussi.

Devant le relais se promène, indifférent, le douzième des brigands. Il attend notre départ.

Nous réveillons les jeunes femmes à qui nous cachons autant que possible notre anxiété et, lentement, les bagages sont arrimés sur le toit de la diligence. Lorsque cela est fait, l'homme qui nous surveille part au petit galop dans la direction que nous allons suivre.

Nous sortons fusil et carabine de leurs étuis, et les revolvers des valises. Aimé crie : « Donnez-moi un fusil, j'en tuerai quatre. » Mais nous ne lui confions aucune arme à feu. Nous avons sagement décidé d'essayer de la diplomatie et de n'employer nos armes que s'il n'y a de recours qu'en la force. Georges Bibesco, sa femme et moi, sommes dans le coupé ; le ménage Phérékyde accompagné d'Emmanuel Bibesco dans le compartiment d'arrière.

Et nous partons.

Ces minutes sont assez émouvantes. Peut-être dans une heure serons-nous les prisonniers des brigands? Peut-être nous emmèneront-ils dans les montagnes pour tirer de nous une forte rançon? peut-être se contenteront-ils de nous dépouiller et de nous laisser sur la route? Ce sont là des histoires belles dans les livres, mais fort déplaisantes dans leur réalité. Nous cachons à nos compagnes notre inquiétude, mais réfléchissons mélancoliquement sur les suites possibles de cette aventure.

La diligence s'avance lentement le long d'une vallée ouverte à gauche et de montagnes arides à droite.

Aimé, sur le siège, ne peut se tenir tranquille et, dans son excitation, est sans cesse debout pour voir plus loin.

Des rochers descendent à droite jusqu'à la route. Rien ne se prêterait mieux à une embuscade.

Soudain Aimé crie d'une voix aiguë:

— Les voilà, les voilà !

Grande émotion dans la diligence. Nous nous penchons pour mieux voir. En effet, on aperçoit des hommes là-bas, très loin, qui s'approchent des rochers ; ils ont mis pied à terre.

Le moment est sans doute venu.

La diligence cahote lourdement et s'avance vers les rochers.

Il faut beaucoup plus de temps pour les atteindre que nous l'eussions imaginé. C'est moi qui suis chargé de parlementer avec le chef des brigands qui sait un peu d'anglais ; je médite les fortes paroles que je lui adresserai.

Cependant, voici qu'à notre gauche, dans la vallée, d'autres hommes accourent vers la route. Ils seront trop. Une minute de plus se passe : on voit maintenant bien nettement les hommes assis ou debout près de la route ; mais au même moment, nous découvrons dans un pli de terrain, qui jusqu'ici nous était caché, toute une caravane au repos, à portée de carabine de la piste que nous suivons. Cette caravane, c'est le salut. Les chameliers, les *tchavardars* sont les plus honnêtes des hommes. Près d'eux, point d'embuscade, point de guet-apens !

Quels soupirs de soulagement ! Nous étions prêts à tout, mais que nous sommes heureux de n'avoir rien à donner !

Nous passons devant les chameliers qui sont venus nous regarder et continuons à travers la montagne.

Nous ne sommes pas encore hors d'affaire. Il est possible que les brigands préfèrent opérer de nuit.

Mais enfin nous avons échappé à un premier danger immédiat ; nous ne voulons plus penser à des choses pénibles.

Comme nous sommes dans cette quiétude agréable, voilà que la voix d'Aimé de nouveau se fait entendre.

— Tout le monde descend ! tout le monde descend, crie-t-il aigrement.

Allons, quoi ! qu'y a-t-il encore ? Est-ce cette fois-ci, les brigands ? Nous n'y voulons plus croire, nous en sommes las, nous les refusons.

Pourtant nous descendons, les armes à la main. Non, les brigands ne sont pas là. Nous sommes au haut d'une pente si raide que le cocher veut alléger sa voiture. Nous nous souvenons de notre émotion du matin, des rochers violets sur lesquels nous avons failli laisser nos palpitantes vies, et nous faisons la descente à pied.

Trois et quatre fois encore, nous sommes obligés de mettre pied à terre. De brigands, point. Vers sept heures et demie, nous arrivons au relais.

Nous interrogeons les gens ; aucune troupe de cavaliers n'a passé. Le chemin est donc libre devant nous. Nous décidons à l'unanimité de continuer ; nous n'y avons du reste aucun mérite, le chapar khané n'ayant pas le plus fragile abri à nous offrir.

Mais les brigands ? était-ce des brigands ?

Que sais-je, moi ? J'ai raconté les choses telles qu'elles se sont passées. Cette dizaine d'hommes armés jusqu'aux dents avaient quitté pendant notre sieste Imanzadé-Sultan Ibrahim. L'un d'eux était resté pour nous surveiller. Nous voyant prêts à partir, il s'était éloigné au galop.

Je n'en sais pas davantage. Allaient-ils simplement au-devant de la caravane que nous avons vue et parmi les chameliers de laquelle ils avaient peut-être des amis ? Avaient-ils au contraire de noires pensées à notre sujet et, à la réflexion, les abandonnèrent-ils ?

Le lecteur est maintenant aussi renseigné que nous et décidera. Quoi qu'il en soit, ils nous firent vivre quelques heures de pensées tumultueuses et aiguës.

*
* *

Au relais, nous prenons du thé en plein air.

Aimé, avec une belle assurance, nous assure que nous pourrons dormir au prochain chapar khané. En tous cas, malgré la fatigue accablante encore de ce jour, nous sentons Ispahan plus proche. Cent kilomètres au plus nous en séparent. Nous y arriverons, morts peut-être, mais nous y arriverons.

Nous nous installons pour notre seconde nuit dans la diligence.

Un vent frais s'est levé; nous sommes à près de dix-huit cents mètres d'altitude. Après avoir failli périr de chaleur, nous grelottons de froid dans la voiture dont la toile trouée ne nous protège pas du vent.

Vers onze heures, moulus et accablés par trop de fatigues diverses, nous arrivons à un relais. Ici encore, pas moyen de se reposer. Le relais, c'est un mur monumental, derrière lequel il n'y a rien.

Il faut une heure pour changer les chevaux. Pendant ce temps, nous nous promenons pour nous réchauffer. Les jeunes femmes, appuyées sur nos bras, s'endorment en marchant. Emmanuel Bibesco se couche au pied du mur et dort.

A minuit, nous repartons. Maintenant nous ne luttons plus; nos corps sont hyperestésiés par la douleur; le vent nous glace. Nous n'avons même pas la force de nous plaindre. La diligence emmène six êtres inconscients et passifs.

Sur le siège, couché derrière le cocher qui l'empêche de tomber, Aimé dort. Il n'a jamais fait un si beau voyage.

A trois heures, nous arrivons à Murchekar où se rejoignent la route que nous avons suivie et celle qui passe par les montagnes et Kuhrud pour atteindre Kachan.

Ici, nous descendrons en tous cas et nous reposerons, fût-ce couchés sur la terre froide.

On nous montre, sous l'arche d'entrée de la poste, une espèce de trou dans lequel on descend par deux marches. Une fois là, on est

Sous la voûte d'Ali-Kapou.

Ali-Kapou.

Ispahan. — Le palais des Quarante Colonnes.

dans un ancien four dont les murs sont noirs de fumée et qui ne reçoit de l'air que par une ouverture au sommet du dôme qui le couvre.

Des poules y ont fait leur logis.

Nous le leur prenons et les chassons dans la cour, où Aimé en attrape une à laquelle il tord le cou.

On peut juste mettre nos six lits de camp sur le sol bosselé de ce four. Il faut une heure pour descendre les valises et dresser les lits. Enfin, vers quatre heures, nous sommes couchés. Demain nous nous lèverons à huit heures pour arriver avant la nuit, *in'ch'Allah*, à Ispahan.

SIXIÈME JOURNÉE. — *Vendredi 26 mai.* — A huit heures, Aimé et le maître du relais nous réveillent. Nous dormions profondément dans une atmosphère plutôt lourde. Si nous ne savions pas Ispahan près de nous, nous n'aurions jamais la force de sortir de ce four.

Aimé nous a cuit la poule qu'il a tuée. Elle est coriace.

Suivant notre habitude, nous faisons notre toilette dans le ruisseau et, vers dix heures, nous sommes partis, cette fois-ci pour ne nous arrêter qu'à Ispahan, qui est à cinquante-quatre kilomètres ou neuf farshaks persans.

Nous sommes dans la plaine et dans les sables. La chaleur est très forte, l'air vibre au ras du sol, et de nouveau nous voilà entourés de mirages exquis; des arbres toujours, des rivières, des lacs aux eaux limpides, des verdures fraîches que caresse la brise, tel est le décor dans lequel nous avançons lentement. Un chapar khané, un grand caravansérail; nous croisons quelques voyageurs à âne. On sent que l'on approche d'une ville.

Enfin, vers une heure, on aperçoit une ligne d'arbres très loin à l'horizon.

— Ispahan, crie Aimé de son siège.

Ispahan! Nous en approchons lentement; maintenant on voit au milieu des arbres les dômes des mosquées; une coupole bleue à gauche domine les autres, la mosquée royale.

Au dernier relais, un coupé à quatre chevaux nous attend, d'où descend un Persan en redingote. Il nous remet une lettre de son maître S. A. I. Zil es Sultan, frère du Chah et gouverneur d'Ispahan, lequel nous offre l'hospitalité dans un de ses palais et nous envoie ses voitures aux portes de la ville.

Nous acceptons les voitures et refusons le palais, car nous sommes attendus au consulat de Russie.

Nous nous remettons en route. Maintenant nous traversons les champs de pavots blancs qui font une ceinture fraîche de fleurs à Ispahan; les canaux d'irrigation croisent la route à chaque instant.

Nous sommes pâles, accablés. Mais nous nous redressons dans l'antique diligence. Notre énergie est intacte. Nous approchons d'Ispahan.

Nous touchons aux portes de la ville. Un général et cent cosaques rouges nous attendent, escortant deux landaus de grand gala tout en glaces. Le *carrouzar*, ou maître de la ville, est là pour nous recevoir.

Nous sentons que notre diligence délabrée est bien plus en harmonie avec notre tenue que les carrosses de Zil es Sultan. Six jours à travers le désert ont laissé leurs traces sur nos figures et sur nos vêtements. Nous nous serions fort bien accommodés d'une entrée modeste, ignorée dans Ispahan. Mais les carrosses sont sortis, il faut y monter. Les cosaques rouges nous précèdent et nous voici partis à travers les rues et les bazars.

Nous avons d'abord la douleur de voir la diligence passer sous une des portes basses et nos quatre casques coloniaux attachés sur les valises être fauchés d'un seul coup.

Puis nous suivons une rue entre deux murs de terre; un ruisseau coule, sur les bords effondrés duquel poussent des arbres. Nous entrons dans des bazars étroits où l'on trouve encore quelques moucharabyés.

La foule se presse sur notre passage pour regarder des Européens.

Elle voit, à travers les nuages de poussière que soulèvent les chevaux de l'escorte, deux femmes dépeignées et des hommes défaits. Mais nous avons, dans la contenance et le regard, quelque chose de triomphant : nous sommes à Ispahan !

CHAPITRE VIII

UNE SEMAINE A ISPAHAN

Vendredi 4 heures. — Nous sommes à Ispahan ! Nous pénétrons dans le consulat impérial de Russie, palais sans fenêtres au dehors, dont les quatre bâtiments enclosent un jardin d'arbres touffus et de roses. De blonds et solides cosaques font la haie, sabre au clair. Le chargé d'affaires, M. Tchirkine vient au-devant de nous, des fleurs à la main.

Nous sommes très poussiéreux, mais pleins de dignité. Et puis nous avons en nous l'idée tenace que nous allons nous asseoir sur des meubles capitonnés !

Nous entrons dans un salon où il y a des tables, des tapis, un divan, des fauteuils, des chaises. Notre dernier gîte était une espèce de four à chaux. Aussi commençons-nous à attacher un sens précis au mot confort.

Une chaise ! Ce siège à dossier, presque dédaigné en Europe, que l'on n'oserait offrir à un invité, sur lequel on s'assied comme en pénitence, nous voyons maintenant qu'il a fallu des siècles et les efforts d'une race ingénieuse pour l'inventer.

Il nous apparaît comme une des conquêtes les plus précieuses de la civilisation. Nous regardons les chaises avec respect et attendrissement.

Pendant six jours, nous n'avons mangé que des conserves tiédies et racornies par le soleil, et nous savons ce que valent les sardines à l'huile dans le désert par quarante degrés centigrades. Nous nous sommes servis nous-mêmes et, accablés de fatigue, avons relavé nos assiettes. — Des domestiques empressés nous apportent du thé parfumé, de minces tranches de citron, et des glaces !

Dans nos chambres, nous trouvons des lavabos, de l'eau ; puis nous découvrons des bains admirablement installés avec piscine chaude et piscine froide !

Nous sommes encore meurtris par les planches de la diligence ; nous n'avons dormi que six heures depuis trois jours. Maintenant nous nous étendons vêtus de frais, baignés et parfumés, sous les arbres du jardin, dans la senteur de toutes les roses d'Ispahan qui ont attendu notre venue avant de s'effeuiller.

Nous avons gagné le Paradis.

* * *

Il règne le soir, sous ces platanes, une fraîcheur délicieuse. De grands chiens qui, jadis, effrayèrent fort Pierre Loti courent dans le jardin. Nous sommes comme grisés de fatigue et d'émotion.

Nous nous couchons de bonne heure sur nos fidèles lits de camp, car le consulat de Russie n'a pas de lits pour nous.

En Perse, et dans tout l'Orient, le mot de Jésus au paralytique est compris tout de suite : « Prends ton lit et marche. »

Comme nous avons bien fait de ne pas marcher sans nos lits !

Samedi 27 mai. — Nous nous payons des heures de grand luxe, et le luxe pour nous est maintenant de ne rien faire. Au lieu de courir la ville, nous restons dans le double jardin du consulat toute la matinée à goûter la fraîcheur ombreuse des platanes dont les troncs sortent des buissons de roses rouges.

Nous sommes encore étourdis des fatigues de six jours qui laissent en nous comme un vertige léger. Nous voudrions ne bouger jamais plus et demeurer étendus dans le parfum des roses à nous répéter : « Je suis à Ispahan. »

Ces seuls mots évocateurs nous suffisent pour l'instant. Je me les murmure à moi-même en regardant, entre les feuilles, les morceaux, comme de turquoise, du ciel.

L'atmosphère, le matin, est encore plus fraîche, plus sèche qu'à Téhéran. Ispahan est presque à l'altitude de Saint-Moritz.

Aucun bruit de la ville qui nous entoure ne vient jusqu'à nous. Seuls les chiens courent dans les buissons, des domestiques persans passent, et le vieux gardien du hammam va jeter quelques bûches de bois dans le four.

Il y a dans le jardin d'allées droites et d'arbres jeunes et touffus des variétés infinies de roses, des noires, des pourpres, des blanches, des roses à la minute dernière de leur épanouissement. Dans huit jours la splendeur de ce jardin sera morte.

*
* *

Aimé apprécie à sa valeur l'hospitalité qu'on nous offre. Il me dit au matin : « J'ai bu du thé, j'ai bu du vin, j'ai mangé de tout et des glaces, puis je me suis endormi sous la table. »

L'accoutrement d'Aimé, qui jamais n'aima l'élégance, a quelque chose de gênant dans ce beau jardin du consulat. Aimé porte la redingote persique qui était déjà trouée lorsque nous sommes partis. Le dur voyage a consommé sa ruine. Une manche est à moitié détachée du vêtement et le col trop fatigué refuse de se tenir droit. Le maillot, qui sert de chemise, ne vaut guère mieux et montre une peau couleur sable du désert. Le pantalon de cotonnade, usé jusqu'à la trame, laisse voir les genoux et même les cuisses. Aimé n'a jamais porté de chaussettes, mais il avait aux pieds deux choses jaunes qui avaient été dans un temps lointain des bottines ; elles tenaient à l'aide de ficelles ; un orteil passait hardiment à travers le cuir de l'une d'elles et leurs semelles détachées bâillaient. Maintenant, une des bottines est restée dans le désert ; Aimé va boîtant, un pied chaussé, l'autre nu. Il a l'air d'un mendiant qui serait entré dans le palais en trompant la surveillance du portier.

Il est humiliant pour nous d'être représentés à l'office par un tel domestique. Nous l'envoyons donc au bazar s'acheter redingote, pantalon, maillot neuf et une paire de ces « guivets », chaussure blanche que l'on fabrique à Ispahan, dont Aimé nous parle depuis huit jours, et qui sont le comble de l'élégance comme chaussure persique.

Aimé revient avec un gros paquet et une longue note. Le lendemain, je le rencontre vêtu comme la veille, traînant sa vieille et unique chaussure dans le jardin ; je l'envoie s'habiller, il disparaît et on ne le revoit de la journée. Le surlendemain, les jours suivants, même histoire. Aimé refuse de se vêtir de neuf et nous continuons à être humiliés dans notre domestique.

— Ah ça, veux-tu me dire, lui demandai-je le jour de notre départ, veux-tu me dire pourquoi tu as refusé de porter les habits que nous t'avons achetés ?

— Oh ! m'sieur, répondit-il de sa voix traînante, à quoi bon les mettre ? Je ne connais personne ici. Je les garde pour Téhéran où tout le monde sait qui je suis.

*
* *

L'après-midi, nous allons en grande cérémonie présenter nos hommages à Zil es Sultan « l'Ombre du Souverain », grâce à qui nous avons fait hier une entrée magnifique à Ispahan.

Zil es Sultan est le frère aîné du Chah. Mais il n'était pas fils d'une femme légitime et n'a pas succédé à son père. C'est grand dommage pour la Perse, car c'est un homme fort intelligent, très renseigné, et qui ne manque pas d'énergie. Il en a à la façon des tyrans italiens du moyen âge et l'on cite tel trait de lui qui aurait ravi Stendhal. Zil es Sultan est partisan de l'alliance anglaise, parce que les Anglais lui semblent moins redoutables pour les Perses que les Russes. Il est abonné au *Times* et au *Temps* et se fait traduire l'un et l'autre par ses fils qui ont eu un précepteur français et sont des jeunes princes fort accomplis et aimables.

Nous sommes reçus dans le palais d'été qu'il habite en ce moment. On y arrive à travers un de ces jardins de jeunes arbres serrés et d'allées droites, de bassins d'eau glauque bordés d'iris, qui ont tant de charme pour nous. Le chargé d'affaires de Russie nous présente et nous voici assis en cercle dans un salon persan, allongé, étroit, dont les fenêtres des deux côtés sont ouvertes. Il est meublé à l'européenne.

Les jeunes princes Bahram Mirza et Akhbar Mirza servent d'interprètes, et, les compliments officiels une fois échangés, la conversation prend un ton libre et intéressant. Zil es Sultan, bien qu'il n'ait jamais quitté la Perse (1), est très au courant de la politique européenne. Il sait combien nous avons prêté de milliards à la Russie et nous raconte des anecdotes sur nos hommes d'Etat. Il nous parle même du « fameux M. Combes ». Le croirait-on ? La gloire de M. Combes est universelle.

Il y a, du reste, des raisons particulières et fortes pour que les hommes d'Etat persans s'intéressent à la campagne anticléricale du « petit père Combes ».

La seule force qui s'oppose en Perse au pouvoir nominalement absolu du Chah, c'est celle des prêtres, des mollahs. On voit la prise que le mollah a sur un peuple d'une crédulité enfantine, d'une ignorance sans bornes, dans l'esprit duquel il n'est pas de frontières entre le surnaturel et le réel, et pour lequel religion et fanatisme ne sont qu'un. Des Persans éclairés me disaient : « Notre religion nous ordonne de tuer les bâbystes. » Et c'étaient des hommes frottés de culture européenne qui parlaient ainsi. Le gouvernement est donc obligé de traiter avec les mollahs d'égal à égal. Il a fallu de longs pourparlers pour qu'ils permissent le dernier emprunt que le Chah a fait à la Russie. En cas d'émeute, ils sont maîtres de diriger le peuple à leur gré. Les hommes d'État intelligents les craignent et Zil es Sultan nous dit :

— Nous aurions besoin de M. Combes pour mettre nos mollahs à la raison.

Zil es Sultan nous parle en termes élogieux de la France qu'il espère visiter l'hiver prochain. Nous échangeons des politesses et il me répond :

— Vos pieds sur mes yeux, comme nous disons en Perse.

Ici notre troupe a beaucoup de peine à garder son sérieux, car je porte une paire de bottines américaines, monstres horrifiques qui ont de larges dents régulières autour de leurs doubles semelles et qui pèsent un kilo chacune. Elles m'ont valu force plaisanteries au départ, sur les trottoirs asphaltés de Bucarest. Mais elles ont pris d'éclatantes revanches au milieu des terres labourées de la Bessa-

---

(1) Depuis que ceci a été écrit, Zil es Sultan, accompagné de ses deux fils, a visité la France pendant l'hiver 1905-1906.

rabie, parmi les boues épaisses de la Mingrélie, dans les rues défoncées des villes caucasiennes, sur les rochers enfin de l'Iran. Elles ont vu l'agonie et la mort de leurs compagnes plus délicates, des chaussures élégantes de Paris, des bottines souples, des souliers de tennis. Elles sont là aujourd'hui, robustes, intactes, énormes sur les beaux tapis de Zil es Sultan. Mais à l'idée de rapprocher ces bottes d'ogre d'un visage impérial, nous ne pouvons retenir des sourires, et la gravité de l'entretien en est un instant troublée.

Nous prenons du thé, des glaces, du café, et nous partons dans nos carrosses de gala.

*
* *

A travers Ispahan, nous gagnons l'avenue qui mène au pont magnifique construit sous Chah Abbas par un de ses généraux. Des platanes très vieux la bordent, et aussi des champs de roses, d'avoine ou de seigle, car Ispahan n'est plus ce qu'elle a été et les fleurs poussent où furent jadis des maisons et des palais.

Des Persans passent sur de jolis chevaux frais et ramassés ; une ceinture de couleur vive est attachée sous leur robe brune ; des ânes trottinent dans la poussière, et des femmes voilées, qu'accompagnent des enfants, reviennent un peu lasses d'une visite dans les jardins. A l'horizon, les montagnes arides sont baignées dans une lumière d'or fluide.

Et nous arrivons à la Medresseh, ancienne école de théologie, lieu de promenade aujourd'hui pour les Ispahanais. J'en sais peu de plus belles au monde et où l'on aimerait mieux à philosopher de la vie et de la mort, sous les fleurs, à la façon antique.

On y accède par une porte sur laquelle est appliquée une garniture d'argent ancien d'un noble dessin. On se trouve alors dans un jardin de dimensions restreintes qu'entourent des bâtiments. Des platanes montrent leurs troncs élevés, dont l'écorce lisse est impressionnante de nudité claire. Il y a aussi des ormes séculaires et des églantiers énormes en fleurs qui forment une seule boule blanche et parfumée. Au milieu du jardin coule une rivière à laquelle on descend par quelques marches ; l'eau a ce ton de jade qu'ont toutes

Ispahan. — Sur les toits de la Medresseh.

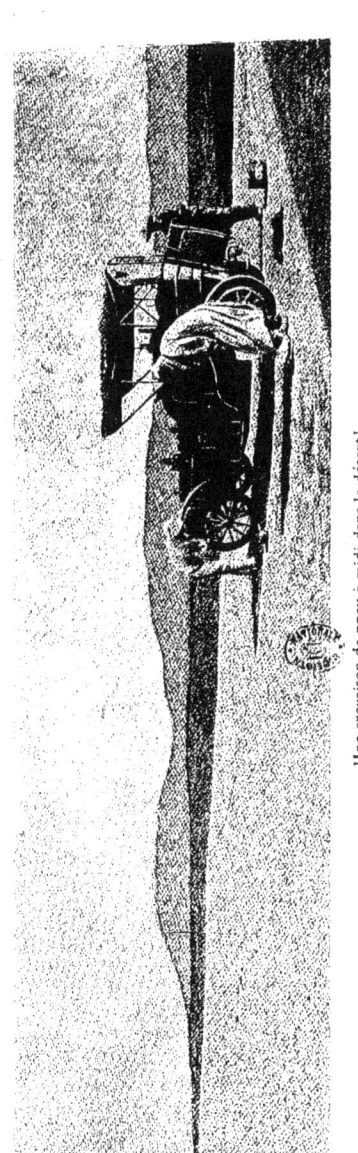

Une crevaison de pneu à midi dans le désert !

les eaux dans cette ville et dont la couleur restera toujours attachée pour nous au souvenir d'Ispahan.

Les bâtiments de l'ancienne école enclosent le jardin ; ils sont à deux étages avec, sur la façade, des niches ogivales, tapissées de faïences émaillées bleues à libres et audacieux décors ; ils ont été construits en 1710. Autrefois les étudiants habitaient ces petites chambres dont nous voyons les terrasses ; maintenant l'école n'est plus et la mosquée sur la façade de droite est abandonnée. Pourtant on ne nous permet pas d'y pénétrer et nous regardons à distance la voûte qui dort dans l'ombre douce et mystérieusement bleue.

Les minarets pointent vers le ciel à travers les arbres ; la coupole est d'une forme trapue et belle. Minarets et coupoles sont revêtus de briques émaillées à grandes arabesques ; ils semblent atteints de maladie, car les briques, ici et là, tombent ; tous ces monuments d'Ispahan s'effritent peu à peu, les plaques se détachent du mur et restent brisées à terre, sans que personne songe même à les ramasser. Les taches jaunes s'agrandissent sur les murs ; dans quelques dizaines d'années, que restera-t-il de ces décors bleus à belles arabesques dont les tons hardis chantent parmi les feuillages d'Ispahan ? Nous prenons à terre quelques fragments de briques, que nous garderons en souvenir de la Medresseh et de l'art persan du commencement du XVIIIe siècle.

Nous nous promenons sur les terrasses des bâtiments ; elles sont construites en briques et voûtées ; nous visitons les anciens logements des maîtres et des écoliers ; personne n'y habite plus. Dans le jardin, on sert des rafraîchissements. Quand nous arrivons, la foule, uniquement d'hommes, est assez nombreuse.

Et d'abord ils se pressent un peu trop indiscrètement autour de nous, car non seulement nous sommes étrangers et chrétiens, mais encore nous avons des femmes avec nous qui laissent voir, non voilés, leurs jeunes visages d'Européennes. Les cosaques du consulat repoussent, sans brutalité, les curieux qui reprennent leurs lentes occupations, leurs causeries au bord de la rivière à l'eau de jade, près de l'églantier fleuri, leurs longues fumeries que coupent des rasades de thé ou de café, et nous nous promenons en paix sous les platanes séculaires ; puis, assis sur la terrasse de ce qui fut jadis une chambre d'étudiant, nous attendons la venue de la nuit en buvant quelques gorgées d'une boisson glacée qui sent à la fois le vinaigre et la rose...

28 mai. — Ce matin des marchands d'antiquités, avertis de notre arrivée viennent nous voir. L'un d'eux me montre des lettres de Pierre Loti, de Gervais-Courtellemont, de Morgan et autres voyageurs qui ont visité Ispahan, mais c'est à peu près tout ce qu'il a, car pendant les huit jours que nous passons ici, il ne m'apporte aucun objet intéressant.

Rien de plus amusant, de plus émouvant parfois, que ces séances avec les dellals. Ils sont six ou huit que les domestiques laissent entrer dans le jardin. Ils arrivent dès sept heures, car je me lève tôt dans la hâte passionnée où je suis de voir s'ils m'ont enfin trouvé les merveilles espérées ; le petit vase à reflets métalliques du treizième siècle, le bronze ancien d'Ispahan, quelque bout de tapis où seraient représentées les chasses de Chah Abbas, quelque belle miniature du seizième siècle. Avec quelle fièvre je leur fais déballer leurs paquets et vider leurs poches qui semblent inépuisables !

Mystérieusement, ils sortent un objet enveloppé, défont l'étoffe sale qui l'entoure et le montrent.

— « *Khelly kachan ! Khelly antic ! Chah Abbas !* » (vraiment antique, vraiment beau, date de Chah Abbas) disent-ils, tandis que l'un d'eux, pour mieux exprimer le comble de son admiration, lève la tête au ciel, tend le cou, ferme les yeux et glousse comme une vieille poule.

Et je réponds « *nist antic* » (ce n'est pas ancien), en repoussant le bronze qui a été fait voilà deux ou trois ans dans le bazar d'Ispahan.

Alors ils étalent devant moi, sur des tapis dont ils jurent qu'ils ont cinq cents ans et qui en comptent à peine cinquante, des poignards à manche d'ivoire sculpté, des fusils incrustés, de grands boucliers ciselés, des cadres et des coffrets en marqueterie, des kelyans ornés, des écritoires et des miroirs en papier mâché, peint et laqué, sur lesquels sont représentés dans un encadrement de délicats ornements dorés un rossignol et un rosier ; puis ce sont de petites coupes de cuivre que l'on fait à Kachan, d'autres en argent qui viennent de Chiraz, des animaux bizarres en fer incrustés d'argent, travail d'Ispahan, des pots, des vases de faïence ou de porcelaine, des étoffes, des broderies.

Je déjeune sous un platane : l'air du matin est autour de moi frais et sec. Tout en mangeant je regarde chaque objet, et presqu'aussitôt je l'écarte, car il est de fabrication moderne et médiocre. Pourtant mon œil s'arrête sur un morceau de cachemire ancien ; des bouquets librement jetés le fleurissent ; ou bien c'est un beau carré de soie tissé d'argent, ou encore un velours changeant à grandes palmes dont les reflets brillent d'un or vieilli. Négligemment, sans en demander le prix, je les mets de côté.

Puis j'ai la surprise de voir sortir de dessous la robe du marchand, qui semble un enchanteur tant il tire de choses diverses de ses manches inépuisables, une exquise petite tasse et une autre encore, une autre, toute une série de minuscules tasses à café anciennes, aux décors légers et divers, aussi jolies et précieuses que d'anciens Sèvres.

J'ai un battement de cœur plus vif, mais c'est d'un air détaché que je dis :

— « *Tschande ?* » (Combien ?)

Les doigts dont les ongles sont passés au henné, se lèvent. Cela, ce sont des bagatelles ; mes amis les marchands m'en feront cadeau pour quelques krans.

— « Non, un kran la pièce. » Et nous concluons le marché à un kran, à condition qu'ils m'apportent toutes les petites tasses qu'ils trouveront dans Ispahan.

Hélas ! il n'en reste plus beaucoup. Je finis par en avoir deux douzaines et mes amis en achètent quelques-unes aussi.

Je garde aujourd'hui un morceau de soie brodée avec, comme motif décoratif, un perroquet sur des branches, d'un rose éteint et chaud que je n'ai jamais vu ; je prends aussi un bel éléphant en porcelaine blanche, farouche et mutilé, quelques tasses et deux broderies, puis un pot à décor bleu au goulot orné de cuivre comme on en voit au bazar des droguistes.

Ce sont des discussions infinies pour le moindre achat. Les marchands demandent dix tomans, je leur en offre un. Alors, indignés, ils reprennent l'objet sans mot dire. Une demi-heure après, ils le présentent à nouveau. La vieille poule glousse éperdûment. Je maintiens mon offre. Cette fois-ci, ils disent : « Gardez-le jusqu'à demain ». Et le lendemain, la même discussion reprend jusqu'à ce que le marchand cède en affirmant qu'il est en humeur aujourd'hui de me faire un cadeau.

La discussion s'est faite en persan et nous avons les uns et les autres argué par signes comme Panurge qui fit quinaud l'Anglais.

Les heures de la matinée passent ainsi d'une façon délicieuse.

C'est aujourd'hui le jour anniversaire de ma naissance. Qui m'eût dit que jamais je le fêterais à Ispahan !

Je vois bien dès le matin qu'il se prépare quelque chose. A midi, les jeunes femmes m'appellent et solennellement me couronnent de roses ; puis la princesse Bibesco me lit une ballade qu'elle a écrite en mon honneur et dans laquelle revit le souvenir des souffrances endurées en commun pour gagner ce paradis lointain que nous est Ispahan.

Nous sortons en voiture vers quatre heures pour visiter des palais dans le quartier de la Medresseh.

Nous allons aux Huit-Paradis. C'est, dans un jardin, un pavillon construit au dix-septième siècle. Le bâtiment est sans intérêt, mais le jardin, très vaste, est charmant ; ce sont toujours des allées régulières de platanes dont les branches basses ont été coupées et dont les troncs blancs aux grosses nodosités montent très haut. L'effet est saisissant de ces longues files d'arbres élancés. On voit aussi dans ces jardins des bassins d'eau glauque et des iris royaux.

Le jardin des Huit-Paradis rejoint celui du pavillon des Quarante-Colonnes où nous nous rendrons un de ces jours prochains.

Ce soir nous voulons voir la Place Royale, Meïdan y Chah. Nous traversons pour y arriver un bazar où déjà les lampes sont allumées. Puis nous débouchons sur le Meïdan y Chah.

C'est une des places les plus fameuses du monde et une des plus vastes. Elle fut dessinée à la fin du seizième siècle sous Chah

Abbas. Ce roi aimait les grands espaces et les vastes bâtiments symétriques. Le Meïdan y Chah est un rectangle bordé de constructions régulières à deux étages, avec arcades de briques cintrées au rez-de-chaussée en fer à cheval, au premier étage en arc en tiers point ; elles sont en saillies sur un mur de crépi blanc, et dans chaque arcade au premier étage est percée une petite porte menant à une terrasse étroite. Un trottoir court le long des bâtiments, puis un fossé dallé plein d'eau, puis c'est un terre-plein, une lignée d'arbres et un second fossé. Le milieu du rectangle est vide.

Au sud-ouest, sur le petit côté de la place, s'ouvre l'entrée monumentale des bazars qui s'étendent à l'est et au nord. Au milieu de la façade sud-est, c'est le palais d'Ali Kapou, construction élevée, avec au premier étage un haut portique de colonnes de bois élancées sous lequel le roi recevait les ambassadeurs et d'où il regardait les divertissements et les jeux de polo qui se donnaient sur la place.

En face d'Ali-Kapou est une mosquée, qui n'est pas la mosquée Djouma, comme le croit Pierre Loti, mais celle du Cheik Lutfallah. Seule à Ispahan, les briques émaillées de sa coupole sont de ton écru sur lequel s'enlèvent des arabesques noires.

Sur le petit côté du rectangle en face de l'entrée monumentale du bazar est la mosquée Royale, le Mesjid y Chah, dont la coupole bleue et les minarets montent haut dans le ciel. C'est la plus belle d'Ispahan, une des plus considérables du monde musulman. Une arche élevée sépare la cour intérieure de la place. Elle est entièrement incrustée de plaques émaillées à dessins et à belles inscriptions ; les émaux sombres ou clairs y chantent une prodigieuse symphonie en bleu majeur. La cour que nous entrevoyons est tapissée de carreaux de faïence ; et la coupole entière et les minarets sont aussi recouverts de briques émaillées sur lesquelles sont tracés de grands dessins réguliers d'une souplesse délicieuse d'enlacements. Le soleil presqu'à l'horizon caresse la carapace émaillée de la coupole qui luit avec une douceur intense.

Nous nous approchons de la porte. C'est l'heure où le muezzin appelle les « Résignés » à la prière du soir. Lorsqu'on nous voit arriver, la foule s'amasse, forme une barrière. Même nos regards sont sacrilèges et ne doivent pas franchir la porte interdite aux chrétiens.

La nuit est là. Dans la poussière épaisse, à travers le bazar illuminé, nous regagnons le consulat impérial de Russie.

*
* *

29 mai. — Les marchands apportent de beaux tapis. Ils les disent anciens. En réalité, ils ont une cinquantaine d'années. Rien n'est plus introuvable en Perse que les pièces du seizième siècle. Ispahan a toujours été renommé pour ses tapis. Un de ceux que l'on me montre aujourd'hui est d'un point d'une extrême finesse, d'un beau décor très fouillé entourant un rectangle jaune orangé, d'un ton si chaud qu'il semble produire de la lumière.

Il est impossible de s'entendre avec le marchand sur un prix raisonnable, mais nous en reparlerons « demain »; un autre m'apporte un petit tapis carré qui à ma grande surprise est copié sur un modèle de la Savonnerie du milieu du dix-huitième siècle. Les tons noirs, bleus et roses, en sont d'une surprenante vigueur ; le point d'une grande finesse. Le marchand me le laisse aussi ne pouvant se décider à conclure le marché.

On nous en présente d'autres que l'on veut nous donner comme très anciens ; ce sont de mauvaises copies faites avec les détestables couleurs à l'aniline qui ont failli ruiner la fabrication des tapis en Perse. Le soleil a mangé les couleurs et comme tout tapis est invraisemblablement plein de poussière, on s'imagine que cet aspect vieillot est dû au temps et à la saleté et qu'en nettoyant le tapis il revivra dans sa beauté première ; mais en écartant un peu les bouts de laine on voit qu'ils ont simplement été décolorés par le soleil et qu'ils n'ont jamais connu les loyales teintures végétales.

J'achète ce matin, une belle broderie ancienne, trois petites tasses, et une charmante laque du dix-huitième siècle d'une patine riche et assourdie. Mais avec quelle impatience, j'attends la belle pièce unique, l'objet rare !

*
* *

Les journées sont déjà très chaudes. Dès dix heures, on hésite à se risquer au soleil. Nous déjeunons vers une heure, puis c'est une longue sieste dans le grand salon dont les fenêtres et les persiennes sont closes ; on fume, on joue du piano, on cause et même on s'endort un instant dans un fauteuil.

A quatre heures, les voitures attelées en daumont de Zil es Sultan sont là. Allons visiter quelques jardins et la mélancolique Djoulfa, de l'autre côté de la rivière.

Des mendiants nous attendent à la porte du consulat et nous suivent. L'un d'eux, un jeune homme de seize ans peut-être, est aveugle. Il tient un bâton d'une main ; de l'autre il s'appuie sur l'épaule d'un enfant. Il lève la tête comme les aveugles que Breughel le Vieux a peints dans un tableau que l'on voit aujourd'hui au musée du Louvre. Par-dessus les fossés, les tas de terre, les décombres, ce couple court après nos voitures et nous rejoint à chaque halte. A tous les coins de rues, à toutes les portes de jardin, il est là, implorant la charité, et, quand nous repartons, l'aveugle trébuchant, la face tournée vers le ciel, nous suit sans se lasser.

Nous nous arrêtons d'abord au palais des Quarante-Colonnes. Il fut construit par Chah Abbas et l'on voit à l'intérieur quelques belles fresques datant de ce grand roi. Elles représentent des danses, des chasses, des jeux. A l'extérieur, le pavillon est flanqué d'un portique aux quarante colonnes de bois. C'était la salle du trône où Chah Abbas se laissait voir à son peuple. Ce portique, c'est presque le même que celui de Darius à l'Apadana de Suze. Les survivances des formes architecturales sont de longue durée dans l'Iran et l'on ne s'en étonnerait pas en constatant simplement la continuité d'un même climat si, en d'autres pays, le même ciel n'avait vu des formes aussi différentes que celles du gothique et celles du néo-classique romain se profiler sur les horizons gris ou vaporeux toujours les mêmes de l'Ile-de-France.

Devant le palais est dessinée une pièce d'eau rectangulaire, d'eau couleur de jade, dans laquelle se réfléchissent et tremblent au souffle de la brise qui la ride, les colonnes du portique royal. Des statues d'albâtre bordent le bassin ; des arbres taillés entourent le pavillon ; leurs files droites vont se confondre avec celles des platanes qui ombragent les Huit-Paradis.

Nous longeons maintenant la grande allée Chahar Bagh, les Champs-Élysées d'Ispahan, et arrivons au pont fameux que construisit sur la rivière Zendeh-Rud un général de Chah Abbas du nom d'Ali-Verdi. Le pont a deux galeries élevées sur lesquelles peuvent passer les piétons; au milieu une large allée à voitures; en dessous un autre chemin à piétons. C'est une construction magnifique qui jadis reliait le quartier du Chahar-Bagh, sur la rive gauche où sont le palais des Quarante-Colonnes, le pavillon des Huit-Paradis et notre chère Médresseh, à une seconde avenue sur la rive droite du Zendeh-Rud où se trouvaient les habitations des princes et des grands seigneurs de la cour.

Cette avenue n'existe plus; Ispahan a eu peine à survivre à la terrible invasion des Afghans qui la saccagèrent en 1722 et détruisirent presque toute la ville. Ispahan s'étendait sur la rive droite du Zendeh-Rud ; maintenant, il n'y a là que des jardins ombreux, des peupliers, des platanes, des roses, des décombres informes, terres éboulées qui furent des palais jadis, des champs de pavots blancs, des seigles bleutés, des avoines légères, de quoi composer avec les montagnes arides et dentelées qui ferment l'horizon voisin, le plus mélancolique et le plus beau des paysages.

L'idée que nous passons au milieu de ces ruines ardentes, parmi les fleurs et les arbres vivaces, que nous y sommes pour quelques minutes à peine, que demain nous mourrons, que nous nous mêlerons de nouveau à la poussière éternelle des siècles dont nous sommes sortis, que se confondront dans le néant nos agitations et nos joies, l'idée de la précarité de nos vies nous étreint à la gorge et nous rend silencieux, tandis que les voitures longent les murs écroulés entre lesquels palpitèrent autrefois la splendeur et la beauté vivantes d'Ispahan.

Là-bas à droite, dort Djoulfa, l'arménienne Djoulfa; rues étroites et fermées par des portes épaisses, car toujours il lui fallut se protéger contre ses fanatiques voisins. Chah Abbas eut l'idée bizarre de transporter au cœur de son royaume, à côté de sa capitale, plusieurs milliers de familles qu'il prit dans sa ville de Djoulfa, en pleine Arménie, sur les bords de l'Arax. La nouvelle Djoulfa compta jusqu'à trente mille habitants. Ils furent au cours des siècles terriblement persécutés. Aujourd'hui ils ne sont plus que deux mille dans cette ville morte et chrétienne au centre de la Perse, où, les yeux encore tout pleins d'Ispahan voisin, l'on est surpris de voir sur

L'auto au centre de la Perse, devant la mosquée de Koum.

S. A. I. Zil ès Sultan,
frère du Chah et Gouverneur d'Ispahan.

S. A. I. Bahram Mirza,
fils de Zil ès Sultan.

le seuil des portes des jeunes filles vêtues à la géorgienne, sans voile, de lourdes tresses de cheveux tombant sur les épaules, et jouant à des jeux auxquels, enfants, nous avons joué.

La cathédrale date du xvii⁰ siècle. Elle est assez précieuse. Elle renferme des mosaïques, des peintures murales, des plaques émaillées où se mêle de la façon la plus inattendue le goût persan le plus raffiné de l'époque de Chah-Abbas aux souvenirs chrétiens de l'art byzantin dont les Arméniens apportèrent avec eux les traditions dégénérées. L'évêque nous montre de beaux manuscrits dont sa bibliothèque est riche.

Dans la douceur du crépuscule bref de l'Orient, nous regagnons en grande hâte Ispahan, car ce soir nous dînons chez Zil es Sultan.

*
* *

Oh! ce dîner, dans quelle tenue nous nous y rendons!

Nous n'avons eu place dans l'unique valise qui nous était à chacun permise que pour du linge, des objets de toilette et des bottines de rechange. L'ingénieux Aimé a lavé et repassé lui-même des blouses pour les jeunes femmes qui ornent leurs corsages de roses rouges. (Entre parenthèses, on appelle les roses à Ispahan roses de Chiraz.) Deux d'entre nous ont des jaquettes noires, quel luxe! Un autre, moins heureux, n'a comme linge qu'une chemise de nuit, de soie, il est vrai. Il passe sous le col de sa chemise une immense lavallière noire qui s'étale sur un veston khaki, lequel descend sur un pantalon gris fatigué qui à son tour repose sur des souliers de tennis troués. Je suis en knicker-bocker et en bas, comme si je partais pour une excursion dans les montagnes d'Ispahan, mais j'ai une chemise, un col et des manchettes immaculés!

Nous défilons devant les gardes du palais en mettant dans notre démarche toute la dignité qui manque à notre accoutrement. Je me souviendrai toujours des révérences de cour des jeunes femmes en jupes courtes de voyage; je me souviendrai aussi de l'admirable turquoise d'un bleu sombre intense, grosse comme un œuf de poule, que notre aimable hôte portait, entourée de diamants, sur la poitrine.

Pendant le dîner, un orchestre sous les arbres joue des airs mélancoliques et un clairon pleure éperdûment dans la nuit les plaintes d'un cœur aimant et tourmenté.

30 mai. — Aujourd'hui, les jeunes princes nous emmènent voir les minarets branlants d'une mosquée abandonnée. Ils n'ont rien de curieux. Un homme, qui n'est pourtant pas un condamné à mort, monte dans l'un d'eux et secoue la mince tourelle. Le ciment qui reliait les briques est en grande partie tombé ; alors le minaret remue. Un de ces jours, il s'écroulera avec l'homme qui le secoue.

Dans la mosquée abandonnée est une école enfantine.

Le maître, un tout jeune homme, tient une longue baguette à la main. Autour de lui, rangés en cercle, sont accroupis les élèves, des mioches de huit à dix ans. Chacun d'eux a devant soi un feuillet du Coran et chantonne sa leçon en suivant du doigt sur le texte, sans oublier de se balancer d'avant en arrière et d'arrière en avant pour imiter le mouvement du Prophète sur son chameau.

Rien de plus comique que cette bande d'enfants accroupis qui se balancent et nasillent. Si l'un d'eux fait une faute, ou bien oublie le nécessaire et liturgique mouvement oscillatoire, le maître lui donne un coup de baguette sur les doigts, oh! pas bien fort, et plutôt comme avertissement que comme punition.

Il est impossible de passer en voiture dans les quartiers ruinés et excentriques d'Ispahan ; aussi nous promenons-nous à pied, le long de rues étroites, entre des murs de terre. Un ruisseau coule au milieu de la rue ; des arbres poussent sur ses bords dont les branches vont rejoindre par-dessus les murs celles des arbres plantés dans les jardins voisins. Nous arrivons enfin à un pavillon d'été des jeunes princes où ils nous offrent des rafraîchissements. L'un d'eux parle de son prochain voyage en Europe.

— Quand j'entends le nom de Paris, dit-il, mon cœur tremble de joie.

**

Après le déjeuner, des marchands m'apportent des morceaux de briques à reflets métalliques. Ils les posent sur le tapis. Il y a là les fragments d'un art admirable, de véritables joyaux aux reflets somptueux et changeants, mais, hélas! pas une pièce intacte. J'achète au prix d'un kran le morceau une série des fragments les meilleurs, et supplie les marchands de m'avoir une plaque, une étoile entière. Ils me disent qu'ils savent où en trouver et m'assurent qu'ils m'en montreront une demain.

*
* *

Nous sommes tristes aujourd'hui parce que le ménage Phérékyde nous quitte. Il est obligé d'être à date fixe en Roumanie, et Phérékyde, prudent, qui sait maintenant ce qu'est la traversée du désert fait largement le compte de jours nécessaires pour arriver à la mer Caspienne. Il y a un bateau le 11 juin à Enzeli. C'est celui-là qu'il veut prendre. Alors il faudra ce soir se séparer.

Pour nous, nous voudrions ne pas faire de projets; nous avons eu trop de peine à gagner Ispahan; nous y vivons dans une ivresse légère et aimerions à y rester indéfiniment. L'idée du voyage de retour, des souffrances retrouvées, nous accable à l'avance. Pourtant, il nous faudra quitter aussi la ville des roses; nous fixons notre départ au vendredi 3 juin dans l'après-midi. Georges Bibesco a télégraphié à Keller d'amener la Mercédès jusqu'à Koum. Nous éviterons ainsi la dernière étape de cent cinquante kilomètres qu'il nous a fallu vingt-cinq heures de supplice pour couvrir en diligence persane.

*
* *

Avant le départ de nos amis, nous nous promenons dans les bazars, à pied, bien que ce soit contraire à l'étiquette.

Les bazars d'Ispahan sont immenses; ils couvrent près de quatre kilomètres. Une partie en est abandonnée depuis l'invasion afghane. Aujourd'hui nous les avons trouvés trop étendus encore.

Les bazars contrastent vivement par leur animation et par leur bruit avec le silence des rues dans le reste de la ville.

Les rues d'Ispahan, c'est une allée entre deux murs de terre; les murs sont hauts, sans une ouverture; de loin en loin une porte étroite et basse, toujours fermée. Une couche épaisse de poussière est étendue sur la chaussée. Les rues sont rarement droites ; elles se coupent à angles inégaux ; elles n'ont jamais de nom. Il faut un remarquable sens de l'orientation pour se retrouver dans leur dédale. Souvent un ruisseau coule au milieu de la chaussée, profond et abondant en eau. Des arbres poussent près du ruisseau dont les bords sont ravinés. On n'y passe en voiture qu'avec précaution. Mais qui songe, sauf nous, à se promener en voiture à Ispahan? Ici les murs sont écroulés; là, c'est un palais en ruines; plus loin une mosquée abandonnée. Voilà ce que sont les rues d'Ispahan qui compta un million d'habitants au temps de sa splendeur et qui en a à peine cent mille aujourd'hui.

Une extraordinaire et redoutable activité reste concentrée dans les bazars. Ils sont étroits et couverts en petites voûtes coupolées. Il y règne, comme dans ceux de Téhéran, comme dans tous les bazars persans, une obscurité, au premier abord, complète. Ce n'est que peu à peu que l'on s'habitue à ce manque de lumière. Dans cette pénombre on travaille pourtant.

Au bazar des chaudronniers et ferronniers, le tapage sous les voûtes peu élevées est assourdissant. On affirme que le besoin crée l'organe. Je voudrais que des anthropologistes distingués (ils le sont tous) mesurassent le tympan des chaudronniers d'Ispahan. Je tiens pour assuré *a priori* que cette membrane a quelques dixièmes de millimètres de plus d'épaisseur chez eux que chez moi, faute duquel renforcement membraneux, ils renonceraient à taper en cadence sur leurs chaudrons.

Escortés d'un cosaque russe et d'un « goulam » du consulat, nous marchons dans l'ombre du bazar. Les voûtes coupolées sont percées à leur sommet d'un trou rond par lequel passe une mince colonne de lumière, si pleine de poussières qu'elle semble un gros bâton de verre opaque, lumineux et pailleté, qui viendrait s'appuyer à terre.

Nous traversons le bazar où s'entassent des centaines de tapis apportés par caravanes des provinces et des pays voisins, de Kerman, d'Yesd, d'Hamadan, du Beloutchistan et de l'Afghanistan; le bazar des étoffes où, à côté des cotonnades anglaises, on trouve les soies de Kachan, les velours de Resht, et ces voiles légers de cachemire aux libres décors fleuris. On en fabrique dans le bazar;

les pochoirs sont appliqués à la main, et l'on teint morceau par morceau à l'aide de loyales et éprouvées teintures végétales. De là la beauté des cachemires persans et leur supériorité sur les imitations que l'on fait aujourd'hui par milliers en Europe.

Des potiers sont accroupis devant leurs pots qui sont tous d'un même bleu et dont les formes offrent encore un galbe assez pur.

Voici maintenant les selliers qui fabriquent les beaux harnachements des chevaux, des ânes, et de mes amis les chameaux. Puis nous pénétrons dans le bazar des droguistes ; de magnifiques vases anciens étalent leur vaste panse bleue et blanche ; les uns sont persans, les autres viennent de Chine. Mais les odeurs qui se dégagent de ces étalages, mêlées à celles qui sortent d'une arcade voisine où un cuisinier prépare quelque horrible ragoût, nous obligent à fuir.

Du reste, nulle part nous ne nous arrêtons. Les marchands ne nous offrent pas leur marchandise ; ils restent accroupis sur le seuil et semblent mettre leur point d'honneur à ne pas même nous apercevoir. Notables commerçants et bons musulmans, Ispahanais de vieille souche, ils ne regardent pas les chrétiens que nous sommes. Leur indifférence n'est pas partagée par le menu peuple du bazar, par les apprentis, les ouvriers, les gamins et ces *loutys* qui sont les « sans-travail » persans. Non, ceux-là nous emboîtent le pas et nous serrent de près. Le cosaque qui ferme la marche a beau les bousculer et leur montrer sa nagaïka, il ne parvient point à les écarter de nous. Et leur curiosité n'est pas bienveillante. Voilà que quelques petits cailloux nous tombent sur le dos. D'abord nous pensons que ce sont peut-être des gravats détachés des voûtes ; mais non, ce sont bien des pierres qu'on nous jette. Nous nous retournons ; une foule compacte nous suit, plutôt hostile.

Heureusement arrivons-nous au but de notre promenade, la fameuse mosquée Djouma, mosquée du Vendredi, qui date du viii° siècle. Mais du bazar, nous n'en apercevons que la porte extérieure sans aucun intérêt. Le « goulam » s'informe et trouve dans une ruelle un habitant qui consent à nous laisser monter sur sa terrasse.

On nous introduit dans une petite cour ; la porte est fermée derrière nous ; nous grimpons un escalier étroit, tortueux, sombre, aux marches hautes et dégradées, et débouchons sur une terrasse d'où l'on aperçoit la cour de la mosquée. Elle est de belles dimensions; au milieu est le bassin des ablutions, en face la grande arche de la porte principale. Les murs sont tapissés de briques émaillées d'un ton brun, mais nous sommes trop loin pour distinguer aucun détail.

Lorsque nous redescendons, la ruelle est envahie par des gens qui ont l'air indignés de la façon dont nous avons satisfait notre curiosité. Nous rentrons à travers le bazar. La foule nous suit. Les gravats recommencent à nous tomber sur le dos. Que faire? Nous ne nous battrons avec les Ispahanais qu'à la dernière extrémité, aussi hâtons-nous le pas pour regagner le consulat. Le cosaque gesticule avec sa nagaïka, repousse les plus audacieux, et nous marchons dignement, mais vite, pour sortir de ces interminables bazars où nous ne trouvons pas la curiosité bienveillante, l'indifférence bon enfant, que Gobineau attribue aux Persans.

Les pierres, heureusement pas grosses, continuent à arriver sur nous et une de nos compagnes assure qu'elle a senti sur son dos un coup de bâton, dont elle est, du reste, enchantée et qu'elle ne voudrait pour rien au monde ne pas avoir reçu.

Nous sortons enfin du bazar et arrivons dans la rue du consulat.

Il était temps.

*
* *

Le landau commandé par les Phérékyde devait être là à trois heures. Il n'y est pas.

A cinq heures, il arrive enfin et on commence à charger les bagages. Cependant Phérékyde passe l'inspection de la voiture et découvre qu'une des roues arrière branle de façon inquiétante. Il la secoue et la roue quitte aussitôt l'essieu.

Alors la fureur de Phérékyde est extrême. Il empoigne une cravache et se précipite sur le maître de poste. Il lui flanque une volée de coups que l'autre reçoit de la façon la plus simple du monde.

Je n'ai rarement vu quelque chose de plus répugnant que le

spectacle de cet homme qui ni ne se sauvait, ni ne résistait, mais se laissait battre sans desserrer les dents.

C'était un séide, en outre, comme le prouvait sa belle robe verte. Le foule assistait avec curiosité à la rossée infligée à ce descendant du Prophète.

Sa colère passée, Phérékyde fait appeler un charron qui forge un nouvel écrou. Vers sept heures enfin, le landau est prêt. Nous nous faisons de grands adieux et voilà nos amis partis pour une nouvelle traversée du désert.

* *
*

A huit heures, nous nous mettons à table. Nous parlons des absents. Où sont-ils? quelles aventures rencontrent-ils? Nous les voyons cahotés sur les pistes dures. A neuf heures moins le quart, comme nous finissons de dîner, la porte de la salle à manger s'ouvre et apparaissent sur le seuil nos deux voyageurs.

Ils ont mis près d'une heure pour gagner la porte d'Ispahan et, comme ils y arrivaient, voilà qu'une des roues du landau se détache. Alors ils sont montés sur les chevaux dételés et sont revenus ainsi jusqu'à nous.

Phérékyde pense avec inquiétude qu'il va manquer le bateau du 11 juin à Enzeli. M. Tchirkine envoie à la poste où l'on promet une voiture pour le lendemain matin à cinq heures. Et, cependant, nous nous mettons à jouer des charades folles où sont représentées de la façon la plus réaliste quelques-unes des scènes de notre voyage en Perse.

1er *juin*. — Ce matin, je crois voir le vieil Homère.

Tandis que je suis occupé avec les marchands qui continuent à me promettre des merveilles et à ne m'apporter que de ravissants bibelots, voici qu'un vieillard s'avance vers nous dans le jardin. Il porte, appuyée sur son épaule une harpe à corde unique, à la courbure antique et belle. Il est grand, noble d'aspect ; dans sa barbe blanche se distinguent encore quelques traces de henné ; de sa calotte de feutre s'échappent des cheveux d'argent. Il vient à pas lents. Comment dire la majesté simple de sa démarche, la dignité de cette tête de vieillard sur qui la vie a pesé? Je le regarde stupéfait et me demande quelle ville a été assez heureuse pour lui donner le jour. Ce rapsode va sans doute nous chanter, dans un langage que je ne comprendrai pas, les aventures de l'héroïque Rustem. Il s'approche, s'arrête, reste immobile. J'attends. Rien.

Alors je demande à l'interprète de le questionner et j'apprends qu'il est le cardeur de laine que nous avons demandé pour les matelas destinés à nos durs lits de camp. C'est avec la corde de cette harpe qu'il bat la laine.

* * *

J'ai appris, par un agent financier russe, qu'on lui a proposé à son passage à Kachan, une plaque de revêtement dont on demandait une centaine de tomans. A Kachan, il y a, comme à Véramin, une mosquée de l'époque mongole, du XIIIe siècle. Trouverai-je enfin un de ces précieux reflets métalliques?

J'ai envoyé par les Phérékyde, qui nous ont quittés de grand matin, une lettre au télégraphiste anglais pour qu'il me fasse chercher dans Kachan la fameuse plaque et qu'il l'ait chez lui à notre passage dimanche prochain. Je suis angoissé à l'idée que peut-être elle aura été vendue avant mon arrivée. Pourtant, qui achèterait un reflet métallique à Kachan?

Après déjeuner, j'ai une grande émotion. Voici qu'un marchand que je n'ai jamais vu m'apporte une cinquantaine de miniatures. Plus de quarante d'entre elles ne valent rien, mais j'en sors huit du lot qui sont charmantes et, sur ces huit, il y en a quatre qui datent du XVIe siècle et montrent les caractères de l'art exquis de Chah Abbas.

J'entre en discussion avec le marchand. Il a une face fermée, un menton volontaire, et ne veut pas abaisser son prix lequel est énorme pour Ispahan. Je finis par lui offrir la moitié de ce qu'il demande; généralement, on donne un dixième. Il ne m'écoute pas. Mes amis les marchands se mettent avec moi pour le convaincre. Enfin l'un d'eux m'assure qu'il accepte mon offre. Sans lâcher les précieuses miniatures, je vais chercher l'argent qui est dans un sac chez moi.

Jardin de fleurs à Resht.

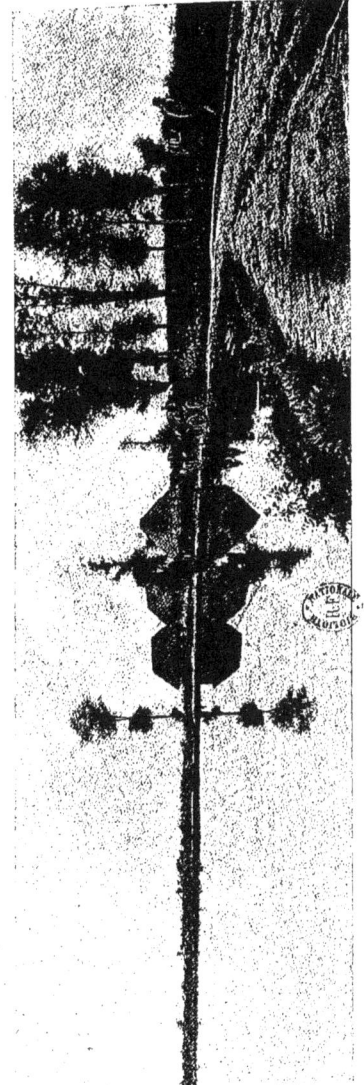

Paysage aux environs de Resht.

Pl. 34

Lorsque je reviens, le marchand n'accepte plus le prix convenu. Nous nous disputons et, furieux, je le renvoie.

Je ne l'ai pas plutôt expédié que je regrette amèrement ce mouvement d'impatience. Je ne me consolerais pas de laisser derrière moi ces parfaites miniatures. Pour une fois qu'on m'offre une œuvre exquise du xvie siècle, je discute ! Mais je l'aurais payée trois fois le prix qu'il m'en demandait que je l'aurais eue bien au-dessous de sa valeur réelle. Je me battrais !

Reviendra-t-il ce marchand têtu ? Les autres marchands connaissent son adresse. Je pourrais au besoin aller chez lui et, puisque j'ai laissé voir que je tenais à ces miniatures, je paierai le prix qu'il voudra.

*
* *

Aimé aujourd'hui nous a déniché trois petits chats, tout jeunes. Je les trouve sur les genoux de la princesse Bibesco quand j'entre chez elle. Ce sont de petites pelotes de poils longs et magnifiques ; l'un d'eux est entièrement blanc, nous l'appelons Chah Abbas ; l'autre uniformément brun ; il se précipite sur la viande, en arrache un morceau et se retire dans un coin pour le manger en se dandinant et en grognant, nous le dénommons l'Ours. Emmanuel Bibesco prend le troisième et, pour le petit chat d'Ispahan, cherche paradoxalement un nom anglais.

Il est décidé que nous emmènerons les chats en Europe (nous n'en sommes pas à un colis près) et Aimé est chargé de leur faire construire une cage.

*
* *

La chaleur au milieu du jour est intense.

De onze heures à quatre heures, nous restons au consulat et le soleil est si ardent que les ombrages du jardin ne suffisent pas à nous en protéger. Il nous faut la retraite du grand salon clos. Le soir on ouvre les porte-fenêtres des deux côtés et l'air frais de la nuit nous ranime.

Vers cinq heures, nous sortons en voiture. Nous traversons une partie du bazar ; la foule y est toujours aussi nombreuse. Des boulangers font leur pain dans des fours coniques ; ils collent leur pâte sur la paroi supérieure du four où la flamme vient la lécher et, par places, la carbonise. Ce pain persan ne ressemble en rien au pain européen. Il a de un à un centimètre et demi d'épaisseur ; c'est une espèce de galette molle que l'on plie ; comme consistance, cela tient le milieu entre la pâte et le caoutchouc ; il manque de saveur et pourtant a une pointe d'aigreur. Il se garde plusieurs jours sans s'améliorer. Quelques-uns d'entre nous le mangent, sans plaisir ; d'autres ne peuvent y toucher.

Nous passons par le Meïdan y Chah, longeons le palais d'hiver du gouverneur d'Ispahan, suivons des rues dont pas une maison ne reste debout et qui ne sont qu'une chaussée défoncée entre des murs écroulés, et arrivons au bord de la rivière. Nous la traversons par le pont monumental et la descendons pendant quelques kilomètres sur la rive droite. Elle coule limpide sur les sables : les arbres des jardins se reflètent dans l'eau ; à droite ce sont des champs de seigle, d'avoine, et toujours aussi ces champs de pavots blancs dont les tiges semblent porter une petite tasse de porcelaine blanche, de matière rare et diaphane.

Nous allons ainsi jusqu'à un pont que l'on a reconstruit, et sous lequel l'eau passe en bouillonnant. C'est l'heure de la prière du soir. De nombreux Persans sont réunis sur la terrasse supérieure du pont, et, après avoir fait leurs ablutions, ils prient. Derrière eux, le ciel enflammé du couchant marie les pourpres à l'or. Ils s'agenouillent, mettent le front à terre, se relèvent, recommencent, et les lignes longues et nettes de leurs robes se découpent en noir sur le fond lumineux.

Nous sommes obligés de descendre de voiture, le chemin devient impraticable. Nous marchons un peu le long de l'eau qui court. Nous sommes ici sur la route de Chiraz qui est aussi loin d'Ispahan qu'Ispahan de Téhéran.

Chiraz, Persépolis, les sculptures des rois achéménides que nous voulions voir... Il faut y renoncer. Nous sommes trop tard dans la saison, la chaleur serait insoutenable. Nous ne dépasserons pas Ispahan.

Des paysans travaillent à un canal d'irrigation qui part de la rivière.

Une brise légère vient avec la nuit dont elle est comme le souffle.

Nous regagnons la ville ; des femmes voilées se hâtent pour rentrer ; un gros Persan à bésicles galope sur son petit âne et nous retrouvons nos mendiants familiers, les petites filles farouches, l'aveugle qui ne cesse de regarder le ciel de ses yeux éteints.

*
* *

Au consulat, nous apprenons par un mirza que le mollah de la mosquée Djouma s'offre à nous la laisser visiter. C'est une chose tellement extraordinaire en Perse où jamais un Européen n'a pu comme tel entrer dans une mosquée, que nous n'en croyons pas nos oreilles. Il paraît que le mollah est un homme éclairé, sans fanatisme ; il a compris qu'il n'y avait dans notre curiosité aucun désir sacrilège, mais seulement l'envie de voir des œuvres d'art anciennes, uniques. Alors il nous fait dire qu'il répond de notre vie dans sa mosquée. Mais... il y a un mais, il faut nous entendre avec le gouverneur pour nous faire protéger à la sortie par des soldats, car la population du bazar sera exaspérée.

Alors nous en causons avec le chargé d'affaires et tout de suite nous voyons que la chose est impraticable, que le gouverneur ne voudra pas se mettre à dos tous les mollahs et la population entière, et que, nous donnât-il des soldats, ceux-ci seraient les premiers à tirer sur nous.

Nous ne verrons pas la mosquée Djouma.

*
* *

Après le dîner, les cosaques travestis en l'honneur de je ne sais quel saint nous donnent la comédie dans le jardin. L'un d'eux s'est déguisé en autruche dont il imite à s'y méprendre le cri, la démarche, et les mouvements de cou. Un autre est en roi, un troisième en mariée. Ces cosaques sont de grands enfants. Et le tout se termine par une scène cocasse de pêche au bord du bassin central où l'autruche finit par faire une pleine eau.

Les étoiles criblent le ciel de points d'or clair.

Jeudi 2 juin. — Le marchand aux belles miniatures ne revient pas. J'achète encore quelques petites tasses. Elles ont été faites, pour la plupart, à Ispahan aux xvii° et xviii° siècles, par des ouvriers chinois qu'y avait amenés Chah Abbas et qui restèrent là pendant plusieurs générations.

On nous montre un lot considérable d'armes sans intérêt. Je trouve un beau plat chinois, marqué à la feuille, que je paie quelques francs et une laque du xviii° siècle d'une patine et d'un goût d'ornement exquis.

*
* *

Ce matin nous sommes attendus à l'école de l'alliance israélite.

Depuis que je suis en Perse, j'ai été surpris et charmé de voir que le français avait gardé dans ce pays une clientèle nombreuse. A Téhéran, si nous avions une difficulté dans la rue ou au bazar, avec un cocher ou un marchand, il se trouvait toujours quelqu'un dans la foule pour nous servir d'interprète. Et j'avais trouvé chez les libraires des grammaires imprimées à Paris et sur lesquelles nous nous étions tant ennuyés en classe. Je les avais feuilletées... Je n'aurais jamais cru que je m'attendrisse à lire la règle des participes. Mais j'étais en Perse, à mille lieues de la France.

Notre guide à Téhéran, un petit goulam de la légation de France, parlait français. Il me dit avoir appris notre langue à l'école israélite : ce qu'il me raconta sur cette école m'avait donné le vif désir de la voir. Mais nos jours à Téhéran passèrent sans que je pusse satisfaire mon envie. Aussi lorsque j'appris qu'il y avait à Ispahan une école semblable, je demandai à son directeur, M. Lahana, la permission de la visiter.

Dans la plupart des villes de Perse existe une communauté israélite dont les origines remontent parfois très loin ; celle d'Hamadan, l'ancienne Ecbatane, date de la captivité de Babylone. Et quand on sait l'isolement où vivent les Juifs en Orient, on peut déclarer hardiment que nulles familles au monde n'ont un sang plus pur — puisque c'est le terme — et une plus longue lignée d'ancêtres que les familles israélites d'Hamadan.

Les Juifs habitant au milieu de populations hostiles et fanatiques, sont réduits, en ce pays, au dernier degré de l'avilissement. La plupart des métiers leur sont interdits. Ce qu'ils touchent est considéré comme souillé. Ils ne peuvent habiter la maison d'un musulman. Il y a peu de justice en Perse; il n'en est pas pour eux. Ils sont soumis à toutes les exactions ; personne pour prendre leur parti; ils vivent dans une pauvreté affreuse; on imagine difficilement leur dégradation morale et physique.

Les liens familiaux sont faibles. Les mariages précoces ruinent la famille. Les petites filles se marient entre huit et dix ans. On en voit, spectacle affreux, qui, déjà flétries à onze ans, portent dans leurs bras un bébé aussi misérable qu'elles. On me cite un rabbin qui, pareil à David, voulut réchauffer sa vieillesse et, âgé de soixante-cinq ans, épousa une enfant de huit ans. L'homme se marie, à l'ordinaire, vers dix-huit ans. Lorsque sa femme a quinze ans, elle est fatiguée ; il s'en dégoûte, divorce, ou prend une seconde femme sans quitter la première.

L'instruction n'existait pas. Parfois un rabbin groupait autour de lui une trentaine d'enfants et leur apprenait tant bien que mal à lire. De religion, l'ombre seulement; quelques pratiques, c'est tout. Des conversions fréquentes à l'islamisme à cause de persécutions ou de dénis de justice, ou surtout à la suite de l'application d'une loi inique réglant les questions d'héritage et déclarant que l'argent du défunt irait au membre de sa famille, quelque éloigné qu'il fût, qui se serait converti à l'islamisme. C'est une prime à l'apostasie.

L'Alliance israélite universelle travaille à améliorer cette situation. Nous allons voir ce qu'elle a fait à Ispahan.

Nous partons en voiture avec le chargé d'affaires de Russie qui, par suite des rivalités et compétitions entre les écoles israélites, congréganistes et protestantes, se trouve, lui, le représentant de l'État russe antisémite, protecteur des Juifs d'Ispahan.

Nous traversons les bazars et arrivons dans le quartier israélite. Ici, les rues sont encore plus étroites que dans les autres quartiers d'Ispahan. Elles tournent, se croisent à tous angles et forment l'enchevêtrement le plus inextricable qui se puisse imaginer. Les cosaques à cheval qui nous précèdent et qui ont été déjà plusieurs fois à l'école, n'en retrouvent le chemin qu'avec peine.

Des vieux Juifs, des femmes, des enfants se pressent sur le seuil des portes pour nous voir passer ; ils montrent des faces maigres, de grands nez aquilins, des prunelles ardentes. Ils sont vêtus misérablement. Leurs maisons, ce sont quelques murs de terre, une pièce sans fenêtre et sans meubles. Ils savent que nous allons visiter l'école ; ils sont fiers de voir les cosaques et le chargé d'affaires de Russie nous accompagner. On en parlera au bazar cet après-midi et le prestige bien faible des Juifs s'en augmentera un peu.

L'école est cachée, comme toute habitation en Perse, derrière des murs sans ouvertures au dehors. Lorsque l'on a franchi la porte, on trouve une série de bâtiments élevés d'un étage et groupés irrégulièrement autour de trois ou quatre cours. Il y a ici trois cent cinquante élèves garçons et deux cent cinquante filles.

Nous parcourons les classes de filles d'abord ; des gamines de sept ans me lisent des fables de La Fontaine ; d'autres font de l'histoire, de l'arithmétique. Je leur pose quelques questions. Elles parlent le français avec un étrange accent guttural. Quelques classes sont consacrées à la broderie, à la couture.

Les garçons, que nous visitons ensuite, ont les cheveux rasés de près et les yeux brillants ; leurs faces n'ont rien du type juif que nous connaissons en Europe. Nous les interrogeons, parlons de la Révolution, de l'émancipation des Juifs. Je demande à un ou deux des plus intelligents :

— Que voudrais-tu faire ?

— Aller à Paris étudier pour être professeur.

Voilà de la graine de déracinés.

Dans les ateliers on apprend à ces enfants un métier qui leur permettra de gagner leur vie au sortir de l'école. Aucun musulman ne consentirait à prendre un juif comme apprenti. On a eu toutes peines du monde à trouver des ouvriers pour venir enseigner leur métier à l'école ; le grand mollah l'a défendu. Enfin, malgré tout, les ateliers sont organisés. Je vois des enfants faire de beaux « guivets », chaussure à la mode à Ispahan, d'autres travaillent le fer, d'autres sont ébénistes. Ce que l'atelier produit appartient au patron. Ainsi se forment des générations de jeunes israélites qui pourront exercer des métiers honorables, et les filles elles-mêmes gagneront leur vie.

La misère de ces enfants est si grande que l'école est obligée de les nourrir au milieu du jour et de les vêtir. La bibliothèque leur prête des livres ; Victor Hugo et Alexandre Dumas enchantent les veillées de petits israélites au centre de l'immense et ruinée Ispahan.

Maintenant nous nous reposons dans le petit salon de M. Lahana et écoutons le récit de ses expériences en Perse. Du jour où l'école fut fondée, les Juifs sentirent qu'ils auraient, en la personne du directeur, un homme qui saurait les défendre, qui aurait accès dans les consulats et chez le gouverneur. Ils n'étaient plus le troupeau sans chef. L'école devint un lieu d'asile ; en cas de troubles, les israélites s'y réfugient.

Les enfants aiment l'école. Ils y vivent dans des conditions matérielles très supérieures à celles qu'ils ont chez eux ; ils y trouvent aussi un milieu moral infiniment plus élevé que celui d'où ils sortent. On leur enseigne la valeur d'une foule de choses qu'ils ne soupçonnaient pas ; ils deviennent propres, soigneux de leur personne et de leurs vêtements ; ils prennent l'habitude du travail régulier. L'école a fait cesser presque complètement l'immorale pratique des mariages pour les filles de huit à dix ans. On les garde à l'école jusqu'à quatorze ou quinze ans. Elles en sortent, sachant un métier et capables de diriger leur ménage.

La supériorité des écoles israélites est telle que, malgré les préventions séculaires et le mépris qu'on a toujours pour les Juifs, voilà que quelques-unes des meilleures familles musulmanes envoient leurs enfants aux classes israélites au grand scandale des mollahs.

Ce sont des Français qui dirigent ces écoles, l'instruction y est donnée dans notre langue ; ainsi c'est un peu de notre civilisation et de notre pensée qui pénètre au cœur fermé de la Perse.

*
* *

Après déjeuner, le marchand aux miniatures revient. Je paie le prix qu'il demande ; j'enferme dans ma valise les précieuses miniatures. Dix fois dans la journée je les en sors ; dix fois je les y remets et ferme la valise à clé. Jamais explorateur ne fut plus fier de ses découvertes et si je trouve à Kachan la plaque de l'époque mongole, mon bonheur sera complet.

*
* *

A quatre heures, nous retournons à Ali-Kapou. L'ancien palais de Chab Abbas a été recouvert à l'intérieur d'un badigeon de plâtre sous lequel on aperçoit par places l'ancienne décoration peinte. Sous le portique, au premier étage, il y a dans la niche centrale deux peintures de la fin du xvie siècle, représentant, chacune, une jeune femme élancée, vêtue de simples vêtements flottants, d'un style précis et large à la fois, de charme et de finesse.

Une de mes miniatures, où est peinte une jeune femme jouant avec un singe, est de la même époque que ces fresques d'Ali-Kapou.

Nous montons sur la terrasse supérieure. Nous regardons Ispahan étendue au-dessous de nous. A nos pieds, c'est la grande place, le Meïdan y Chah où passent des cavaliers sur de légers chevaux blancs qui dansent, et des petits ânes gris qui vont où on les pousse. A droite, la coupole intensément bleue de la mosquée royale; à gauche, la porte monumentale du bazar; en face, la coupole beige aux arabesques bleues et noires du Cheik Lutfallah. Puis, ce sont des murs et des murs de pisé, des terrasses, les petites voûtes coupolées des bazars et des hammans. Partout, dans les cours des maisons ou au milieu des rues, des arbres admirables, peupliers ou platanes, d'une verdure si riche en ce moment qu'elle est à la fois sombre et fraîche. Au loin, s'étend l'enceinte ancienne de la ville qui enferme aujourd'hui des champs de froment et d'orge parmi les décombres. L'horizon est fermé par les montagnes nettement dentelées qui entourent la plaine d'Ispahan. Le soleil caresse les murs en ruines; les terrasses; et, à côté des frondaisons vertes des arbres, fait chanter les bruns chauds des terres.

Nous allons aussi à la Medresseh, dire adieu à l'églantier en fleurs, au ruisseau de jade qui coule entre les murs émaillés de l'ancienne école. Nous voulons revoir ces endroits si beaux que nous quittons demain.

Et je sors de la ville en voiture; je traverse le pont d'Ali-Verdi.

A Resht.

Sur le col de Délijan.

La rivière coule bleue entre les bancs de sable ; des saules se reflètent en ses eaux calmes. Je continue à travers la campagne dans la direction de Djoulfa. Des voitures de la cour me croisent ; puis voici des dames de harem sur des mules conduites par des nègres. Une des mules s'effare au bruit de la calèche attelée en daumont ; effrayée, la dame qui la monte ne songe plus à tenir son voile qui se déplace et laisse voir un instant des yeux admirables et l'arc net de ses sourcils.

J'ai les murs de Djoulfa à ma droite ; à gauche, des pavots dressent leurs fleurs hiératiques, des avoines légères ondulent au vent ; dans les jardins de jeunes peupliers pressés, des Persans se promènent deux à deux en se tenant par le pouce. C'est une scène calme et animée à la fois, d'une indicible grandeur.

Le soleil qui s'abaisse sur l'horizon enveloppe le paysage de caresses chaudes. Qu'est la lumière si vantée de Rome auprès de celle d'Ispahan ? Comment décrire cette intensité de rayonnement, les tons d'ambre fluide, la clarté merveilleuse et comme palpable de l'atmosphère au coucher du soleil en juin sur le haut plateau de l'Iran ? Les ombres s'allongent violettes, les montagnes prennent une couleur de velours vieux rose, et le bleu des coupoles émaillées vibre dans l'air du soir. Un peuplier au bord de la route frissonne de toutes ses feuilles.

Vendredi 3 juin. — Il faut partir. L'angoisse de quitter Ispahan nous serre le cœur depuis plusieurs jours déjà. Quoi ! perdre ce que nous avons gagné avec tant de peine, les heures calmes et voluptueuses des matins sous les platanes et parmi les roses du consulat, les grands repos de midi alors que le soleil brûle, les promenades du soir dans les jardins abandonnés où dorment des palais dont aucune princesse ne réveillera plus les échos, les courses à travers les ruines ardentes, la beauté des nuits étincelantes !

Quitter Ispahan pour retrouver la fatigue du voyage, la traversée difficile du désert, la chaleur accablante dans la voiture fermée, la poussière qui ne cesse pas, les repas insuffisants à l'ombre incertaine d'un arbre ou dans la saleté d'une écurie, les nuits sans sommeil, les siestes dans quelque grenier infesté de souris, l'énervement des attentes à chaque relais, les querelles avec les cochers ; refaire cela sans être soutenu par l'idée qu'on a devant soi chaque jour quelque chose de nouveau, n'être plus attiré par la fascination de l'inconnu ! Le retour ! Revenir sur ses pas alors que devant nous le monde entier est là qui nous attend !

Pourtant il faut partir. Les achats qui traînent depuis huit jours sont conclus dans la matinée. Des menuisiers emballent pour nous.

A quatre heures, les deux landaus sont là, dans l'intérieur desquels nous avons installé de véritables lits, grâce aux matelas que nous a cardés le vieil Homère.

M. Tchirkine, qui nous a si bien reçus pendant ces huit jours, nous accompagne à cheval avec tous les cosaques du consulat jusque hors des portes ; le vice-consul d'Angleterre se joint à lui avec huit magnifiques cavaliers hindous, des lanciers du Bengale.

Et nous traversons une dernière fois les bazars animés et les rues désertes d'Ispahan.

A quelques kilomètres de la ville, notre escorte prend congé de nous.

Au-dessus des arbres, très loin, nous apercevons encore la coupole pure de la grande mosquée.

Et, au trot lent de nos chevaux sur le sable, nous nous éloignons d'Ispahan que nous ne reverrons jamais, et marchons au nord, vers Téhéran, vers l'Europe.

CHAPITRE IX

LE RETOUR

4 juin. — Nous allons lentement jour et nuit dans le désert et les montagnes, sans presque nous arrêter. Nous traversons les paysages morts et calcinés que nous avons vus déjà.

De jour nos landaus sont fermés, de nuit ouverts. Nous restons couchés sur nos confortables matelas, ne descendant qu'aux relais où nous perdons chaque fois deux ou trois heures; des princes bakhtiares sont devant nous et prennent les chevaux.

Nous sommes à la seconde nuit du retour. Dans le landau ouvert qui cahote sur le sable épais, je suis à moitié endormi.

Au-dessus de moi, c'est le dôme sombre du ciel crevé d'étoiles d'or. Je sens sur ma figure les caresses de la nuit veloutée. Je suis las, je m'endors à l'air frais et doux.

Lorsque j'ouvre les yeux, je vois la nuit violette, les étoiles claires, j'entends un chant triste et rythmé, des modulations en fusées autour de deux notes, et cela vient de très loin. Qui chante ainsi la nuit dans le désert? Quelle est cette voix perdue entre le ciel et la terre! La fatigue m'accable et je ne sais si je rêve.

Non, le bruit d'une dispute s'élève, des voix aigres me réveillent tout à fait. Faudra-t-il faire l'effort de descendre?

Je suis stupéfié comme si j'avais pris une dose de haschich. Aimé arrive. L'homme qui chantait sa peine dans la nuit est un cocher qui ramène des chevaux au relais. Voilà cinquante kilomètres que nous sommes traînés par les mêmes rosses qui finiront par nous laisser dans les sables. Alors il faut atteler les chevaux frais qui rentrent. Le cocher ne voulant pas les donner, Aimé bat le cocher.

C'est ainsi que cela se fait en Perse.

Et je reprends mon rêve interrompu.

* *
*

Nous apprenons à un relais que nos amis Phérékyde ont eu une aventure. En plein désert, une roue de leur voiture a cassé. Ils ont dû faire à midi six kilomètres à pied à travers les sables pour gagner le chapar khané. Ils y ont passé trente-six heures à attendre qu'on répare la roue dans la petite ville de Natanz à trente kilomètres de là. Ils ont donc à peine une journée d'avance sur nous.

* *
*

Le dimanche matin 8 juin, nous arrivons à huit heures à Gez, dernier relais avant Kachan, dont nous sommes séparés par le désert où nous nous sommes ensablés à l'aller. Vingt-cinq kilomètres seulement à franchir.

A Gez, pas de chevaux. Nous décidons, malgré les protestations des cochers, de garder ceux que nous avons pris au milieu de la nuit. On dételle les pauvres bêtes pour les panser, leur donner de l'orge et une heure de repos.

Nous en profitons pour aller nous baigner dans le ruisseau, à une certaine distance du relais.

Tandis que nous nous baignons, les cochers enfourchent chacun un cheval, et les voilà partis avec leurs huit bêtes à travers le désert.

Grande fureur, mais rien à faire qu'à attendre qu'il nous arrive des chevaux de Kachan. Cela peut être aussi bien ce soir que dans une heure.

Nous scrutons l'horizon. Rien. Ah, si! des points qui se meuvent là-bas sur les sables. On regarde anxieusement. Les points se rapprochent. On distingue maintenant une caravane. Nous ne quitterons pas Gez de sitôt. Un peu plus tard, la caravane arrive. C'est un Persan qui voyage avec ses femmes et ses domestiques, le tout monté sur des ânes et des mulets. Le mari est un homme petit, sec, solide, avec une belle barbe, et qui porte la ceinture verte des seïdes. Il n'a pas un regard pour nous. Il conduit sa smalah à une petite distance de nous, le long du ruisseau, sous les saules et, un instant après, nous entendons les cris éperdus d'une femme.

Nous demandons pourquoi elle crie.

C'est le mari qui à peine arrivé à l'étape, administre une consciencieuse raclée à une de ses épouses.

C'est ainsi que cela se fait en Perse.

*
* *

A dix heures enfin, huit chevaux rentrent au relais. La chaleur est déjà excessive. Nous attendons une heure encore qu'ils aient pris de l'orge et repartons pour Kachan.

Jamais nous n'avons eu aussi chaud que ce jour-là pendant la traversée des sables. Nous sommes prostrés dans les landaus fermés, pouvant à peine respirer.

A une heure, nous sommes à Kachan.

*
* *

Première déception. Le télégraphiste arménien est parti pour la journée à la chasse dans les montagnes, laissant un mot pour moi disant qu'il a les plaques à reflets métalliques, qu'il rentrera vers six heures et que si nous devons partir plus tôt, nous lui envoyions un de ses domestiques à cheval.

Six heures est précisément l'heure de notre départ. Aussi, pendant qu'Aimé nous prépare à déjeuner, je dis au domestique qu'il aille chercher son maître.

Après déjeuner, nous déplions et montons nos lits de camp que nous n'avons pas employés depuis deux jours. Nous nous installons dans deux chambres pour une longue sieste.

Mais les mouches ont décidé de ne pas nous laisser dormir. Enervés, nous nous tournons et retournons sur nos lits, mais nous ne dormons pas.

De guerre lasse, je me lève et vais voir si le domestique est revenu. Il est là sous le portique et déclare qu'il n'a pu trouver un cheval dans Kachan pour aller chercher son maître. Il ment, mais qu'y faire? Attendre six heures. Nous avons toujours été en retard, nous le serons une fois de plus.

Cependant à l'idée que les plaques à reflets sont cachées dans la maison, je ne puis rester tranquille et je me mets à chercher. Malheureusement toutes les portes sont cadenassées.

Arrivent six heures; mes compagnons sortent et montrent des figures défaites. Aimé prépare le dîner qui, comme le déjeuner, se compose d'œufs, de petits pois conservés, de biscuits et de confitures.

Sept heures, nous mangeons et buvons verres de thé sur verres de thé. Le télégraphiste ne revient pas.

A sept heures et demie, il fait nuit. Aimé commence à préparer les bagages.

J'ai l'âme pleine de désespoir à l'idée de quitter Kachan et d'y laisser ces reflets métalliques qui pourraient être à moi. J'erre dans le corridor, l'escalier et la cour essayant encore d'ouvrir les portes.

Au fond de la chambre où nous nous sommes reposés, il y a une porte peu solide. Je pousse, elle cède et me voilà dans un cabinet sombre. Je frotte une allumette et je vois rangées contre le mur cinq ou six plaques de dimensions diverses. Jamais avare découvrant un trésor ne fut plus heureux que moi à cette minute.

Mais il faut examiner les plaques attentivement, car les faussaires sont adroits et savent le prix des reflets métalliques anciens. Je n'ai que des allumettes pour m'éclairer; je me mets à genoux et fais l'inventaire. Voilà une plaque d'à peu près un pied carré, à fond d'enlacements et d'oiseaux d'un dessin très fin, très aigu. Sur ce fond ocre clair, s'enlève une inscription en caractères bleus d'une netteté et d'une puissance de jet incomparables. Ce sont bien là toutes les caractéristiques de l'art au plus beau temps de l'époque mongole, et je tressaille de joie. L'allumette s'éteint, j'en rallume une autre. Avec cet insuffisant éclairage je ne puis juger de la qualité de l'émail, de la valeur des reflets. C'est pourtant à cela que se décidera l'authenticité de l'œuvre. Il faudrait les voir au jour, mais je n'attendrai pas à demain, je sens déjà que cette plaque ne me quittera plus.

Trois autres plaques de plus grande dimension ont une couverte magnifique bleu turquoise et de belles inscriptions.

Cette série-là, je ne la connais pas, mais je ne la laisserai pas à Kachan.

Je découvre encore deux étoiles à reflets métalliques excellents et un petit fragment du XIV° siècle.

Je suis au comble du bonheur.

Le télégraphiste ne revient toujours pas. Il est neuf heures; il faut partir. Alors je lui écris une lettre en lui disant que j'emporte ses plaques, qu'il ait à m'en télégraphier le prix à Téhéran, et que si nous ne pouvons nous mettre d'accord, je les lui renverrai à mes frais.

Je commence à transporter les objets vénérables ; je les mettrai dans le landau sous le matelas et coucherai dessus pour être certain de ne pas les perdre.

A ce moment arrive notre homme et nous entrons aussitôt en marché. Il m'indique le prix demandé ; le marchandage est difficile ; nous finissons par tomber d'accord à cent cinquante tomans et il ne reste plus qu'à payer.

Ici nouvelle difficulté. Avons-nous cent cinquante tomans sur nous ? Nous vidons nos portefeuilles et nos sacs d'argent. A force de mettre les uns sur les autres des billets d'un et de deux tomans et d'aligner des pièces de deux krans, nous arrivons à réunir la somme. Nous emballons maintenant avec soin les plaques dans une caisse qui servit à transporter du matériel télégraphique, la caisse est solidement attachée derrière le landau, et à dix heures et demie nous quittons Kachan avec plus de quatre heures de retard.

Mais ces heures ont été bien employées.

Je suis si excité de ma découverte que, bien passé minuit, j'y rêve encore, étendu dans le landau, des étoiles plein les yeux.

Lundi 6 juin. — Au dernier relais avant Koum, grande dispute. Il y a huit chevaux qui sont trop fatigués et on ne veut pas nous les donner. Mais nous n'avons qu'une idée : arriver à Koum où nous attendent Keller et la Mercédès et coucher à Téhéran dans les lits excellents de l'hôtel Reitz. Alors, de force, nous prenons les chevaux et les attelons pour nos derniers vingt-cinq kilomètres en voiture persane.

Un seul cocher est là ; nous enjoignons à un palefrenier de monter sur le siège de la seconde voiture. A côté de lui s'installe Aimé qui se fait fort de nous conduire. Et nous partons tout de même.

Le premier cocher est exaspéré de voir Aimé prendre les rênes.

Aimé est enchanté de conduire et claquerait fièrement son fouet, si un fouet persan pouvait claquer.

Nous descendons ainsi les derniers contreforts de la montagne et nous engageons dans la plaine au bout de laquelle nous apercevons au-dessus des arbres la coupole d'or de Sainte-Fatmeh.

Soudain le cocher de la première voiture arrête les chevaux, descend de son siège, va dire quelques mots au palefrenier de la seconde voiture qui, à son tour, descend, et nos deux hommes s'éloignent à pas rapides dans le désert.

Qu'est-ce que cela signifie ?

Nous les laisserions volontiers aller à leurs affaires, mais l'arrivée à Koum est très difficile ; une seule piste est la bonne au milieu des canaux d'irrigation et des ponts écroulés. Alors nous montons sur les sièges et nous lançons à la poursuite des fuyards. Nous avons bientôt fait de les rattraper et sautons à terre à côté d'eux. Le cocher refuse de reprendre les rênes. A bout d'arguments, Georges Bibesco lui décoche un excellent coup de poing. Cet homme tombe sur le sable à genoux, grince des dents, crie et s'arrache les cheveux de désespoir. Il est fou ou bien ivre. Je le prends délicatement par la peau du cou et le traîne jusqu'à la voiture. Là, aidé par un de mes compagnons, je le hisse sur son siège, saisis son fouet, lui montre alternativement Koum dans le lointain et le manche du fouet, et m'installe derrière lui. Il a compris cette fois-ci, mais il me supplie de lui rendre son fouet qui ne lui sert jamais à rien, mais sans quoi il est privé de sa dignité. Je lui remets le fouet ; mes poings, s'il en est besoin, suffiront, et il fait partir ses chevaux.

QUELQUES INCIDENTS DE VOYAGE

L'axe cassé !

Le débarquement à Djoulfa

Embarquement sur le deuxième bras de l'Arax.

Passage de la rivière Nahkitchévan.

A la seconde voiture, Georges Bibesco a également convaincu le palefrenier de l'inutilité d'une révolte.

Nous avançons vers Koum, traversons son étroit bazar au milieu du jour et à une heure sommes dans le jardin charmant du chapar khané où tous les grenadiers ont mis leurs fleurs rouges en notre honneur et où nous attendent, ô joie, Keller et la Mercédès.

De Koum a Téhéran en automobile. — Jamais automobile n'est arrivé à Koum. Aussi, à trois heures, avant de partir, allons-nous nous faire photographier au bord de la rivière avec, dans le fond, ô sacrilège, la mosquée sainte !

Nous laissons Aimé et nos bagages à Koum ; il arrivera vingt-quatre heures après nous à Téhéran. Et nous partons.

Comment dire l'ivresse de marcher à quarante kilomètres à l'heure, dans un excellent automobile, bien suspendu, aux coussins moelleux, sur cette route où l'horrible diligence persane nous a secoués pendant plus d'un jour et d'une nuit? Nous filons sur le sol dur et rocailleux. La chaleur est intense ; sous la capote relevée de la voiture, nous recevons des gifles d'air chaud, comme une douche sèche, continue et brûlante. Dans la joie de se retrouver au volant de direction, et confiant dans la solidité éprouvée des ressorts, Georges Bibesco nous mène à toute allure ; nous sautons sur les inégalités de la route, et Dieu sait si elles sont nombreuses et si nous avons eu le temps de les compter en détail à l'aller ? Les réactions sont dures dans le fond de la voiture. Qu'importe ? A ce train-là, nous sommes sûrs d'arriver ce soir à Téhéran et, arrêts compris, de faire en cinq heures, les cent cinquante kilomètres qui nous séparent de la capitale.

Et c'est joyeusement que nous dansons sur les caniveaux et les pierres dont la route est semée.

A Kusch y Nusret où nous avons passé notre première nuit, nous nous arrêtons pour prendre du thé.

Un peu plus loin dans les montagnes, nous rencontrons quatre chevaux qui regagnent le relais. Ils s'effraient à notre vue, font un subit tête à queue ; les voilà partis ventre à terre et nous à leur poursuite. Jamais chevaux de poste persans n'ont tant et si vite couru ! Enfin ils ont l'intelligence d'entrer dans une clairière et de nous laisser passer.

Le ciel devant nous est sombre ; les montagnes de l'Elbourz sont voilées par les nuages ; on n'aperçoit pas le Démavend ; il doit y avoir un orage sur Téhéran, car le vent brûlant nous souffle dans la figure avec rage et commence à soulever les sables. Nous les regardons de loin se lever du sol et filer sur le flanc des montagnes en longues traînées grises. Et comme nous arrivons au sommet d'un petit col, nous sommes enveloppés par un tourbillon. On ne voit plus à un mètre devant soi ; il faut arrêter le moteur. La poussière fine se change en gros grains de sable et en petites pierres qui nous fouettent le visage avec une telle force, que nous voici aussitôt agenouillés dans l'auto, les yeux fermés, la figure dans nos mains, à moitié asphyxiés par la rafale qui pique. C'est un sentiment fort angoissant ; il manquait à la collection de nos sensations de voyage. Comme nous sommes, je crois que nous l'avons démontré, de vrais touristes curieux de tout ce qui est nouveau, l'idée d'être pris dans une tempête de sable nous aide à supporter notre détresse physique.

Le tourbillon ne dure que cinq minutes.

Mais comment le moteur se trouvera-t-il de cette aventure ? Les poussières n'auront-elles pas envahi ses organes délicats ? Marchera-t-il encore ? — Oui, le voilà qui ronfle régulièrement et nous entraîne de nouveau dans une course folle vers Téhéran.

La nuit vient. Nous franchissons les chaînes de montagnes, retombons dans les plaines, gravissons d'autres pentes raides, filons entre les rochers, à une allure vertigineuse.

Et cependant sommes secoués comme bouteilles qu'on rince. Ni caniveaux, ni remblais ne nous arrêtent ; nous sautons et passons.

Maintenant on y voit à peine. Un arrêt, tout à coup ; nous plongeons dans un caniveau, on entend un bruit sec et le moteur s'arrête.

Minutes pleines d'angoisse ! Est-ce la panne ? La panne à une heure de Téhéran, en auto, à une nuit en voiture persane ?

Keller descend pour examiner le dommage. Nous sommes dans un caniveau d'espèce nouvelle. C'est le caniveau à dos d'âne. Il y a profonde dépression d'abord, puis au milieu du caniveau une petite voûte en arête pour laisser passer une conduite d'eau. Le volant a tapé contre la voûte. Est-il cassé ? Non, même pas faussé.

Keller remet en marche et nous avons la joie ineffable d'entendre le bruit cher et régulier du moteur.

A huit heures et demie, dans la tempête de vent qui n'a pas cessé, nous sommes à la porte de Téhéran. Nous avons mis cinq heures et demie pour couvrir une distance qui nous avait demandé en voiture persane vingt-cinq heures de supplice continu.

*
* *

Téhéran, *7 et 8 juin.* — Journées fort occupées à dire adieu à nos amis, à expédier par la poste nos bagages et les colis qui nous rejoindront à Enzeli. Grâce aux Belges, les postes sont fort bien organisées, et nous leur confions sans crainte nos trésors.

Nous retrouvons les Phérékyde qui nous racontent leurs aventures et, à peine nous les ont-ils dites, qu'ils repartent en landau pour Resht.

Nous allons à Goulah-ek où est la légation de Russie en été et à Schimran où loge le ministre d'Angleterre pendant les chaleurs. Ce sont, au pied des montagnes, des parcs délicieux d'eaux vives et de verdures fraîches où il règne, même pendant les jours du Chien, une exquise température.

Et le jeudi 8 juin — ces jours passent comme un tourbillon — nous voici de nouveau en auto sur route pour gagner Resht et la mer Caspienne.

De Téhéran a Resht en automobile. — Nous avons eu beaucoup de peine à trouver de l'essence pour cette dernière étape. Enfin on nous en a cédé au prix coûtant qui est près de trois francs le litre.

Nous aimerions faire les trois cent cinquante kilomètres en douze heures, avec halte pour déjeuner. A ce train-là, nous arriverons rompus à Resht, mais pour la nuit. Comme nous l'avons vu à l'aller, il y a sur cette route un caniveau tous les cent mètres. Cela fait trois mille cinq cents caniveaux entre Téhéran et Resht. Il est inutile de dire qu'on ne peut pas ralentir trois mille cinq cents fois et que nous prendrons les caniveaux en vitesse. Georges Bibesco est sûr des ressorts de la voiture. Nos épines dorsales supporteront-elles ces secousses aussi bien que les ressorts? Cela reste à voir, mais ce sont de ces choses que l'on n'apprend que par expérience.

A neuf heures (au lieu de huit qui étaient fixées) nous sommes à la porte de Téhéran, et nous filons par-dessus les premiers caniveaux.

Nous n'avons pas roulé depuis trois quarts d'heure que le pneumatique de droite éclate. Georges Bibesco et Keller changent la chambre à air, tandis que nous nous abritons du soleil déjà brûlant sous des saules qui ombragent un ruisseau rapide.

Vingt minutes de perdues, nous repartons. Nous ne roulons pas longtemps. Nouvel éclatement. La chambre à air et l'enveloppe à droite arrière ont sauté. Cette fois-ci, je me mets à la besogne aussi; il faut défaire le rouleau des enveloppes qui restent. Il fait terriblement chaud à réparer en plein soleil. Nous passons là une demi-heure pénible.

En route! Maintenant nous arrivons à la rivière et au pont écroulé. Nous descendons de voiture et nous réconfortons d'un verre de thé à la zastava voisine. Puis traversons la passerelle à pied, tandis que Georges Bibesco conduit l'auto à travers la rivière dont les eaux sont moins hautes qu'il y a un mois.

Et nous filons sur Kaswyn dont quatre-vingts kilomètres encore nous séparent et où nous comptons déjeuner. Il est déjà près de midi. Si nous n'avons pas d'autre crevaison, nous y serons avant deux heures. Il est déjà certain que nous descendrons les pentes rapides des montagnes du Ghilan pendant la nuit.

Un quart d'heure après le passage de la rivière, le pneumatique de gauche arrière s'aplatit. Nouvelle réparation. Cette fois-ci la chaleur en plein soleil est à mourir. Ouvrir les boîtes d'outils, défaire la courroie des enveloppes, enlever la vieille chambre à air et remonter la nouvelle, pomper surtout, que cela est fatigant! On ne sait pas, avant de l'avoir essayé, ce qu'il faut de courage, arrosé de sueur, pour gonfler un pneumatique dans le désert, à midi au mois de juin.

Accablés de fatigue, nous repartons, priant le dieu qui conserve les pneumatiques d'avoir pitié de nous.

Mais ce dieu se moque de nos prières, car moins d'une heure après la même chambre à air éclate, et l'enveloppe aussi. C'est une réparation d'une demi-heure. Nous sommes heureusement dans un petit village. Les habitants se rassemblent autour de nous ; et nous prenons l'un d'eux pour gonfler la nouvelle enveloppe. Je le photographie en train de se livrer à cette besogne inaccoutumée.

Il est deux heures et demie de l'après-midi. Avec quel retard arriverons-nous à Resht, et, si, notre déveine continue, nous restera-t-il assez d'enveloppes et de chambres à air ?

Vers trois heures et demie, nous entrons sans nouvel incident dans la cour du monumental chapar khané de Kaswyn. Nous mourons de faim et nos épines dorsales ont déjà reçu quatorze cents secousses violentes au passage d'autant de caniveaux. On imagine difficilement la lenteur du service dans ce relais où des affiches imprimées en persan, en français et en russe donnent la liste des plats que l'on tient à la disposition des voyageurs et le prix modique que l'on aura à payer.

Il faut une heure et demie pour obtenir quelques portions de kebab et un samovar.

A cinq heures, au moment où nous voulons partir, un orage noircit le ciel et soulève des tourbillons de poussière. Nous sommes aveuglés et forcés d'arrêter un instant dans l'avenue royale, près du palais du gouverneur. Puis c'est une brève et violente averse et tout de suite après un soleil radieux.

Nous sommes maintenant dans la montagne. Nous avons à peu près quatre cents mètres à gravir pour arriver au point le plus haut d'où nous redescendrons de seize cents mètres sur la Caspienne par une route difficile, dans la nuit.

Mais nous n'en avons pas fini avec les ennuis de pneumatique. Comme nous commençons la descente, la chambre à air de la roue de gauche devant crève. Vingt-cinq minutes de perdues. Et ce ne sera pas tout. Avant la nuit encore nous serons obligés de changer enveloppe et chambre à air à droite devant. Jamais guigne pareille ne nous poursuivit.

Bien que nous soyons à quinze cents mètres et que le soleil soit couché, la chaleur est si forte que nous restons dans l'auto en manches de chemise et sans gilet. Nous traversons un paysage et des montagnes arides d'une extraordinaire grandeur. La nuit vient et s'installe brusquement au-dessus des cimes déchiquetées. Voici, éclatantes au-dessus de nous, Vega de la Lyre, Denbe du Cygne, à gauche Altaïr de l'Aigle, à l'ouest Arcturus du Bouvier.

Notre phare est allumé ; nous avançons aussi vite que possible pour gagner Mendjil où un pilaf nous attend à la zastava amie. Dans le fond de l'auto, nous sommes meurtris de tant de secousses et très las.

A dix heures, nous arrivons à la zastava dans le défilé, si fatigués que c'est à peine si nous pouvons jouir de l'excellente hospitalité qu'on nous y offre. Seul du thé bouillant nous est un réconfort.

Pendant que nous sommes là, nous entendons, sur la route, les clochettes des chameaux dont les longues caravanes commencent à passer.

Nous partons enfin pour notre dernière étape. Nous devrions ne pas mettre plus de trois heures pour les quatre-vingt-dix kilomètres qui nous restent à faire.

Mais nous constatons bientôt qu'il n'est pas question de faire trente kilomètres à l'heure dans la nuit, car à chaque moment nous rencontrons ou rattrapons une caravane. Quand ils voient le phare éblouissant de l'auto, les grands chameaux tremblent sur les quatre articulations de leurs pattes, forment un cercle, tournent le dos à l'ennemi, mettent leurs têtes les unes tout près des autres et se racontent leur frayeur. J'ai beau leur crier : « Kabardar, kabardar », ils n'écoutent rien. Les chameliers accourent ; les chameaux oscillent de droite et de gauche, mêlent les cordes qui les attachent, et nous restons à attendre que ces nœuds inextricables d'animaux se défassent. Les ânes, eux, ont une autre façon de procéder ; ils s'hypnotisent sur le phare, refusent de bouger, et il faut les porter sur le bord de la route.

Nous rencontrons et croisons peut-être une vingtaine de caravanes de chameaux et autant de caravanes de mulets et d'ânes. C'est chaque fois entre cinq et dix minutes d'arrêt forcé.

Nous arrivons enfin à la forêt : il y règne une fraîcheur délicieuse. A la clarté du phare nous voyons les oliviers centenaires, le dôme que nous font les hêtres et les érables ; des haies de liserons courent le long de la route, et les fontaines descendent en cascades à travers les bois ; le bruit de leurs chutes nous accompagne et berce notre fatigue extrême. A peine gardons-nous les yeux ouverts ; mais les cahots rudes nous empêchent de dormir et nous obligent à nous tenir à nos sièges. Sur la route un chacal file devant nous obliquement. Georges Bibesco est toujours au volant.

Un nouvel arrêt, encore un pneumatique crevé. Il ne reste plus qu'une chambre à air; on est obligé de mettre un bandage à l'enveloppe. Longue réparation pendant laquelle nous nous enfonçons dans la forêt à la recherche d'un torrent que nous entendons chanter doucement près de nous. Sous les arbres, l'obscurité est profonde. A grand peine nous arrivons au bord du ruisseau, nous nous déchaussons et plongeons nos pieds dans l'eau fraîche. Entre les feuilles, on aperçoit le ciel plein d'étoiles claires.

Nous filons de nouveau. Il est plus de trois heures du matin. Jamais fatigue plus forte ne nous accabla. Voilà dix-neuf heures que nous sommes en route. Le bandage cède. Il faut le renforcer. Et nous repartons. Nous longeons des clairières ouvertes et des taillis obscurs.

Maintenant une aube affaiblie laisse voir les grands arbres immobiles qui bordent la route. Autour d'eux flotte une buée légère, comme la respiration de la nuit qui s'en va. Le ciel est gris, chargé de vapeurs. On y voit à peine.

Pourtant l'énervement a gagné notre conducteur. Nous marchons à grande allure, car nous avons quitté les montagnes et sommes en terrain plat. Dans le fond de la voiture, la princesse Bibesco, son cousin et moi sommes si fatigués que nous ne pouvons plus parler. Il semble que nous touchions à la limite extrême où l'on perd conscience. C'est un engourdissement des membres rompus par les secousses, engourdissement qui est très douloureux et presque agréable.

Nous arrivons à un carrefour. Un arc de triomphe dit que le Chah a passé par là. A droite? A gauche? Nous prenons à droite entre deux habitations qu'une galerie supérieure réunit. Nous filons à cinquante kilomètres à l'heure dans la lumière indistincte de l'aube. Soudain, nous sommes projetés en l'air tous trois, nous envolons et parcourons d'un furieux élan je ne sais combien de mètres. Comment cela finira-t-il ?... Retrouverons-nous, lorsque nous redescendrons, l'automobile intact?... Oui, nous retombons sur nos sièges et l'auto qui avait donné violemment contre un dos d'âne continue comme si de rien n'était. Nous n'avons eu aucune émotion, nous étions trop fatigués, mais la violence de la secousse nous a réveillés et nous regardons autour de nous.

Nous sommes dans un lieu calme, inattendu, dont l'étrangeté nous surprend et nous ravit. Au lieu de la route, une allée droite couverte de sable fin ; des deux côtés, des rizières restreintes la bordent d'une eau de couleur jade clair encadrée par des haies de buis taillé d'un vert foncé. De petites touffes de riz percent à intervalles réguliers la surface glauque et luisante de l'eau. Par-delà les rizières, des taillis et de nobles bosquets d'arbres, un bois paisible où pas un oiseau ne chante. De place en place, bâtie sur pilotis, une petite maison couverte de chaume ; sur la galerie ouverte, protégés par un store de roseaux, des jardiniers dorment couchés sur des nattes de jonc. Dans un réchaud des braises couvent sous la cendre. Et sur tout cela règne un calme solennel ; c'est la paix où s'assoupit le parc d'une Belle au Bois dormant. Nous regardons ces choses précieuses avec des yeux pleins de sommeil, et, ne sachant si nous rêvons ou si nous sommes éveillés, ne parlons pas de peur de chasser la vision de ces petits parterres de jade enchâssés de buis vert.

. . . .

A six heures, nous arrivons au consulat. Il y a vingt-deux heures que nous sommes sur route, fatigués et poussiéreux comme nous ne l'avons jamais été. Nous espérons quelques heures de repos, mais les moustiques ne nous laissent pas dormir.

A dix heures arrivent les Phérékyde qui n'en sont plus à compter leurs accidents de voiture. Une roue a cassé ; ils ont fait les derniers trente kilomètres sur les charrettes sans ressorts de la poste.

* * *

Le soir de ce même jour nous prenons une voiture, non pour retourner dans le parc de l'aube de peur de ne le retrouver point, mais pour aller dans un autre jardin que veut nous montrer la princesse Bibesco. Des chevaux sont attachés à la porte où nous laissons la voiture pour flâner à pied sous les ombrages centenaires. Des Persans y passent par couples ; il y a des allées, des arbres, des fleurs et des pelouses. Que j'aime ce parc dans la nuit !

Et comme nous nous promenons, nous arrivons près d'une enceinte grillée. Derrière la grille, on distingue dans l'obscurité des jardins de lis et plus loin un pavillon rond, à galeries ouvertes, où sont accrochées des lanternes allumées. Nous trouvons une porte ouverte, nous entrons parmi les lis, les iris, les marguerites; l'air de la nuit est lourd de parfums. Dans une allée un Persan s'approche de nous; c'est le maître du jardin. Il nous remercie courtoisement d'y être entrés; il fait apporter des sièges, des rafraîchissements, du thé, des glaces au citron. Un ami qui l'accompagne, un vieillard, tire de sa poche une blague qu'il déplie lentement et qu'il nous tend. Dans l'obscurité, je ne vois pas ce qu'il nous offre; je crois que c'est du tabac, mais, en le prenant dans la main, je suis détrompé. C'est une odorante pincée de fleurs de chèvrefeuille que ce vieux Persan porte avec tant de précaution au fond de sa poche.

Nous emportons de Resht, ces visions exquises de l'aube et de la nuit.

*
* *

10 juin. — Nous avons quitté la Perse.

Nous sommes à l'ancre devant Lencoran. Georges Bibesco, le médecin du bord, et moi, nous déshabillons dans les roues du bateau et faisons une pleine eau dans la Caspienne. L'eau est tiède.

11 juin. — Nous traversons Bakou, et prenons le train pour Tiflis. Nous ne nous arrêtons plus.

12 juin. — Tous les magasins de Tiflis sont fermés. A l'hôtel de Londres, nous retrouvons Léonida revenu depuis deux jours. Il nous conte ses aventures périlleuses. Elles valent, à elles seules, un chapitre.

CHAPITRE X

DE TIFLIS A TABRIZ ET ZENDJAN
OU AVENTURES HÉROÏQUES DE LÉONIDA ET D'UNE MERCÉDÈS
DANS LES MONTAGNES DE LA PERSE

Notre ami Léonida laissé à Tiflis, ayant décidé de se rendre compte par lui-même de la valeur des renseignements sur la route de Tabriz, organisa son expédition. Il aménagea sa voiture de façon à pouvoir prendre trois cent cinquante kilos d'essence. Il se munit d'un interprète, et en compagnie de son fidèle Giorgi, son mécanicien dont le nom doit aussi passer à la postérité..... il prit le train pour Akstafa. C'est ainsi que commencent en ce pays les voyages en automobile.

Il y avait une route jadis d'Akstafa à Tiflis ; mais depuis vingt-cinq ans que le chemin de fer a été construit, le gouvernement russe a détruit la route de façon à obliger les voyageurs à se servir du train. Voilà un procédé simple et sommaire à recommander aux compagnies de chemin de fer, qui font de mauvaises affaires.

A Akstafa, commencent le voyage en auto et les aventures de Léonida. Ces dernières furent si nombreuses, si variées que je pense que la meilleure façon de les raconter au lecteur est de publier les brèves notes que jour par jour Léonida prit sur son carnet. On verra mieux ainsi l'énergie extraordinaire et l'obstination presque folle que notre ami apporta à l'exécution de son plan, ayant à lutter dans les circonstances les plus désavantageuses contre un pays de montagnes ou inondé, dans lequel à ce moment-là, les populations étaient soulevées, où Arméniens et Tatares se massacraient, où les brigands étaient maîtres des routes. On verra la malchance terrible qui s'abattit sur Léonida, à la suite d'une faute grave de son mécanicien, l'inouïe ténacité qu'il apporta à réussir quand même, et à essayer, malgré tout, de nous rejoindre à Téhéran.

Laissons donc la parole à Léonida.

*

Dimanche 7 mai. — A midi à Akstafa. Il pleut. Pour franchir dans la boue le kilomètre qui sépare la gare de la chaussée, il faut une heure. Là, les cosaques m'arrêtent; ils ont l'ordre de ne laisser passer personne à cause des brigands. Je montre la lettre du gouverneur de Tiflis, et ils consentent à me laisser aller.

La route est bonne. J'entre dans les montagnes. Première difficulté, traversée d'un torrent qui a près d'un mètre de profondeur.

Je le passe tout de même. A quatre heures, arrivée à Délijan au pied du col. Malgré qu'on veuille m'empêcher de partir pour Erivan, je me décide à continuer. La montée est si raide que je vais en première vitesse. Je prends de la neige pour refroidir le moteur qui commence à chauffer. La pluie se change en neige. Je suis à près de deux mille mètres, le vent est terrible. Je descends sans accident jusqu'à Elenovka, près du lac Goktcha. Je ne suis plus qu'à quatre-vingt-dix kilomètres d'Erivan.

Il est six heures et demie. Sans vouloir écouter personne, je file sur Erivan. La route est cette fois bonne, les phares éclairent bien. Avant dix heures j'arrive à Erivan. Impossible d'entrer la voiture à l'hôtel. Je la fais garder par des cosaques au milieu de la rue.

Mardi 8 mai. — Le gouverneur télégraphie aux autorités de la route. A deux heures et demie je pars, après avoir acheté tout ce que je trouve de benzine.

Au sortir de la ville, pendant cinq kilomètres, vieille chaussée délaissée, des trous qui atteignent jusqu'à un mètre de profondeur et pleins de boue, puis une route passable avec de grandes montées et descentes sur laquelle on peut marcher à peu près à quinze kilomètres à l'heure, si on a le cœur solide.

Mais après une dizaine de kilomètres, je m'aperçois que la voiture ne marche plus, bien que le moteur donne régulièrement. J'examine toutes les pièces de transmission, les unes après les autres, et j'arrive enfin à découvrir que l'axe des pignons tourne dans son cône d'engrenage. C'est très grave.

Je démonte la carrosserie, le changement de vitesse, et consolide l'axe du mieux que je puis.

Tant bien que mal maintenant la voiture marche, je retourne vers Erivan. Je n'y arrive pas. A neuf heures, je suis dans un petit village où l'on ne veut pas me recevoir. Il faut que je sorte la lettre officielle pour qu'on me laisse coucher à l'auberge. Toute la nuit, de cinq minutes en cinq minutes, les gardes dans le village s'appellent.

Mardi 9 mai. — A cinq heures du matin, je quitte mon lit de camp. Je pars. Je trouve les routes plus défoncées encore et plus boueuses. J'ai fait à peine trois kilomètres lorsque la machine s'enfonce dans la boue jusqu'aux essieux. Et cette fois-ci hélas! l'axe des pignons se casse complètement.

Quatre bœufs me sortent d'un trou. Je perds trois heures à chercher des chevaux et enfin je m'achemine lentement vers Erivan. Sur le bord de la route des centaines de paysans qui m'ont vu passer hier se rassemblent et se moquent de moi.

Que je suis loin de Tabriz!

A trois heures et demie je suis à Erivan. Je suis décidé à renvoyer l'auto inutile à Tiflis par le train. Mais il y a eu un éboulement sur la voie ferrée. Ce petit accident change ma décision. Je prends le parti de réparer tant bien que mal ici et de tenter encore une fois la fortune.

On me trouve un mécanicien; c'est un homme très intelligent et chef du parti révolutionnaire à Erivan. Nous travaillons ensemble. Je renvoie mon interprète qui, lorsqu'on lui demandait dix roubles, me disait vingt roubles. Désormais je me tire d'affaires tout seul avec l'aide du petit manuel de conversations Baedeker.

Mercredi 10 mai. — Réparation de la machine; changement des

Dans les rues de Marend.

La route ! Entre Tabris et Zendjan.

Cimetière à Trébizonde.

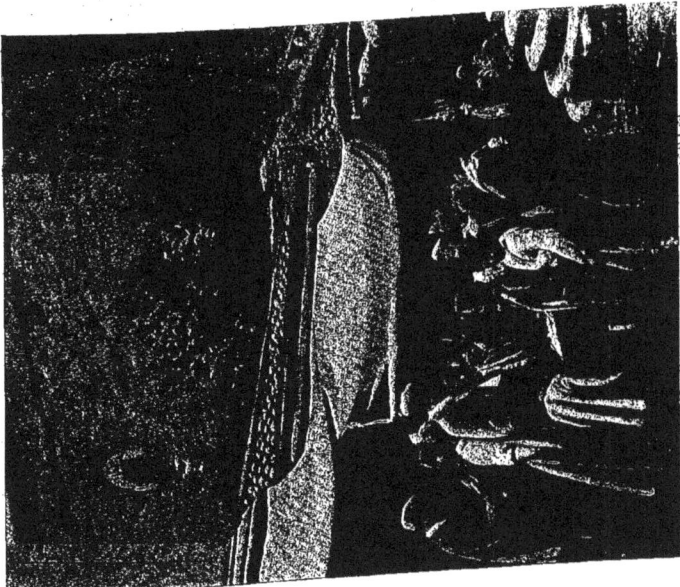

Palais génois du XVᵉ siècle à Trébizonde.

Pl. 38

deux axes; le frein de pied est cassé; on le serait à moins. Je mets la onzième lame à mes ressorts! J'en avais cinq en quittant la Roumanie..

Jeudi 11 mai. — Continuation du même travail. A dix heures du soir, je commence à remonter la voiture.

Vendredi 12 mai. — Départ à onze heures. Marche excellente. Route à peu près bonne et sèche qui serait impossible par la pluie.

A deux heures je déjeune à 66 kilomètres d'Erivan. De là je pars pour Nakhitchévan, assez bonne route, une seule montagne à franchir. Je suis à sept heures à Nakhitchévan que je trouve plein de soldats. Les cosaques veulent m'empêcher de partir pour Djoulfa à cause des brigands. Grâce à la lettre du gouverneur je passe malgré la consigne. Je traverse d'abord la rivière Nakhitchevan sous les yeux de deux mille personnes assemblées sur ses rives. Le courant est violent; l'eau dépasse les essieux et jaillit jusque sur moi. Mais le moteur continue à travailler excellemment et je réussis à passer à la grande stupéfaction de la foule.

De l'autre côté de la rivière, je trouve un chemin très difficile et montagneux. Je retombe sur une petite rivière, l'Alingiaciai, qu'il me faut traverser quatre fois. C'est une détestable petite rivière. Elle a des bords escarpés et cache sous l'eau de gros rochers. Je m'en tire sans rien casser, c'est miraculeux. Au sortir de la rivière, c'est une route impossible de trous, de rochers, de boue solide et jaune. Je n'avance pas. Et voilà que tout à coup, je vois à quelques centaines de mètres devant moi, dans la nuit qui tombe, cinq hommes en travers de la route.

J'aperçois leurs fusils. Ce sont sans aucun doute, quelques-uns des brigands annoncés par les cosaques. Il n'y a pas à reculer. Je tâcherai de passer en vitesse et de les prendre par surprise. Heureusement, comme je m'approche d'eux, la route devient meilleure. Je marche à trente kilomètres à l'heure. Ils font signe d'arrêter. Je file droit sur eux; ils s'écartent et je passe. Nous n'avions pas fait cent mètres, que des coups de feu éclatent. Des balles sifflent près de nous; mais nous sommes loin déjà et en sûreté.

Ouf! l'alerte a été vive! Huit kilomètres plus loin, voilà la machine embourbée. Pour la sortir de là, je mets en marche, descends de voiture, et, avec Giorgi, nous nous couchons à plat ventre sous l'essieu que nous soulevons.

Pendant que nous nous apprêtons à monter dans la voiture, un Tatare, surgi on ne sait d'où, me saute dessus. Je suis assez heureux pour lui coller un coup de poing dans la figure, qui l'envoie rouler à terre. Giorgi et moi avons vite fait de le ficeler comme un saucisson. Une fois bien attaché, nous le jetons dans la voiture, et l'emportons à Djoulfa, où nous arrivons sans autre accident, à onze heures du soir après avoir mis cinq heures pour faire les trente kilomètres qui séparent Nakhitchevan de Djoulfa.

Nous remettons le Tatare au commandant de Djoulfa.

Je ne puis avoir aucun renseignement sur la route qui va à Tabriz.

Samedi 13 mai. — Je suis sur les bords de l'Arax. Il est impossible de traverser le fleuve avant neuf heures du matin. L'Arax a deux bras : ils sont gonflés par les pluies de l'abominable printemps que nous avons. Le premier bras se traverse sur un bac. Mais la rivière débordée empêche d'arriver au bac et je suis obligé de construire moi-même un pont de planches, pour amener la voiture jusque sur le bac. Je perds ainsi plusieurs heures. Au second bras, il faut embarquer l'auto dans une très petite barque qui n'a que trois mètres trente de long sur un mètre soixante de large. Les autorités s'opposent à l'embarquement.

Enfin j'obtiens l'autorisation et après mille peines j'arrive à installer la machine sur la petite barque.

Nous voilà au milieu du courant rapide. Je débarque sur terre persane enfin. Il m'a fallu sept heures pour la traversée des deux bras de l'Arax. Je pars ; j'entre dans les montagnes ; ce n'est plus une route, mais un chemin innomable. Je n'ai pas fait cinq kilomètres que dans un grand effort, l'axe casse de nouveau.

Désolation ! Des bœufs me ramènent à Djoulfa, où il est impossible de réparer. Que faire ? Retraverser l'Arax ? rentrer à Tiflis. Jamais ? Je décide d'aller à Tabriz, qui est à cent cinquante kilomètres en me faisant traîner par des chevaux. Là je pourrai sans doute réparer. On me demande deux mille francs pour m'y mener. L'aimable directeur de la douane, un Belge, m'arrange l'affaire pour huit cents francs. C'est déjà un bon prix, vous savez.

Dimanche 14 mai. — Départ à quatre heures de l'après-midi seulement. Je voyage toute la soirée et toute la nuit, les quatre chevaux de poste n'avançant dans la montagne qu'avec les plus extrêmes difficultés.

Les terrassements que l'on fait pour l'établissement d'une route russe rendent le passage plus difficile encore.

Je mets douze heures pour couvrir les vingt premiers kilomètres, sans prendre aucun repos. L'axe de devant et la direction tirée par les chevaux à hue et à dia se faussent.

Je rencontre le consul d'Autriche venant de Tabriz, en voiture. Il a cassé deux roues et déclare que je ne pourrai pas passer.

Lundi 15 mai. — Je continue lentement; je trouve sur mon chemin des canaux d'irrigation, qui ont un mètre de large sur un mètre cinquante de profondeur.

Il y en a un tous les demi-kilomètres et chaque fois, il faut faire un pont de planches. A dix heures du soir, j'arrive à Marand, grand village persan. Il est impossible de continuer. Je suis reçu par le gouverneur. Je dors quelques heures enfin !

Mardi 16 mai. — Je démonte la machine de grand matin, prends l'axe et pars pour Tabriz en voiture. Je n'ai pas roulé dix kilomètres qu'une roue de la voiture casse. Je ne suis à Tabriz qu'à dix heures du soir. J'ai mis quatorze heures pour faire les cinquante kilomètres qui séparent Marand de Tabriz. Je couche dans un abominable gîte à l'hôtel de Russie.

Mercredi 17 mai. — La colonie européenne me reçoit de la façon la plus aimable. Je me mets à la recherche d'une pièce d'acier pour refaire l'axe. On ne trouve pas facilement de l'acier à Tabriz. Je suis obligé de fouiller les bazars et de remuer toutes les vieilles ferrailles que j'y vois. Enfin je découvre une pièce ayant servi d'axe à un moteur.

Je passe deux jours avec un mécanicien à tourner l'axe sur un tour à main qui a quatre-vingts centimètres de longueur. Et je cherche de la benzine. Il n'y en a plus.

Enfin on me raconte que le Prince héritier, gouverneur de Tabriz, en a fait venir pour un cinématographe qui ne marche pas.

On me la cède au prix coûtant, et j'en achète cent soixante litres à dix francs le litre, prix qui peut paraître excessif aux Européens mais que l'on trouve très normal lorsque, comme moi, on a fait le trajet entre Erivan et Tabriz, trajet qui a été suivi aussi par cette benzine.

Jeudi 18 mai. — Je pars à la nuit pour Marand et mets treize heures pour y arriver. Il a plu continuellement pendant deux jours Nous sommes obligés, le cocher et moi, de pousser sans cesse la voiture qui s'embourbe. Le trajet en auto promet d'être accidenté.

Vendredi 19 mai. — Je remonte la voiture. Je commence à connaître mon métier.

Je pars à midi. Ici l'eau coule dans les rues. Je ne peux faire ces quinze premiers kilomètres qu'en première vitesse. Me voilà sur la terrible montagne Jam. Il y a une boue épaisse et gluante. Sur le plateau, l'auto enfonce et reste en panne. Dans l'effort pour sortir de là, l'axe casse de nouveau ! C'est la troisième fois.

J'ai envie de pleurer de rage et de tristesse.

Il faut quatre heures de recherches pour trouver des bœufs. Cinq bœufs et vingt hommes travaillent pour me sortir du trou où je suis.

Je mets trente-deux heures sans une minute de repos pour arriver à Tabriz où je n'arrive que le samedi à huit heures du soir !

Dimanche 21 mai. — Remontage de la machine ! je paie cinq cents francs pour un nouvel axe. Il faut deux jours pour le fabriquer. Cependant je visite Tabriz où la colonie européenne me fait fête...

Mardi 23 mai. — Je remonte la machine. Le gouverneur me donne une lettre pour la route, avec droit de réquisition.

Je promène mes aimables hôtes en voiture dans Tabriz.

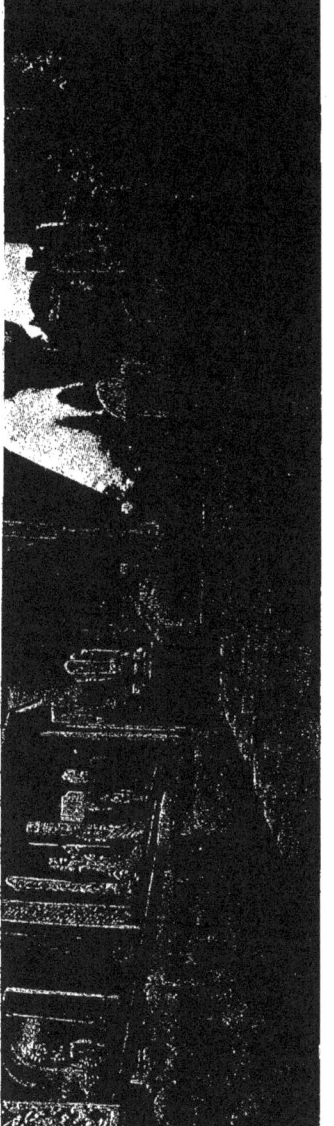

Cimetière turc à Trébizonde.

Monastère orthodoxe à Trébizonde.

Les Persans s'effarent à travers les bazars. On n'a jamais vu d'auto ici.

A une heure et demie je pars au milieu d'une grande manifestation de la colonie européenne. Jusqu'à ce que je sois sur le haut du plateau, le chemin sera très dur. J'aurai quarante rivières à traverser sans pont, et les grandes montagnes escarpées qui flanquent de toutes parts le plateau de l'Iran et en font une forteresse presqu'inaccessible. Je suis bientôt dans les montagnes, des rochers sont tombés sur le chemin ; il y a des éboulements ; il faut faire un travail de terrassier pour pouvoir passer. Sur la montagne Chiblin je trouve des pentes de 30 degrés. Je marche continuellement en première vitesse. Je mets quatre heures pour faire les vingts premiers kilomètres. J'arrive à dix neuf cents mètres d'altitude, étant parti de Tabriz qui est à onze cents mètres.

Je suis obligé tant la route est dure d'atteler des bœufs pour aider le moteur. Soudain l'axe se casse de nouveau. C'est la quatrième fois ! Je suis abîmé de fatigue et de chagrin. Enfin j'amène la voiture jusqu'à un caravansérail et pars à cheval pour Tabriz avec un guide persan. J'y arrive à une heure du matin. Jamais je ne pourrai dire l'impression désolée de ce Tabriz mort au milieu de la nuit.

Mercredi 24 mai. — J'envoie des bœufs chercher la voiture. Cette fois-ci, je renonce à aller plus loin. Voilà quatre fois que je répare l'axe cassé primitivement par Giorgi. Je n'en puis plus.

Je décide de démonter la voiture et de l'envoyer par chameaux à Erivan. Je fais un prix avec un chamelier. Il me demande quatre mille francs. Epouvanté du prix, je décide coûte que coûte de refaire un axe et de rentrer en auto sur Tiflis. Je trouve avec une peine inouïe un morceau d'acier que je paie cent cinquante francs et je suis obligé de donner cent francs au mécanicien.

Jeudi 25 mai. — La machine revient traînée par des bœufs.

Il y a de sinistres nouvelles du Caucase russe. Le pays autour d'Erivan est soulevé ; on s'y massacre. Les communications sont interrompues entre Djoulfa et Erivan. La route est fermée pour le retour. Que faire ? Aller de l'avant. Essayer encore de gagner

Téhéran et de rejoindre mes amis, qui, plus heureux que moi, doivent être dans la lointaine Ispahan à cette heure.

Vendredi 26 mai. — Essai de la voiture et du nouvel axe. J'engage un goulam, ex-cocher du prince héritier qui déclare le trajet impossible.

Je l'emmène avec moi autour de la ville pour lui montrer ce que l'auto peut faire. Les caniveaux sont si durs que je suis obligé de construire des ponts pour les passer.

Dans la traversée d'une rivière, l'auto tombe dans un trou. Impossible d'en sortir. Je passe toute la nuit sur le siège, l'eau coule sous mes pieds. En outre il tombe une grande pluie.

Vers cinq heures du matin. une panthère vient boire non loin de moi.

Samedi 27 mai. — A 10 heures des bœufs me sortent du trou, grande et générale revision de la voiture, j'enlève l'eau des cylindres, j'huile partout ; je retourne à Tabriz, et me prépare au départ. Sur les conseils du goulam, j'achète une hache, une pioche et une pelle, des madriers de quatre mètres, pour passer les crevasses. J'aurai besoin de bœufs en cinq endroits que le goulam m'indique. Quand le prince héritier part, il a deux mille hommes de corvée, trois voitures, des roues et des ressorts de réserve.

Dimanche 28 mai. — Je pars avec le goulam. Je ne puis décrire les difficultés de la route qui sont encore augmentées par les terrassements que l'on prépare pour la nouvelle route russe qui mènera de Tabriz à Kaswyn. Sur les crevasses profondes, je dois faire des ponts. J'arrive à couvrir 78 kilomètres en 18 heures ; c'est du quatre à l'heure.

Je passe les relais de Seitabab (24 k.), Hagiaga (24 k.) et atteins à dix heures du soir Ghigin (30 k.) où je couche dans la voiture. Je suis parti à 4 heures du matin.

Lundi 29 mai. — Départ à 8 heures. Je suis de plus en plus dans les montagnes ; je traverse des torrents à rives abruptes. Je passe Turkmanchaï (30 k.) et arrive à Mianeh (30 k.) où je couche dans la voiture.

Mardi 30 mai. — Je suis au pied d'une grande montagne. On perd toute la journée à me chercher des bœufs ; je ne pars que le soir avec un attelage de douze bœufs que je regrette bien de ne pouvoir photographier. Je marche pendant toute la nuit et je couvre ainsi dans les 24 heures, 18 kilomètres.

Mercredi 31 mai. — Belle journée de fatigue ; je ne sais comment Giorgi et moi y résistons. Nous ne trouvons que des œufs dans le village, et encore faut-il battre les gens pour les avoir. Nous faisons tout de même 72 kilomètres aujourd'hui, passons Serchem (30 k.), Achmazer (24 k.) et arrivons près de Nickbey (30 k.).

1er juin. — Nous continuons à marcher 14 et 15 heures par jour. Le soleil devient brûlant. Nous sommes maintenant sur le haut plateau de l'Iran, mais il y a encore plusieurs chaînes de montagnes à traverser avant d'arriver à Sultanieh, et de là gagner Kaswyn où je trouverai la grande route Resht-Téhéran où mes amis ont dû passer voilà trois semaines déjà.

Je traverse Zendjan, puis recommence une nouvelle ascension. La machine tire formidablement ; il y a des cahots énormes ; les roues s'engagent dans des crevasses. Soudain les deux roues d'arrière entrent dans une fissure, et dans l'effort que fait le moteur pour les en arracher, l'axe des pignons casse. C'est la cinquième fois ! Cette fois-ci plus rien à faire. Je suis même trop fatigué pour me laisser aller au désespoir. Je ne sens plus rien. Ce qui m'arrive n'a pas l'air de m'arriver à moi, c'est comme si on me le racontait.

Il ne nous reste qu'à retourner sur nos pas, traînés par des bœufs qui n'auront pas de peine à couvrir autant de chemin dans la journée que j'en faisais à l'aller lorsque la machine marchait.

On me trouve six bœufs. Il faut la lettre du gouverneur pour les avoir, de force plus que de gré. Je n'ai plus de provisions ; les villageois n'ont même pas des œufs ; je dois sortir mon revolver pour les obliger à me donner ce qu'ils ont caché et qu'ils me font payer un prix excessif. Et pendant une semaine entière, je marche sur Tabriz traîné par des bœufs lents, dans ma pauvre voiture cahotée.

Il me faut une semaine pour couvrir ce que j'avais fait en cinq jours à l'aller. Voilà le seul gain qu'il y a à voyager en auto entre

Tabriz et Kaswyn. On gagne deux jours par semaine sur les bœufs.

Mercredi 7 juin. — Je suis de nouveau à Tabriz. La colonie européenne me reçoit chaleureusement. Les consuls me donnent des attestations disant que j'ai fait l'impossible en ce pays affreux. Je trouve un axe prêt, car j'avais télégraphié de Zendjan. Maintenant, je n'ai plus qu'une hâte : rentrer à Tiflis coûte que coûte. Comment ma voiture tient-elle encore ?

Jeudi 8 juin. — Je pars à huit heures du matin. Je retrouve la même route détestable et dangereuse qu'à l'aller, mais immense progrès ! il n'y a plus de boues. Le temps s'est mis au beau. On peut roule, avec précautions, partout. J'établis un prodigieux record. Par-dessus les montagnes et à travers les vallées, j'arrive à 5 heures de l'après-midi à Djoulfa d'une seule traite.

Là, au lieu de me reposer, je décide de traverser immédiatement l'Arax. La traversée du premier bras en barque se fait sans peine. Au second, je prends le bac. Mais pour passer du bac à terre, il faut un pont de planches. Je le fais, je m'engage dessus... Un craquement sinistre !... Les planches cassent, voilà la voiture qui tombe à l'eau. Elle en a jusqu'au haut des roues. Impossible de trouver du monde pour m'aider à sortir de là. Il faut attendre le matin. Je passe toute la nuit sur le siège au-dessus de l'eau qui coule autour de moi.

Vendredi 9 juin. — Bœufs et chevaux me sortent de la rivière. Je repars. Ici il a plu constamment, les routes sont impossibles. Je trouve des marécages.

Je suis obligé de mettre des planches devant l'auto ; je fais quatre mètres ; je retire les planches derrière et les mets devant ; j'avance de nouveau et je recommence. Il me faut des heures pour passer ce marécage, qui n'a que quelques kilomètres.

Plus loin au passage de la petite rivière, je prends le parti d'en remonter le cours pendant trois kilomètres pour éviter d'en franchir quatre fois les berges escarpées.

J'enfonce dans la rivière Alingiaciai. De nouveau, il me faut des bœufs pour me tirer. Je mets dix heures et demie pour faire trente kilomètres. A onze heures du soir, j'arrive près de Nakhitchévan.

Tout le pays est en révolution. Le village est barricadé ; je suis obligé de dormir sur la route dans la voiture.

Samedi 10 juin, — A quatre heures et demie du matin, je traverse le village. Arméniens et Tatares s'y massacrent.

Je compte jusqu'à dix chariots pleins de morts. De leurs terrasses les habitants se fusillent à distance. Pourtant on me laisse passer. Personne ne fait même mine de m'attraper.

Je n'ai plus d'huile pour le moteur. J'achète de l'huile de table. Il faut arriver. Dans tous les villages que je traverse on se bat. Partout il y a des soldats. Je dors de nouveau sur la route près d'Erivan.

Dimanche 11 juin. — Erivan est en révolution. Pour le traverser, il me faut l'autorisation du chef du parti révolutionnaire.

C'est cet excellent mécanicien qui m'a refait mon axe à l'aller. Il m'accompagne à travers la ville. Je vois des Arméniens jeter des bombes sur des maisons tatares, des Tatares fusiller des Arméniens. Je file sur Délijan et Akstafa où je prendrai le train.

La route est ici sèche, j'avance. Pendant les vingt derniers kilomètres, je n'ai plus d'eau dans le moteur ! Impossible d'en trouver. J'avance tout de même ; tant pis pour la voiture, je veux arriver. Le moteur continue à marcher comme s'il était rafraîchi par l'eau. J'arrive enfin à Asktafa. Je prends le train et le lundi 12 juin, je suis à Tiflis. Le lendemain matin, mes compagnons descendent du train de Bakou.

Ils ont été jusqu'à Ispahan, et, en auto, jusqu'à Koum, au centre de la Perse !...

CHAPITRE XI

LA DERNIÈRE ÉTAPE

Tiflis, *12 juin, 9 heures du soir*. — Nous sommes sur le quai de la gare, prêts à prendre le train pour Batoum. Nous quittons sans regret Tiflis où l'on ne parle que de troubles et d'assassinats politiques.

Le train est bondé ; grande agitation dans la gare. Comme nous causons devant notre wagon avec le colonel de Tamamchef qui jusqu'à la dernière minute a voulu nous accompagner, je sens qu'on tire mon pardessus. Je me tourne et vois un homme agenouillé à côté de moi. Le manteau dont il est revêtu ne dit pas la misère et il est coiffé d'un bonnet pas trop usé. Avant que j'aie pu bouger, il me prend la main et me la baise deux fois ; je sens ses lèvres molles appuyer sur ma chair ; je frissonne de dégoût, et m'écarte vivement. Pourquoi cet homme qui est vêtu comme moi s'abaisse-t-il à me baiser la main ? Je voudrais le frapper, tant je suis écœuré de le voir s'humilier ainsi... L'homme n'a pas bougé ; il reste les mains suppliantes. Je cherche de l'argent dans ma poche. Je m'approche et lui donne quelques pièces blanches ; alors il saisit le pan de mon pardessus et de nouveau le baise.

Je ne puis dire à quel point cette courte scène me révolta. A y réfléchir, je ne sais pourquoi, mais j'eusse préféré qu'il me tombât dessus à coups de poings.

Je n'oublie pas le frisson de dégoût qui me secoua lorsque ces lèvres s'appuyèrent sur ma main.

Batoum, *13 juin*. — A Batoum, nous n'avons qu'une idée : trouver des charretiers pour emmener nos malles, nos caisses d'objets persans et nos valises de la gare au port. Les charretiers ne sont pas en grève et à onze heures nous sommes à bord de la *Circassie* de la Cie Paquet.

Nous trouvons là un déjeuner à la française, un commandant plus que français, marseillais. A quelques dizaines de mètres de nous, à terre, ce sont les grévistes, les patrouilles de cosaques, les faces alarmantes des rôdeurs de toutes nationalités qui flânent sur les quais, c'est la sainte Russie, ses émeutes, ses massacres. A bord la paix, la sécurité enfin gagnée, la langue maternelle, quel soulagement !

Le temps est couvert. Bientôt une forte pluie tombe et masque les montagnes boisées qui entourent Batoum. Il pleut ici près de trois cents jours par an ; la chute d'eau est de deux mètres soixante chaque année, plus de trois fois celle que nous avons dans le climat parisien.

Vers six heures nous levons l'ancre. La mer est calme.

Villes d'Asie Mineure. — Trébizonde, *15 juin*. — La *Circassie* est notre yacht. Nous faisons à petites journées les escales de la côte sud de la mer Noire, voyage exquis où nous nous reposons et rêvons à loisir devant les décors changeants qui passent sous nos yeux. Le bateau ne marche que de nuit. Au petit jour il s'arrête dans une rade nouvelle.

Nous dormons dix heures sur les lits étroits, mais lits tout de même, du bateau, et, quand je me réveille, nous sommes en face d'une double baie. Des collines rapides descendent vers la mer. Les maisons qui les couvrent nous regardent de tous leurs yeux. Des arbres se mêlent aux maisons. En haut dans les rochers un couvent inaccessible, semble-t-il ; çà et là quelques minarets effilés et blancs. A mi-hauteur sur la verdure fraîche d'un pré qui est sans doute un ancien cimetière, des cyprès séculaires, sombres et immobiles, me rappellent un tableau de Puvis de Chavannes vu jadis. Des murs énormes en ruines, restes de quelque château-fort, bordent un ravin. Près de la mer sur les bâtiments de la douane, flotte le drapeau rouge au croissant d'or. Nous sommes en Asie de nouveau.

devant une ville au nom évocateur d'un Orient fabuleux, Trébizonde.

Aucun batelier ne veut nous mettre à terre. Ceux qui viennent au bateau apportent des fruits et des légumes. Le transport des passagers leur est interdit. Si l'un d'eux nous prenait, il serait jeté en prison sur la plainte des bateliers qui ont le monopole du service des voyageurs. On comprend ici la liberté de travail à la façon américaine. Trébizonde rivalise avec Chicago.

Finalement le commandant met le youyou à notre disposition.

A terre, nous prenons des voitures et un guide, gentleman accompli au fez rouge, et nous partons à travers la ville qui est construite sur trois collines et dans le fond de deux vallées, lesquelles collines et vallées descendent précipitamment à la mer. Maisons petites, mais solides, rues en pente raide, mais de bon macadam, ponts de pierres. Trébizonde est une ville riche, affairée. Les Turcs qui l'habitent sont manifestement d'une race forte, faite pour conquérir et dominer ; je vois des vieillards à la figure belle et fine, des marchands avisés, des ouvriers et manœuvres infatigables.

Les bazars de Trébizonde ne sont pas couverts. Nous flânons dans le dédale des petites rues étroites où d'actifs artisans assis sur leurs talons travaillent le cuir, le bois ou les métaux précieux. Au milieu du bazar nous traversons une ancienne maison carrée construite au quinzième siècle par des Génois qui faisaient le commerce de l'Orient. Elle a d'énormes portes de fer et d'épaisses murailles de pierre. Il est assez émouvant de voir ce palais italien de la première renaissance dans le bazar d'une ville asiatique.

Le charme évocateur de Trébizonde est puissant. Les Dix mille et Xénophon s'y reposèrent ; elle fit partie de l'empire byzantin et les Grecs y construisirent des églises qui sont encore debout. Puis les Commène y régnèrent dans des palais superbes, les Commène dont les femmes et les filles furent renommées pour leur beauté dans le monde entier. Vinrent enfin les Turcs sous Mahomet II. Les fortifications et quelques murs des demeures des Commène subsistent. On a creusé de petites maisons dans les vieux remparts ; des arbres poussent entre les pierres rongées par le temps.

Nous visitons des églises byzantines dont quelques-unes ont conservé des fresques anciennes, des linteaux de porte ou des ambons de belle sculpture ornementale. Plusieurs d'entre elles sont devenues

Trébizonde vu de la mer.

Le Bosphore.

des mosquées, dans lesquelles, à notre grande surprise, on nous laisse entrer, non sans nous avoir préalablement déchaussés. Les mosquées où nous pénétrons ne contiennent rien d'intéressant. Les femmes voilées et les mosquées défendues, un des mystères attirants de la Perse !

Nous voyons au hasard de nos courses d'admirables cimetières où les herbes folles poussent autour des anciennes pierres sculptées que gardent des cyprès séculaires. Ces cimetières nombreux forment de beaux et mélancoliques jardins au cœur de la ville.

Nous grimpons à un couvent grec au sommet de la colline. La dernière partie de la course se fait à pied. Nous gravissons un sentier abrupt, puis des marches et arrivons dans l'enceinte du couvent. Là, groupés de façon pittoresque sur deux terrasses, sont les bâtiments du couvent, un portique qui semble pris d'une fresque de Fra Angelico et sous lequel des nonnes filent de la laine à l'aide de vieux rouets d'une forme bizarre, une petite église, une chapelle taillée dans le roc. Sous la conduite d'un prêtre à barbe blanche, nous entrons dans le couvent : dans chaque chambre une nonne travaille à un métier à tisser la toile.

De la terrasse supérieure, la vue est admirable sur Trébizonde étalée à nos pieds. Nous dominons la ville de si haut que les deux crêtes et les deux vallées dont nous avons franchi les pentes raides semblent sur un même plan. Les ruines du château d'Alexis Commène montrent leurs murs noircis encore debout ; les toits des maisons pressées les unes contre les autres sont couverts de tuiles au ton chaud ; des minarets blancs élancés mettent une note claire dans le paysage où les cimetières font des taches de verdure. Dans les trois petites baies la mer vient mourir en franges d'écume sur le sable et s'en va, bleue ou glauque suivant la lumière, jusqu'à l'horizon lointain.

Nous goûtons dans un café en plein air, buvons une tasse de moka et mangeons du rahat parfumé à la rose et à la vanille.

FATISA, *16 juin*. — Une petite ville au fond d'un golfe. Nous y embarquons quelques douzaines de sacs de noisettes. Nous n'avons pas touché à Kérasonde. La raison pour laquelle nous manquons cette escale pittoresque est inattendue : une baisse du prix des œufs sur le marché de Londres et sur celui de Paris. Alors les habitants de Kérasonde, avertis par télégramme, refusent de livrer des œufs frais.

Toutes ces petites villes sur la côte de l'Asie-Mineure exportent des œufs par millions. Il faut une semaine pour les réunir, dix jours de bateau pour Marseille, trois jours de Marseille à Paris. Voilà des œufs de plus de trois semaines que l'on nous vend comme frais à Paris. Je déclare que dès mon retour, j'achète des poules.

Unie. — Ici, malgré la baisse, nous embarquons quelques dizaines de milliers d'œufs. Le temps est gris, il pleut par moments, mais la mer est calme.

Sans quitter le pont du bateau où nous sommes allongés sur de confortables chaises longues, nous nous contentons de parcourir la terre des yeux.

Nous ne nous lassons pas de parler des inoubliables journées que nous avons vécues, l'idée que nous touchons au terme de notre voyage nous oppresse. Nous avons subi tant de fatigues, connu tant de privations, traversé tant d'heures grises et difficiles, partagé tant de joies aussi ; nous avons eu des journées d'une si belle humeur, d'une gaîté si franche, que maintenant nous ne pensons pouvoir nous séparer ; il semble que nous devons continuer à aller ainsi à travers la vie tous ensemble.

Nous songeons à ce que nous avons fait et nous en avons un peu de fierté, je l'avoue. Qui donc oserait se présenter sans trembler à l'épreuve à laquelle nous nous sommes soumis ? Dans le train de notre existence ordinaire, nous ne nous montrons les uns aux autres qu'en cérémonie, vêtus de nos habits les meilleurs et avec nos âmes de luxe. Nous ne nous demandons rien ; nous ne voulons rien nous sacrifier non plus. Nous ne passons avec les autres que quelques minutes ou quelques heures par jour, heures artificielles et charmantes, où nous semblons appartenir à une humanité dégagée de toutes préoccupations autres que de vivre élégamment et de cueilir sans effort des fleurs qui attendent d'être détachées de leur tige par notre main. Si nous avons des soucis, nous les laissons chez nous ; si nous sommes fatigués, nous sourions ; si nous avons envie de pleurer, nous dansons. Voilà la société, voilà comment nous voyons nos semblables.

Mais ce voyage, cette intimité coude à coude de chaque instant, la nécessité de supporter bravement, en public, les mille ennuis de la route, l'inconfort, la fatigue, les déceptions, la faim même, ce spectacle de nous-mêmes que chacun offrait à chacun tout le long du jour, l'impossibilité de s'isoler, cette étude de nos caractères où nous n'avions que trop le loisir de nous complaire, chaque mouvement de notre âme, chaque saute de notre humeur enregistrés aussitôt par d'attentifs témoins, cette communauté de vie si totale où il n'y avait feinte qui fût possible, ni masque qui ne tombât, où nous nous montrions finalement, malgré toutes les ruses, nus et tels quels, — ce voyage, quelle épreuve franche et complète de nous-mêmes! L'intimité qui est née entre nous ne doit rien à l'engouement d'un instant. Et nous restons mélancoliques à penser que la vie qui nous a réunis d'une si puissante étreinte va nous séparer dans peu de jours.

Samsoun, *11 juin*. — Une petite ville insignifiante quand on la voit de la mer. Mais lorsque nous descendons à terre, nous trouvons des rues ombragées, une place animée, une mosquée dans les arbres, une fontaine de marbre.

Nous allons à la manufacture de tabac où la régie fabrique d'excellentes cigarettes. Nous sortons de ville et faisons quelques kilomètres en voiture sur la route d'Amasia. Le cocher effrayé nous montre une vallée déserte et nous fait comprendre qu'il y a là des brigands tatares. Nous ne sommes plus à nous effrayer des Tatares. Mais le cocher ne veut pas continuer et nous ramène à Samsoun.

A bord, nous prenons, entre hommes, un bain dans la mer Noire.

Inéboli, *28 juin*. — Notre dernière escale avant Constantinople. Nous sommes sur le lac de Lucerne. Les collines brisées descendent jusqu'à l'eau. Ineboli, ce sont de petites maisons forme châlets, aux balcons de bois, galeries ouvertes, toits à l'ample avancée.

Un passager nous remet une liasse de journaux. Il y a longtemps que nous en avons été privés. Nous en dévorons cinq ou six et nous en donnons une indigestion. Nous n'en voulons plus lire jamais.

La *Circassie* continue à longer la côte. Ce pays serait d'une extrême richesse, s'il était cultivé. Mais il n'a pas de routes. Et, en dehors des villes, l'insécurité est grande. Tel quel, il produit des œufs, du bétail, de l'orge, du tabac, des noisettes en abondance.

Et maintenant nous approchons du Bosphore. Nous avons été

pris au charme de cette vie paresseuse sur l'eau. A peine une habitude agréable est-elle formée qu'il faut la briser...

La princesse Bibesco a enfermé en quelques vers précieux le parfum de notre voyage sur la mer Noire. Je les donne ici.

REGRET SANS FIN

En souvenir des côtes d'Asie-Mineure.

O pays que nos yeux ne doivent plus revoir !
Où nos voix n'ont été qu'un seul jour entendues.
Villes que nous avons atteintes et perdues
En l'espace qui va d'un soir à l'autre soir,

Ports d'où nous repartions à la lune naissante,
N'aviez-vous pas au cœur de vos mille jardins
La retraite où devaient s'accomplir nos destins
Et dont la porte ouverte attestait une attente ?

Vous viendrez nous troubler dans nos nuits d'Occident,
Villes roses de l'aube où nous vous avons vues.
Avec les escaliers de vos petites rues,
Vos toits, vos ponts, vos cours où grince un puits strident.

Eternellement verts en leur printemps d'Asie,
Vos jardins de tombeaux fleuris de liserons,
De quel regret sans fin nous les désirerons,
Oasis que déjà nous nous étions choisie !

19 juin. — C'est l'entrée étroite du Bosphore, ses rives escarpées, les demeures impériales, les bois de pins, le ciel chargé de vapeurs lumineuses comme le ciel d'un tableau de Delacroix ; c'est l'assaut des souvenirs qui nous battent l'esprit ; c'est, montant dans les brumes d'argent, des palais, des mosquées, des tours, des maisons, la plus belle ville du monde : Constantinople.

APPENDICE

COMMENT ALLER EN AUTOMOBILE A ISPAHAN

Plusieurs personnes m'ont demandé comment il faudrait organiser un voyage en automobile à Ispahan.

Je réunis donc ici un certain nombre de renseignements pour ceux que tenterait une excursion en automobile jusqu'au centre de la Perse.

Du choix d'une voiture. — Il faut un auto robuste d'au moins trente chevaux, ou vingt-quatre avec petite multiplication. Un moteur plus fort serait inutile, car il est impossible de faire de la vitesse.

La voiture doit avoir une capote que l'on puisse relever, car le soleil est insupportable. Le châssis court est préférable au châssis long. On ne peut être plus de trois personnes par grande voiture de cinq places, car il faut porter avec soi des lits de camp, des valises et les vivres. On sera parfois obligé de dormir dans l'auto.

On peut également emporter, en outre de la réserve des pneumatiques que l'on a sur la voiture, un colis d'enveloppes et de chambres à air qui voyagera en Perse assez rapidement par la poste.

Il faut avoir des phares excellents. Plus d'une fois on se trouvera pris sur route inconnue et difficile, ou dans le désert pendant la nuit.

A Téhéran on fera faire quatre madriers de cinq mètres de long pouvant supporter le poids de la voiture; on les attachera des deux côtés de l'auto et ils seront utiles à la sortie de Koum pour passer des canaux et après Kachan dans les sables.

Des bagages. — On fait voyager les malles par chemin de fer et par poste jusqu'à Téhéran. Dans la voiture on aura une valise avec un vêtement de rechange, du linge et les objets de toilette. Prendre un tub en caoutchouc; on trouve de l'eau partout. Les journées fin mai peuvent être très chaudes; les nuits dans les montagnes sont très froides. Il faut, par conséquent, avoir des manteaux et couvertures de voyage épais. Un casque colonial est indispensable ; on en achète au Comptoir français à Téhéran.

Un lit pliant est nécessaire ; on ne trouve à se coucher nulle part en Perse et dans les rares chapar khanès qui vous offriront un lit entre Resht et Téhéran, on préférera coucher sur son lit à soi. On achète des lits pliants très commodes et légers à Tiflis. Ils sont d'une extrême dureté. Si l'on a de la place dans sa voiture et que l'on aime ses aises, on peut faire un petit matelas que l'on roule avec les couvertures. Je ne recommande pas le matelas en caoutchouc que l'on gonfle.

Il faut également songer aux vivres et, lorsqu'on prépare le voyage, penser que l'on ne trouve rien, exactement rien, dans les relais de poste. Un panier pique-nique est donc indispensable et des conserves que l'on achètera avant le départ à Tiflis. Par expérience personnelle, nous déclarons que les sardines à l'huile dans le désert par quarante degrés de chaleur sont abominables. Prenez des conserves de viande et surtout de légumes, des biscuits, des confitures, des citrons, du thé, sucre, sel, etc. On a des œufs presque partout.

Je recommande aussi de choisir de très puissantes bouillottes à alcool dans lesquelles la flamme soit protégée. On allume souvent sa lampe en plein air ; le moindre souffle de vent agite la flamme ; l'eau ne chauffe pas et l'on s'énerve. En outre, il faut que les bouillottes soient grandes, car on fait une forte consommation d'eau chaude, pour le thé, pour réchauffer au bain-marie les légumes, etc.

Comme boisson, nous avons pris du thé très léger avec du citron. Nous nous en sommes bien trouvés. Ainsi ne boit-on que de l'eau bouillie, sage précaution, et lorsque la température est élevée, les boissons chaudes sont à la longue plus [désaltérantes que les boissons glacées.

Emporter une pharmacie de poche et une abondance de poudre insecticide, grâce à laquelle on peut mener contre les insectes une lutte victorieuse.

La saison. — Ce voyage ne peut se faire qu'en deux saisons, entre le 15 avril et le 15 juin, ou entre le commencement de septembre et la fin d'octobre. L'hiver est extrêmement rigoureux sur le haut plateau de l'Iran, les pluies très violentes au printemps et la chaleur de l'été insoutenable.

On ne peut arriver en automobile que par le Caucase. Comme on l'a vu par le récit de nos expériences, il est inutile, à cause de la neige, de songer à passer les hauts cols du Caucase au mois d'avril.

Si donc l'on veut combiner un voyage en Perse et au Caucase et partir au printemps, il faut charger les autos sur le train à Batoum, traverser sans s'arrêter jusqu'à Bakou, passer le mois de mai en Perse et au retour parcourir le Caucase.

Si l'on part en été, on commencera par le Caucase que l'on verra en août pour arriver au 1er septembre en Perse.

Les Messageries maritimes et la Compagnie Paquet ont chacune un service bi-mensuel sur Batoum. Ainsi on a chaque semaine un bateau convenable qui quitte Marseille pour Batoum.

Le trajet dure quinze jours : on s'arrête à Constantinople un jour et l'on fait les escales de la mer Noire, c'est un voyage charmant.

Il va sans dire que pour le débarquement à Batoum, il faut avoir un passeport en règle. On pourra demander à l'avance par l'ambassade de France à St-Pétersbourg un laissez-passer pour l'automobile. Nous n'avons eu aucune difficulté à l'obtenir et avons entré nos autos sans payer de droits.

Dans tout le Caucase on trouve de la benzine un peu lourde à 720°. Il est donc inutile d'en apporter de France avec soi.

L'embarquement de l'auto à Marseille et le débarquement à Batoum se font sans aucune difficulté. Si l'on est au printemps et que l'on traverse directement sur Bakou, l'auto peut être expédié par train en grande vitesse et met de trois à quatre jours pour arriver à Bakou. Pendant ce temps vous pouvez vous arrêter à Tiflis qui est sur la route.

A Bakou, la compagnie postale qui fait le service sur Enzeli est la compagnie « Caucase et Mercure ». Comme je l'ai dit, ses vapeurs ne passent pas la barre à Enzeli. Pour éviter le débarquement impossible en pleine mer, il faut s'adresser à Bakou à la compagnie Nadiejda qui a de petits vapeurs à fond plat lesquels arrivent à quai à Enzeli. Le service postal se fait les dimanches et jeudi : l'autre service est irrégulier ; mais il part au moins un bateau par semaine.

A Tiflis, il faut s'informer du départ à l'agence de la Nadiejda sous peine d'avoir à passer plusieurs jours à Bakou, séjour sans agrément.

A Bakou, on fera sa provision de benzine. Il faut avoir quatre caisses pouvant contenir chacune soixante bidons, donnant ainsi douze cents kilos d'essence. Il faut veiller à ce que les caisses soient bien faites et solides. On les embarque avec soi pour Enzeli-Resht.

A Resht, la poste qui se charge des messageries prendra vos trois caisses (vous en laissez une à Resht) et vous les acheminera comme bagages sur Téhéran.

On fera bien de se munir à l'avance d'une autorisation du ministre des postes à Téhéran pour laisser transporter les caisses par poste. Le représentant de votre pays près du Chah fera le nécessaire. Il est indispensable, en effet, que les caisses voyagent par poste, car, par caravane, elles mettraient un temps très long à atteindre Téhéran. La poste fait le trajet Resht-Téhéran en 50 heures.

Pour l'argent nécessaire au voyage, prendre une lettre de crédit qui soit bien faite. J'en avais une du Comptoir National d'Escompte qui m'a permis de toucher l'argent dans toutes les villes importantes où nous avons passé et à Ispahan même. Mes compagnons ont eu des ennuis assez sérieux avec des lettres qui ne les accréditaient que dans deux ou trois villes, tandis que la mienne était libellée pour le monde entier.

En Perse, on a des billets de banque de 1, 2, 5, 20 et 100 tomans, émis par « The Impérial Bank of Persia ». Mais il est indispensable d'avoir de la monnaie d'argent, pièces d'un et de deux krans, monnaie lourde et incommode que l'on porte dans des sacs.

Un domestique interprète est nécessaire. On peut à la rigueur s'en passer à Enzeli où les fonctionnaires de la douane sont belges et sur la route russe entre Resht et Téhéran. Mais pour aller à Ispahan, il n'en est pas de même.

Votre ministre à Téhéran fera les démarches pour vous en procurer un. Il en faut un aussi pour le Caucase ; on en trouve à Tiflis.

Comme je l'ai dit, de Resht à Téhéran, il y a trois cent quarante kilomètres. Si l'on n'a pas trop d'accidents de pneumatiques, on peut les faire dans une journée Mais il faut partir de grand matin, car la route est dure, en lacets pendant plus de cent cinquante kilomètres, coupée de caniveaux et s'élève à seize cents mètres. Jamais, même sur la ligne droite Kaswyn-Téhéran, on ne peut faire de vitesse. Une moyenne de 25 a 30 kilomètres à l'heure me paraît difficile à dépasser.

On déjeunera au chapar khâné de Kaswyn qui est à cent cinquante kilomètres de Téhéran.

A Téhéran, nous avons été, Emmanuel Bibesco et moi, logés à l'hôtel anglais et très convenablement. Nos compagnons de route ont accepté la maison que le gouvernement mettait à notre disposition. Mais le matin on faisait chauffer l'eau pour le tub au samovar !

A mon avis huit jours suffisent pour voir Téhéran et ses environs.

Dès l'arrivée à Téhéran, il faut s'occuper de faire partir par poste vers Ispahan deux des caisses de pétrole. On adressera l'une, avec l'autorisation du ministre d'Angleterre, au chef du poste du télégraphe indien à Kachan. L'autre au consul de Russie ou d'Angleterre à Ispahan.. La poste ne part que toutes les semaines et met à peu près quatre jours pour le trajet.

Il faut donc être assuré de trouver votre caisse d'essence à Kachan.

Les étapes principales de la route Téhéran-Ispahan sont les suivantes :

Koum est à cent cinquante kilomètres. Comme nous l'avons dit nous avons couvert cette distance en cinq heures et demie. La route est très dure, mais passable. Le bazar de Koum est étroit et tortueux. Une voiture au châssis long y trouvera quelques difficultés. A la sortie de Koum, quelques kilomètres pénibles à cause du délabrement dans lequel sont laissés les canaux d'irrigation ; les uns ont débordé et il faut franchir des mares peu profondes ; la voûte qui recouvre les autres est par places écroulée.

Ici les madriers dont on se sera muni à Téhéran seront nécessaires pour passer quelque canal dont les bords sont effondrés et le lendemain pour traverser le désert de sable à la sortie de Kachan.

Le trajet Koum-Kachan est de cent kilomètres à peu près constamment dans les montagnes.

Il n'y a pas, à proprement parler, de route, mais une piste dure où l'on est secoué, mais où on peut passer sans grosse difficulté.

Si l'on est en état de supporter une forte étape, je conseille de partir de grand matin de Téhéran de façon à arriver vers onze heures, midi, à Koum. On s'y reposera deux heures dans le jardin charmant du chapar khâné ; on regardera de loin la belle mosquée et à deux heures au plus tard, on repartira pour Kachan où, avec de la chance, on arrivera entre six et huit heures du soir.

A Kachan, coucher chez le télégraphiste du gouvernement indien avec l'autorisation du ministre d'Angleterre. On y trouvera les bidons de pétrole, envoyés huit jours auparavant par poste.

Le lendemain, partir de bonne heure. Ici les relais sont plus éloignés les uns des autres et l'on ne rencontre plus aucune ville sur la route jusqu'à Ispahan. Les vingt-cinq premiers kilomètres sont dans un désert de sable fin et la couche en est parfois très épaisse. Si l'on s'ensable dans un lit de rivière à sec, les madriers vous aideront à vous en tirer. Mais il n'est pas douteux qu'une forte machine ne passe partout.

Ce jour-là, il est très difficile de trouver un gîte. Aussi je conseille de pousser tant que l'on peut. On fait quatre relais dans la plaine pour arriver à un relais qui est près de la petite ville de Natanz.

Là commence un trajet d'une cinquantaine de kilomètres dans les montagnes où l'on ne marchera qu'avec beaucoup de prudence.

Si l'on est trop fatigué, il y a une chambre au relais au milieu des montagnes à Imanzadé-Sultan-Ibrahim... et un grenier à paille.

Si l'on a assez de force et que le temps le permette on peut pousser jusqu'à Murchekar et peut-être jusqu'à Ispahan. Ce serait une journée bien fatigante et qu'il faudrait commencer au plus tard à cinq heures du matin. Mais enfin, si vous n'avez pas de trop grands ennuis de pneumatiques, il est certainement possible de faire en douze à treize heures, malgré sables et montagnes, les deux cent vingt kilomètres qui séparent Kachan d'Ispahan. Vous aurez prévenu de Kachan par télégraphe votre hôte à Ispahan.

Car vous ne trouverez ni hôtel, ni gîte d'aucune espèce, et il vous faudra recourir à l'hospitalité du consul de Russie ou de celui d'Angleterre.

Il vous enverra chercher aux portes de la ville par les cosaques ou les lanciers du Bengale qui vous guideront dans le dédale compliqué des petites rues et des bazars enchevêtrés et, au besoin, vous protègeront contre l'étonnement et la curiosité trop grande des habitants d'Ispahan.

On ne peut aller plus loin qu'Ispahan en automobile, du moins à ce qu'on nous a dit; la route est même difficilement praticable en voiture. Ce que j'en ai vu à quelques kilomètres à l'est d'Ispahan était très mauvais.

TABLE

Préface vii

Chapitre I. Le départ. La Bessarabie 13
— II. La Crimée 36
— III. Le Caucase. 58
— IV. L'arrivée en Perse 117
— V. De Resht à Téhéran, ou premières expériences sur route persane 130
— VI. Huit jours à Téhéran. 152
— VII. De Téhéran à Ispahan ou la diligence persane 190
— VIII. Une semaine à Ispahan 233
— IX. Le retour. 273
— X. De Tiflis à Tabriz et Zendjan où aventures héroïques de Léonida et d'une Mercédès dans les montagnes de la Perse. 290
— XI. La dernière étape. 306

Appendice 313

www.ingramcontent.com/pod-product-compliance
Lightning Source LLC
Chambersburg PA
CBHW050802170426
43202CB00013B/2523